ENSAIOS EM COMÉRCIO INTERNACIONAL

Antidumping, Disputas Comerciais e Negociações Multilaterais

ENSAIOS EM COMÉRCIO INTERNACIONAL

Antidumping, Disputas Comerciais e Negociações Multilaterais

ORGANIZADOR

Aluisio de Lima Campos

Colaboradores

Angela T. Gobbi Estrella

Fábio Carneiro Cunha

Felipe Berer

Josefina Guedes

Pablo M. Bentes

Patricia Alves de Toledo

Renê Guilherme da Silva Medrado

Silvia Pinheiro

Veronica D'Almeida

Welber Barral

Editora Singular

2005

Dados Internacionais de Catalogação na Publicação (CIP) (Câmara Brasileira do Livro, SP, Brasil)

Ensaios em comércio internacional: antidumping, disputas comerciais e negociações multilaterais / Aluisio de Lima-Campos, organizador. — São Paulo:
Editora Singular, 2005.

Vários autores.
Bibliografia.

1. Antidumping - Tarifas 2. Comércio internacional
3. Negociações diplomáticas em disputas internacionais
4. Negociações comerciais
5. Organização Mundial do Comércio I. Lima-Campos, Aluisio de.

05-0052 CDD-382

Índices para catálogo sistemático:

1. Comércio internacional 382

ISBN 85-86626-20-1

Diagramação: Flavia Pacheco

Rua José Nobrega Barbosa nº. 100
CEP 02336-090
Tel/Fax: (11) 3862-1242
www.editorasingular.com.br
singular@editorasingular.com.br

PREFÁCIO

Dias após ter assumido a Embaixada em Washington, em abril de 2004, durante conversa em meu gabinete, meu colaborador, Aluisio de Lima-Campos, comentou sobre sua idéia de constituir um grupo de discussão para advogados brasileiros que se encontravam nesta capital estudando ou trabalhando na área de direito do comércio internacional. Disse-me ter sido procurado por alguns desses advogados e que todos procuravam especializar-se na área de defesa comercial. Sua idéia, disse-me, surgiu na sequência desses encontros, após apurar que havia, pelo menos, dez profissionais brasileiros na cidade e um saudável interesse destes em participar da iniciativa.

A idéia, a meu ver, encaixava-se perfeitamente na decisão do governo brasileiro de promover a formação de um corpo especializado de advogados em comércio internacional no Brasil. Foi aqui que tive oportunidade de verificar em primeira mão a grande dependência das empresas brasileiras em firmas de advocacia norte-americanas na área de comércio internacional e da consequente necessidade de aprimorar os quadros profissionais brasileiros nessa especialidade. Assim, foi com entusiasmo que ofereci meu apoio à criação do grupo, que veio a ser denominado Advogados Brasileiros em Comércio Internacional (ABCI).

Tenho interagido com os participantes do ABCI em eventos ligados à área do direito internacional e em almoços periódicos que pretendo continuar promovendo na Embaixada para aprofundar o relacionamento. Tenho testemunhado nessas ocasiões o crescente preparo e a seriedade de propósito desses jovens profissionais, que , estou certo, representam hoje o que o Brasil terá a oferecer de melhor na advocacia de comércio internacional dentro de alguns anos.

O ABCI reúne-se duas vezes por mês em Washington para discutir temas do direito do comércio internacional de interesse para o Brasil. Cada participante deve fazer, pelo menos, uma apresentação e escrever um artigo a ser publicado em coletânea no fim de cada ano. A presente obra constitui o primeiro volume dessa coletânea, que muito me orgulha prefaciar.

ROBERTO ABDENUR
Embaixador

Washington, D.C. 16 de dezembro de 2004

ADVOGADOS BRASILEIROS EM COMÉRCIO INTERNACIONAL

WASHINGTON, DC

(ABCI-DC)

O ABCI foi fundado em Washington, D.C., em 2 de abril de 2004, em sua primeira reunião ordinária. Resolveu-se na mesma ocasião que as reuniões ordinárias realizar-se-iam duas vezes por mês, o que vem demonstrando ser a freqüência adequada. As atividades do ABCI são governadas por seu estatuto, reproduzido a seguir, que foi aprovado por seus membros fundadores na reunião ordinária de 9 de julho de 2004.

ESTATUTO

1. Definição

Advogados Brasileiros em Comercio Internacional, Washington, DC (ABCI/DC) é um grupo de discussão de temas relativos ao direito do comércio internacional e de interesse para o Brasil. A participação nas atividades do grupo está aberta a advogados brasileiros com interesse na área de direito do comércio internacional, que estejam desenvolvendo, ou tenham desenvolvido em passado recente, atividades acadêmicas ou profissionais em Washington, DC (Membros). Os Membros que posteriormente passem a exercer suas atividades acadêmicas ou profissionais fora de Washington podem continuar participando das atividades do ABCI/DC.

2. Objetivo

Contribuir efetivamente para a formação e aperfeiçoamento de um corpo de advogados brasileiros especialistas em comércio internacional.

3. Estrutura

As atividades do ABCI/DC são supervisionadas por um Coordenador, ou, em caso de impedimento do Coordenador, por um Coordenador Alterno. As atividades realizadas em cada encontro do ABCI/DC são registradas em Ata por um Relator. A transmissão de informações aos membros do ABCI/DC é supervisionada por um Coordenador de Comunicação.

O Coordenador é indicado pelo Embaixador do Brasil em Washington e deve possuir experiência relevante e comprovada no exercício teórico e prático do direito do comércio internacional. Os cargos de Coordenador Alterno, Relator e Coordenador de Comunicação são voluntários e preenchidos por indicação do Coordenador e aprovação do grupo. Os Membros que exercerem essas funções receberão menção especial no certificado.

4. Certificação

Cada Membro receberá um Certificado de participação, a ser emitido pela Embaixada do Brasil nos Estados Unidos, assinado pelo Embaixador do Brasil em Washington e pelo Coordenador. O Certificado expressará reconhecimento da participação individual do Membro nas atividades do grupo e estará condicionado ao cumprimento cumulativo dos seguintes requisitos:

(a) Apresentação

Cada Membro deve preparar e realizar uma apresentação ao grupo sobre um tema de direito do comércio internacional proposto pelo Palestrante e aprovado pelos demais Membros. O Palestrante deve distribuir aos demais Membros material de apoio 'a apresentação até uma semana antes da data marcada para sua palestra.

(b) Participação

Os Membros devem manter nível razoável de assiduidade e participar das reuniões do ABCI/DC, contribuindo para o desenvolvimento das atividades do grupo. Em especial, cada

Membro deve apresentar, oralmente e, em seguida, por escrito, seus comentários sobre a apresentação de outro Membro, acentuando sempre os pontos positivos e eventuais oportunidades de melhoria.

(c) Artigo

Cada Membro deve elaborar um artigo sobre tema de comércio internacional, a ser publicado em coletânea anual de textos do ABCI/DC. Os temas dos artigos devem ser aprovados pelo Coordenador.

COORDENAÇÃO

Coordenador: Aluisio de Lima-Campos

Sub-Coordenador: Welber Barral

Relatora: Veronica D'Almeida

Coordenadoras de Comunicação: Cláudia Marques e Patrícia Toledo

MEMBROS

Adriana Vito, Ângela T. Gobbi Estrela, Fabio Carneiro Cunha, Felipe Berer, Isabel Dungas, Luciano Fialho de Pinho, Pablo M. Bentes, Rabih Nasser, Rafael Benke, Robson Foganholi, Renê Guilherme S. Medrado, Silvia Pinheiro

BIOGRAFIAS

ANGELA T. GOBBI ESTRELLA

(Membro Fundador e ex-Sub-Coordenadora do ABCI/DC)

Consultora Associada em Basso, Carboni e Vicenzi Advogados, onde coordena a área de Comércio Internacional. *Master of Laws (LL.M.) with Distinction*, especializada em Organização Mundial do Comércio (*Certificate in WTO Studies*) pelo *Georgetown University Law Center*, e *Alumna Fellow* do *Institute of International Economic Law*, dirigido pelo Prof. John H. Jackson. Especialista em Administração de Empresas/ Gestão Internacional pela Escola de Administração de Empresas da Fundação Getulio Vargas de São Paulo. Bacharel em Direito pela Universidade Federal do Rio Grande do Sul. Realizou estágio na Divisão de Política Comercial da Embaixada do Brasil em Washington, DC, acompanhando investigações e revisões de direitos antidumping e medidas compensatórias. Trabalhou por quatro anos como Consultora e Advogada Sênior na área de Comércio Internacional em escritórios de advocacia de grande porte em São Paulo, SP, atuando em casos envolvendo barreiras à importação de serviços, barreiras fitossanitárias, antidumping e alteração tarifária no MERCOSUL, entre outros. Foi Procuradora da Fazenda Nacional, por sete anos, em São Paulo, SP, atuando em contenciosos tributários e aduaneiros, abrangendo classificação tarifária, valoração aduaneira e tarifas consolidadas no GATT. Lecionou Direito do Comércio Internacional em MBAs da FIA/FEA-USP e na ESA/OAB/SP. Publicou artigos sobre temas de direito do comércio internacional em livros, jornais e revistas especializadas. Pode ser contatada nos seguintes e-mails:
aestrella@bcvadvogados.com.br e ate4@georgetown.edu.

FABIO CARNEIRO CUNHA

(Membro do ABCI/DC)

Formado em Direito pela UFPR e em Comércio Exterior pela UNICENP, Mestre em Direito Internacional pela UFPR, LLM na *George Washington University* em Direito Internacional e Comparativo e Doutorando pela *University of Ottawa* em Direito do Comércio Internacional. Bolsista da CAPES no exterior. Foi Professor da UFPR nos anos de 2001 e 2002 e da UniPar em 2000. De 1999 a 2004 trabalhou como advogado na área de "comércio internacional", primeiro como advogado associado e depois como coordenador de departamento. Foi diretor jurídico da Associação de Comércio Exterior do Estado do Paraná e representou a Federação das Indústrias do Paraná – FIEP nos foros empresariais da Alca.

FELIPE BERER

(Membro do ABCI/DC)

Advogado associado ao escritório Barbosa, Müssnich & Aragão Advogados, com atuação nas áreas de mercado de capitais, direito societário, operações financeiras e investimentos estrangeiros. Mestrando em direito internacional pelo *Georgetown University Law Center*, onde está se especializando em direito internacional econômico com foco na reforma do Mecanismo de Solução de Controvérsias da OMC. *Fellow* do *Institute of International Economic Law* (IIEL), dirigido pelo Professor John H. Jackson. Graduado em Direito pela Pontifícia Universidade Católica do Rio de Janeiro em 2002. Publicou em 2003, nos jornais "Valor Econômico" e "Gazeta Mercantil", artigos abordando questões relacionadas a interesses brasileiros no âmbito da Organização Mundial de Comércio. Pode ser contatado nos seguintes e-mails: fb47@law.georgetown.edu ou felipeberer@yahoo.com.

JOSEFINA GUEDES

(Co-autora com membro do ABCI/DC)

Economista e sócia da Guedes e Pinheiro, consultoria especializada em Direito do Comércio Internacional. Trabalhou por 12 anos nos Ministérios da Fazenda, CPA e CTT e, posteriormente, no Ministério da Indústria e Comércio, DTT, como analista de investigações antidumping e técnica em negociações de acordos internacionais. Nesta função, integrou a delegação oficial brasileira . Professora de Regulamentação Aduaneira e de Defesa Comercial na Universidade Veiga de Almeida e nos pós-graduações da UFRJ e IBMEC. Co-autora do livro Antidumping, Subsídios e Medidas Compensatórias (Ed. Aduaneiras, 2003, 3a. Ed.).

PABLO M. BENTES

(Membro Fundador do ABCI/DC)

Advogado sênior do escritório Machado, Meyer, Sendacz e Opice em São Paulo. Formado pela Universidade de Sao Paulo em 1999, Mestre (M.B.A.) em Finanças e Administracão de Risco pela Faculdade de Economia e Administração da Universidade de São Paulo (2001), e Mestre (L.L.M) em Direito Comparado pela Universidade de Miami, FL, EUA (2003). Autor de artigos e palestrante em conferências nas áreas de arbitragem e comércio internacional. Co-Presidente do *Inter-American Law / FTAA Committee* da *New York State Bar Association (International Law and Practice Section)* e membro do *Trade Steering Committee* da *American Bar Association.* Foi consultor internacional do escritório de advocacia Miller & Chevalier, de Washington, DC, EUA (2003-2004).

PATRICIA ALVES DE TOLEDO

(Membro fundador do ABCI/DC)

Advogada associada ao grupo de Comércio Internacional do escritório Felsberg e Associados, em Washington, D.C., com sete anos de experiência profissional em finanças de comércio internacional e comércio internacional. Atua na área de defesa comercial, principalmente defendendo exportadores em investigações anti-dumping. Recebeu LL.M. da *Boston University School of Law* em 2003 e, em 1999, completou o curso de pós-graduação em Direito Empresarial na Pontifícia Universidade Católica de São Paulo. Formada em Direito pela Universidade Católica de Campinas em 1997 e, em Ciências Sociais, foco em Ciências Políticas, pela Universidade Estadual de Campinas, em 1996.

RENÊ GUILHERME DA SILVA MEDRADO

(Membro Fundador do ABCI/DC)

Advogado Associado Sênior de Pinheiro Neto Advogados, escritório de São Paulo. Formado em Direito pela Faculdade Paulista de Direito da Pontifícia Universidade Católica de São Paulo, em 1997. Concluiu o MBA Executivo pelo IBMEC - Instituto Brasileiro de Mercado de Capitais, em São Paulo, em 2002. Recebeu em 2003, mestrado (*Master of Laws – LL.M.*), com honras, pela "Columbia University School of Law" (EUA), com concentração em direito do comércio internacional (OMC). Foi *International Trade Advisor* na firma Sidley Austin Brown & Wood LLP, em Washington, D.C., onde prestou consultoria, trabalhou em disputas perante a OMC e em arbitragens internacionais relativas a investimentos estrangeiros. Participou do programa de estágio para estudantes de pós-graduação da Organização Mundial do Comércio (OMC), junto à Secretária da OMC, Divisão de Regras, em Genebra. Suas atividades concentram-se nas áreas de comércio internacional (defesa comercial, disputas comerciais e negociações internacionais), antitruste (fusões e condutas anti-concorrenciais) e contencioso envolvendo questões econômicas. Pode ser contatado nos seguintes e-mails: renemedrado@pinheironeto.com.br ou rm2136@columbia.edu

SILVIA PINHEIRO

(Membro do ABCI/DC)

Advogada e sócia da Guedes e Pinheiro, consultoria especializada em Direito do Comércio Internacional. Professora visitante do "Institute of International Economic Law (IIEL), da Universidade de Georgetown. Mestre em Relações Internacionais pela PUC do Rio de Janeiro e Doutoranda em Direito Internacional Publico na Universidade do Estado do Rio de Janeiro (UERJ). Trabalhou na Fundação Centro de Estudos de Comércio Exterior (FUNCEX) por 10 anos. Publicou na Revista Brasileira de Comércio Exterior (RBCE) trabalhos sobre os principais instrumentos de Politica Comercial dos EUA (seção 201, seção 301, código de compras governamentais, antidumping e subsídios), entre outros. Foi co-autora do livro Antidumping, Subsídios e Medidas Compensatórias (Ed. Aduaneiras, 2003, 3a. Ed.). Ministrou aulas de Relações Internacionais na Universidade Estácio de Sá, bem como de Defesa Comercial e Politica Comercial Comparada nos pós-graduações do IBMEC, FGV e UFRJ.

VERONICA D'ALMEIDA

(Membro Fundador do ABCI/DC)

Advogada associada estrangeira ao grupo de Comércio Internacional do escritório Sidley Austin Brown & Wood LLP, em Washington, D.C., onde suas atividades concentram-se nas áreas de defesa comercial, negociações internacionais, contencioso envolvendo questões econômicas e arbitragens internacionais relativas a investimentos estrangeiros. Formada em Direito pela Universidade Federal da Bahia em 2001, e Mestre (LL.M.) em Direito Internacional, com concentração em direito do comércio internacional (OMC), pela Georgetown University Law Center, Washington, D.C., em 2003. Atuou como Law Clerk na U.S. District Court for the District of Columbia, no gabinete do Juiz Ricardo Urbina, analisando questões envolvendo a aplicação de Tratados Internacionais. A autora pode ser contatada no seguinte e-mail: vdalmeida@sidley.com.

WELBER BARRAL

(Membro e Sub-Coordenador do ABCI/DC)

Professor de Direito Internacional Econômico da Universidade Federal de Santa Catarina e Pesquisador Visitante na Georgetown University. Mestre em Relações Internacionais (UFSC, 1993) e doutor em Direito Internacional (USP, 1999). É membro da lista de árbitros do Mercado Comum do Sul (MERCOSUL) e da Organização Mundial do Comércio (OMC). Consultor para empresas e governos, quanto à implementação e aplicação de normas do comércio internacional. Suas publicações incluem Dumping e Comércio Internacional (Forense, 2000) e O Brasil e a OMC (2a. ed., Juruá, 2002), Negociações Comerciais Multilaterais (Fundação Boiteux, 2004), além de livros e artigos no Brasil e no exterior.

ÍNDICE

INTRODUÇÃO

Este volume compreende a primeira coletânea de artigos que membros do ABCI devem concluir como parte dos requerimentos necessários para receber seu certificado de participação. O outro requerimento, além da assiduidade nas reuniões quinzenais, é fazer uma apresentação para o grupo. Os temas dos artigos, bem como das apresentações, devem, de acordo com os estatutos do ABCI, relacionar-se com o direito do comércio internacional e ser de interesse para o Brasil.

Para este primeiro volume foram preparados nove artigos, cujos temas foram de livre escolha dos autores e previamente aprovados pelo coordenador. Coube a este prestar orientação aos articulistas e fazer revisão dos textos do ponto de vista de forma, clareza de comunicação e conteúdo técnico. Porém, as opiniões dos respectivos autores não foram influenciadas e permaneceram inalteradas. Assim, as visões e conclusões expressas nos textos aqui publicados são de exclusiva responsabilidade daqueles que os assinam.

Os artigos se encaixam dentro de quatro temas mais amplos: propostas para negociações, a prática da defesa comercial, a importância da Organização Mundial de Comércio (OMC) e reforma do Orgão de Soluções de Controvérsias (OSC).

No caso das negociações multilaterais, **Welber Barral** analisa a autoridade negociadora dos EUA (TPA), como forma de entender os objetivos e estratégias daquele país. A partir daí enfoca as regras sobre antidumping e demonstra as razões por trás da resistência nortc-americana a modificações nessas regras. Em suas conclusões, Barral aponta, com muita propriedade, os caminhos onde, a seu ver, os negociadores brasileiros podem obter sucesso na redução da discricionariedade norte-americana nos processos antidumping.

A questão mais importante, a meu ver, está relacionada à prioridade que o tema *antidumping* merece. Embora o nível atribuído a esta esteja evoluindo no âmbito do governo brasileiro, especialmente após a conclusão do acordo quadro referente a agricultura no contexto das negociações da Rodada de Doha, no setor privado o nível se encontra ainda muito aquém do necessário. A participação do setor privado nas reuniões sobre negociações de regras, convocadas pelo MRE, tem sido bastante limitada em comparação com as reuniões de acesso a mercados. A prioridade, porém, deveria ser no mínimo igual, já que as regras atuais referentes a antidumping permitem barrar o acesso de produtos.

Esse aparente desinteresse pelas questões de regras, parece-me advir de desconhecimento sobre o tema, reconhecidamente complexo e de difícil compreensão. Creio, no entanto, que o desconhecimento sobre os impactos dos procedimentos antidumping e anti-subsídios na empresa é o principal causador. Estou certo que, se os riscos para a sobrevivência da empresa fossem conhecidos dos empresários, o interesse do setor nessas negociações seria no mínimo igual ao de acesso a mercados.

Os efeitos negativos desses procedimentos sobre as exportações brasileiras, principalmente para os EUA, já sabemos ser devastador.[1] Além disso, a alta discricionariedade oferecida pelos dispositivos mais importantes do Acordo Antidumping e seu consequente abuso possibilitarão certamente a anulação de benefícios que venham a ser obtidos nesta Rodada de Doha em acesso a mercados. Produtos agrícolas (açúcar, algodão, soja, principalmente) e todos os industrializados nos quais somos mais competi-

[1] Vide Aluisio de Lima-Campos e Adriana Vito, Abuse and discretion - the impact of antidumping and countervailing duty proceedings on Brazilian exports to the United States, *Journal of World Trade*, v. 38, n. 1, p. 37-68, 2004, ou O abuso e o arbítrio: Impacto das ações antidumping e anti-subsídios nas exportações brasileiras para os Estados Unidos, *Revista Brasileira de Comércio Exterior*, n. 76, p. 4-27, 2003.

tivos, serão alvos prioritários potenciais dessas medidas nos mercados norte-americano e europeu.

De forma a visualizar melhor uma situação de anulação de benefícios negociados, vamos utilizar as estatísticas de um caso recente: a investigação AD de camarão nos EUA.[2] Imaginemos que negociações multilaterais encerraram-se em 1999, sem modificações no Acordo Antidumping. Vamos presumir que nossas exportações para os EUA eram inexistentes antes da Rodada e que começaram a aumentar em função das condições negociadas de acesso a mercado e da vantagem comparativa brasileira. Utilizando as estatísticas verdadeiras do caso, as exportações do setor para os EUA passaram de 6.000 t em 2000 para 19.000 em 2003.[3] Em janeiro de 2004, três anos depois do encerramento das negociações multilaterias, em resposta a solicitação dos produtores norte-americanos, agora incomodados com o crescimento das importações, foi iniciada investigação antidumping nos EUA.

O que aconteceu?

(a) a investigação foi iniciada apesar de sérios questionamentos da representatividade dos peticionários. Como o Acordo Antidumping oferece alta margem de discricionariedade quanto aos critérios a serem seguidos para abertura de investigações, os EUA estabeleceram um patamar de exigências muito baixo, que facilita a apresentação e a aceitação de petições.[4] Critérios mais específicos deveriam ser negociados para evitar esse problema.[5] No Brasil, o critério para abertura de investigações, bem

---

[2] *Certain Frozen or Canned Warmwater Shrimp and Prawns from Brazil, China, Ecuador, India, Thailand and Vietnam*, U.S. International Trade Commission, Pub. No. 3672, February 2004, Section IV.

[3] Fonte: USITC Dataweb

[4] Vide Aluisio de Lima-Campos, *Nineteen proposals to curb abuse in antidumping and countervailing duty proceedings*, *Journal of World Trade*, Vol. 39, Nº. 2, 2005.

[5] Idem.

como para outras etapas do processo, é muito mais rigoroso, como se pode verificar no artigo de **Silvia Pinheiro** e **Josefina Guedes**, que bem descreve e discute de forma abrangente a evolução da prática da defesa comercial no Brasil desde sua incepção;

(b) ao invés de ter sido excluído da investigação, com apenas 2,3% de *participação no consumo aparente* norte-americano,[6] o Brasil foi incluído porque o texto atual do Acordo AD prevê exclusão apenas com base em *participação nas importações* e quando esta é inferior a 3%.[7] Isso precisa mudar urgentemente, pois "participação nas importações" não é indicação de dano;[8]

(c) o dano foi avaliado cumulativamente com todos os demais países, o que aumenta a possibilidade de provar dano à indústria doméstica. Esta situação particular foi muito bem desenvolvida no artigo de **Pablo Bentes**, neste volume, que apresenta descrição e análise pormenorizada da prática da cumulatividade nos EUA. Neste exemplo, a exclusão do Brasil com base no consumo aparente teria evitado a cumulatividade para nossas exportações;

(d) os EUA consideraram margem altíssima, baseada em fatos disponíveis, sem qualquer relação com a realidade da empresa investigada, para estabelecer a margem provisória de mais de 30 empresas brasileiras não-investigadas. Embora esse procedimento constitua violação clara das regras da OMC, inclusive confirmada por decisão recente de Painel,[9] esse abuso foi cometido, impedindo completamente as exportações dessas empresas; e

---

[6] *Certain Frozen or Canned Warmwater Shrimp and Prawns from Brazil, China, Ecuador, India, Thailand and Vietnam*, U.S. International Trade Commission, Pub. No. 3672, February 2004, Section IV.

[7] A participação do Brasil nas importações do produto objeto de investigação foi de 3,7%.

[8] Vide discussão sobre o tema em *Aluisio de Lima Campos, Nineteen proposals, cit.*

[9] A terminologia utilizada para designar a instância inicial do sistema de

(e) levando em conta o efeito inibidor dessas investigações, agravado neste caso por não ter havido modificação do Acordo AD e pelo abuso das autoridades norte-americanas, as exportações brasileiras de camarão para os EUA passaram de 17.000 t no período janeiro-agosto de 2003, para 7.800 t no mesmo período de 2004. Uma queda de 55% nas exportações em apenas 6 meses de investigação. Essa queda deverá ser ainda maior, se considerado que o prazo dessa investigação é de 13 meses.

Mesmo na hipótese muito improvável de não ocorrer imposição de direitos, o prejuízo, como se pode ver, é considerável. Havendo imposição de direitos, a probabilidade de os exportadores brasileiros perderem completamente o mercado de destino é de 62%.[10] Nessas condições, é preciso modificar os dispositivos mais nocivos dos Acordos AD e SMC para evitar esses riscos altíssimos de prejuízos para nossos exportadores.[11]

---

solução de controvérsias da OMC tem sido objeto de debate no Brasil. O texto autêntico em inglês menciona "*panel*" e "*panelists*". Em virtude disso, as adaptações "painel" e "painelistas" vêm sendo adotadas na literatura científica nacional por ilustres autores como Celso Lafer, Vera Thorstensen e Welber Barral. Conforme observa José Cretella Neto, em *Direito processual na Organização Mundial do Comércio* (2003), esta não é a terminologia mais correta, mas tampouco a expressão "grupo especial" (adotada pela tradução oficial dos acordos no Brasil) consegue expressar com exatidão a natureza do trabalho realizado pelo grupo de três especialistas, na primeira fase da solução do conflito. Na presente obra, e com essas ressalvas, adotam-se, com relutância, os termos "painel" e "painelista", unicamente para seguir a terminologia que vem prevalecendo na literatura nacional sobre o sistema multilateral do comércio. Creio que o idioma português é rico o suficiente para oferecer termos adequados e que nós, os estudiosos do tema, temos a responsabilidade de encontrá-los e utilizá-los. Minha sugestão nesse sentido é "banca [ou comitê] de especialistas".

[10] Vide Aluisio de Lima Campos e Adriana Vito, *O abuso e o arbítrio*, cit., p. 20.

[11] As propostas deste autor para a reforma dos acordos AD e SMC encontram-se em *Nineteen proposals*.

As posições a serem defendidas pelo Brasil nas negociações multilaterais sobre o tema encontram-se em discussão e este é o momento dos diversos segmentos do setor privado se fazerem ouvir. No fim das contas, a prioridade que o tema merece deverá ser proporcional ao grau de participação e de pressão que venha a ser exercida pelo setor privado junto ao Executivo e Legislativo brasileiros.

Como ocorria na antiga área de livre comércio EUA-Canadá (CFTA),[12] no âmbito do NAFTA as decisões de seus membros com relação a dumping e subsídios podem ser questionadas junto a Painel Binacional. **Angela Estrella**, em seu artigo, examinou esses mecanismos e encontrou uma fórmula jurídica para adaptá-lo à ALCA. A autora traçou um paralelo entre o impasse gerado nas negociações do CFTA e o atual impasse nas negociações da ALCA, para propor essa alternativa criativa à atual revisão judicial de decisões administrativas sobre antidumping, medidas compensatórias ("Anti-Subsídios") e salvaguardas pelos tribunais norte-americanos. Estes, como se sabe, não têm prazo para decidir e as decisões podem levar anos para serem emitidas.[13]

Na OMC, esses questionamentos ocorrem no Órgão de Solução de Controvérsias (OSC). O grau de implementação de suas decisões é o tema dos artigos de **Patricia Toledo** e **Felipe Berer**, que oferecem tratamentos distintos para um mesmo problema. Os dois reconhecem que há deficiências de implementação e que essa situação precisa ser melhorada, razão pela qual os dois autores fazem propostas nesse sentido. Porém, enquanto Toledo vislumbra insuficiências de monitoramento e transparência, Berer conclui que o sistema atual é ineficiente por não encorajar o cumprimento de deci-

[12] Vigeu de 1º. de janeiro de 1989 até 31 de dezembro de 1993. Foi suspensa com a entrada em vigor do NAFTA em 1º. de janeiro de 1994.

[13] Vide Aluisio de Lima Campos e Adriana Vito, *O Abuso e o Arbítrio*, cit., p. 16.

sões. Embora minha opinião coincida mais com este último do que com o primeiro autor, as duas conclusões e respectivas propostas de reforma parecem-me bem fundamentadas em suas correspondentes análises e merecedoras de crédito.

Apesar das críticas, a importância da OMC e do OSC, em particular, para o comércio internacional é inquestionável. Segundo o artigo de **Fabio Carneiro Cunha**, o sistema de solução de controvérsias da OMC é o sustentáculo do Sistema Multilateral de Comércio (SMC), "concedendo-lhe segurança, previsibilidade e uma garantia mínima acerca de sua imparcialidade e eficiência" e impedindo "que os Membros ajam unilateralmente na defesa de seus interesses, impondo-lhes restrições legais." O autor analisa o SMC e o Entendimento de Solução de Controvérsias para verificar se há desigualdade de tratamento para países em desenvolvimento e desenvolvidos.

Não obstante o fato de algumas falhas importantes persistirem, o sucesso dos países em desenvolvimento no âmbito do OSC tem sido evidente. Com respeito ao Brasil, basta citar o caso do algodão e, posteriormente, o do açúcar, e o que as decisões desses contenciosos estão fazendo pela redução dos subsídios agrícolas nos principais mercados consumidores. O caso do açucar é o tema do artigo de **Veronica D'Almeida**, que traça seus principais antecedentes e argumentos e conclui com suas implicações para o sistema multilateral de comércio.

Quando o objeto do questionamento é a decisão do Órgão de Solução de Controvérsias, o foro passa a ser o Órgão de Apelação da OMC. Este tem sido alvo de críticas por parte de estudiosos e representantes do Executivo e Legislativo norte-americanos.[14] Uma reclamação constante é a de que o Ór-

[14] "In cases that involve domestic trade laws such as antidumping rules, the Appellate Body has tended to be intrusive in its interpretations of the WTO's rules, even when the treaty is ambiguous. This tendency is especially troubling in the antidumping context, where judges have failed

gão de Apelação tem sempre um viés contrário aos EUA. As evidências de que tal afirmação não é verdadeira estão no excelente artigo de **Renê Medrado**, que fez a "prova dos nove" para demonstrar exatamente o contrário.

Aluisio de Lima-Campos

to apply the deferential standard of review negotiated into the Uruguay Round agreement" Cf. Susan Esserman e Robert Howse, "The WTO on trial", *Foreign Affairs Magazine*, vol. 82, nº. 1, p. 4. "In mandatory report to Congress Dec. 30 on WTO dispute-settlement process, Commerce provided score card on 60 cases Washington has brought against other countries and 70 complaints against U.S. trade actions. It also cited cases where it has disagreed with panel and Appellate Body decisions. 'In particular, the executive branch views with concern the manner in which WTO panels and the Appellate Body have applied the applicable standard of review in disputes involving U.S. trade remedy and safeguard matters,' report declared" *Washington Tariff and Trade Letter*, Vol. 22, No. 27. "130 out of the 275 requested WTO dispute settlement consultations have involved the United States. *Id.* The Department of Commerce has criticized WTO rulings in cases involving: Lamb Meat, Wheat Gluten, Japan Hot-Rolled, Export Restraints, Section 129 and German Steel. *Id.* Senate Finance Committee ranking member Max Baucus (D-MT) has likewise criticized the results of WTO cases involving: safeguards under Section 201, the CDSOA, Softwood Lumber, and Taxes on Foreign Sales Corporations" (*Customs and International Trade Newsletter*, June 10, 2003).

NEGOCIAÇÕES MULTILATERAIS, ANTIDUMPING E A *TRADE PROMOTION AUTHORITY*: ALTERNATIVAS PARA O BRASIL

Welber Barral *

1. Introdução

Em 2002, o Congresso norte-americano aprovou a Lei de Comércio (*Trade Act*), definindo os objetivos e estratégias para a prática comercial daquele país nos próximos anos. Trata-se de uma lei bastante abrangente, que aborda temas os mais diversos: assistência a trabalhadores, prevenção contra a pornografia infantil, segurança aduaneira, regras sobre importação de têxteis, preferências comerciais aos países andinos, além de dispositivos sobre indústrias específicas.

Ao longo do *Trade Act*, a parte mais interessante é sem dúvida sua Divisão B, que trata da autorização de promoção comercial, a *Trade Promotion Authority* (ou TPA). Nesta parte, o Congresso norte-americano estipula quais são os objetivos negociadores do presidente, quais são os procedimentos de consultas e de implementação que ele deverá seguir, além de diretivas específicas para cada um dos temas que serão submetidos aos acordos multilaterais. Em outras palavras, a TPA materializa o poder negociador do presidente. Ao contrário do que muitos imaginam, este poder não é ilimitado, sendo até bastante reduzido se comparado com os poderes imperiais dos presidentes em democracias menos consolidadas. Estudar a TPA, portanto, justifica-se como compreensão dos objetivos e das estratégias ne gociadoras dos EUA. Daí exsurge a relevância da TPA:

---

* Visiting Scholar do Georgetown University Law Center; Professor de Direito Internacional Econômico (UFSC); Pesquisador da CAPES.

– a TPA concede poder negociador ao presidente norte-americano; sem este poder, as negociações multilaterais seriam bloqueadas pela insegurança quanto à aprovação futura pelo Congresso norte-americano;

– para que estes acordos sejam posteriormente aprovados, o presidente deverá seguir as diretrizes estipuladas pela TPA;

– a TPA consagra e esclarece os mecanismos de consulta e de vigilância quanto à política comercial norte-americana;

– a dimensão e abrangência das negociações em curso tornam o processo negociador extremamente relevante; interessa ao Brasil conhecer todos os meandros e riscos envolvidos neste processo.

Um tema relevante, e extensivamente abordado na TPA, refere-se à negociação de acordos internacionais sobre a aplicação de medidas antidumping. O tema é bastante sensível entre o meio empresarial norte-americano, o que se reflete em pressões recorrentes sobre os parlamentares, geralmente no sentido de impedir que a capacidade de utilização dessas medidas, pelos Estados Unidos, possa ser limitada pelos acordos multilaterais.

O presente artigo pretende explicar a sistemática especial criada pela TPA para acordos com repercussão sobre medidas antidumping.[1] Para tanto, a parte seguinte explica a sistemática de aprovação de tratados internacionais nos EUA, analisando especificamente a Lei de Comércio de 2002, suas particularidades e limitantes. A partir daí, abordam-se as regras específicas sobre antidumping, e os riscos para os interesses brasileiros que podem ser identificados ao longo da TPA. A parte final condensa algumas conclusões, sob a ótica das alternativas a serem identificadas em favor do Brasil.

[1] Para uma abordagem sobre todos os demais aspectos da TPA, veja-se Barral, *Negociações comerciais multilaterais*.

2. Tratados internacionais e a TPA

A Constituição norte-americana tem dispositivos interessantes no que se refere à aprovação de tratados internacionais. Em regra, o poder de negociar tratados é do presidente. A norma constitucional determina que cabe ao presidente concluir o tratado, desde que dois terços dos senadores concordem.[2] Na prática, o Senado pode consentir incondicionalmente com o tratado proposto, pode recusar o seu consentimento, pode estipular condições na forma de emendas, ou pode ainda aprovar declaração de entendimento quanto ao texto do tratado. Alcançar o quórum de dois terços para aprovar um tratado pode ser uma tarefa bastante espinhosa para o presidente norte-americano, sobretudo quando seu partido não tiver maioria naquela casa legislativa.

E seus problemas não acabam aí. Em alguns casos, o tratado poderá ser considerado não auto-executável (*not self-executing*), ou seja, dependerá de legislação interna para que possa gerar efeitos na ordem jurídica norte-americana.[3] Neste caso, a legislação proposta terá que ser aprovada pelas duas casas legislativas, a Câmara (*House of Representatives*) e o Senado. Esta interpretação também se fundamenta no artigo 1°

[2] Constitution, Article II.1: "He [the President] shall have power, by and with the advice and consent of the Senate, to make treaties, provided two thirds of the Senators present concur".

[3] Os critérios para definição da auto-executoriedade dos tratados constituem tema polêmico na literatura jurídica norte-americana. A definição primígena vem do Juiz Marshall que, no caso *Foster v. Neilson* (27 U.S. 253, 1829), explicou que um tratado deve ser visto "como equivalente a um ato do legislador quando ele opera por si mesmo, sem a ajuda de uma norma legislativa". Ou seja, "when the terms of the stipulation import a contract – when either of the parties engages to perform a particular act, the treaty addresses itself to the political, not the judicial department; and the legislature must execute the contract, before it can become a rule for the Court". Ibid.

da Constituição dos EUA, que dá ao Congresso o poder de regulamentar o comércio interno e com nações estrangeiras.[4]

2.1. Aprovação de acordos comerciais

A necessidade de intervenção do Congresso norte-americano na aprovação de tratados em matéria comercial traz vários complicadores jurídicos e políticos. Foi a não-aprovação pelo Senado que sepultou a tentativa de criar a Organização Internacional do Comércio, em 1948. Para evitar a necessidade de submeter o GATT ao Congresso norte-americano é que foi criada a exceção das leis anteriores à existência do GATT (a denominada "cláusula do avô"), que existiu até a Rodada Uruguai. Durante a Rodada Kennedy, alguns tratados não foram implementados pelos EUA, por não terem sido aprovados pelo Congresso.

Compreensivelmente, essa sistemática legislativa cria problemas para os parceiros comerciais dos EUA, que muitas vezes relutam em negociar um acordo comercial, que sabem que pode ser reaberto posteriormente pelo Congresso.

Em termos políticos, a intervenção do Congresso no momento da aprovação dos tratados permite uma ampla atuação dos grupos de pressão relacionados com setores sociais ou empresariais que possam ser afetados pelo compromisso internacional. A estrutura política norte-americana promove a atuação desses grupos. Os congressistas são eleitos e identificados por

[4] Constitution, Article I.8: "The Congress shall have power [...] to regulate commerce with foreign nations, and among the several states, and with the Indian tribes". Compare-se com o caso do Brasil, cujo Congresso "resolve definitivamente sobre tratados, acordos ou atos internacionais que acarretem encargos ou compromissos gravosos ao patrimônio nacional" (Constituição de 1988, art. 49, I), mas que são "celebrados pelo Presidente da República" (art. 84, VIII).

grupos declarados, cujos interesses representam abertamente. Por isso, a aprovação de tratados internacionais esbarra em alguns congressistas que, independentemente de sua filiação partidária, reverberam interesses locais. Este fenômeno é identificável em qualquer democracia, mas nos EUA o poder dos grupos de pressão é marcante e pode ser decisivo, sobretudo em temas complexos e comparativamente distantes da opinião pública leiga, como no caso da política comercial.

Esta complexidade política, e a instabilidade jurídica criada pela necessidade de aprovação congressual *a posteriori* dos acordos negociados pelo Executivo, fizeram com que o Congresso norte-americano pensasse numa sistemática de concessão de poderes ao presidente, sem reduzir as prerrogativas constitucionais de implementação legislativa. Alguns poderes já haviam sido concedidos anteriormente ao presidente, como o de reduzir tarifas dentro de certos limites pré-aprovados pelo Congresso (pelo *Trade Acts* de 1934 e de 1962). Mas foi em 1974, na tentativa de garantir a credibilidade dos negociadores norte-americanos na Rodada Tóquio, que o Congresso aprovou a legislação autorizando o presidente a negociar e firmar acordos comerciais, que seriam posteriormente aprovados ou não pelo Congresso, sem possibilidade de emendas. Essa seria a "via rápida" (*fast track*) para aprovação de acordos comerciais.

2.2. O fast track

O *fast track* foi renovado em 1988 e estendido até 1994, o que possibilitou ao presidente negociar os acordos do NAFTA e da OMC. O presidente Bill Clinton não conseguiu renovar o mandato, em razão de sua minoria partidária no Congresso. O presidente eleito em 2000, George W. Bush, colocou o *fast track* como uma das prioridades seu governo, e finalmente o obteve, em agosto de 2002, denominado agora de TPA.

Ao contrário do que poderia parecer a um observador estrangeiro, a TPA não é um cheque em branco para o presidente.

Ao contrário, é "uma concessão de autoridade altamente condicionada".[5] Em primeiro lugar, porque o texto legislativo determina com muita especificidade quais são os objetivos negociadores do presidente norte-americano em cada um dos temas. Em segundo lugar, porque são criados mecanismos de vigilância dos atos do executivo, e a desobediência ou desatendimento a esses mecanismos pode implicar a suspensão da autoridade negociadora. Por fim, mesmo o atendimento aos objetivos e aos mecanismos criados pelo Congresso não garantem a aprovação final dos tratados comerciais; com efeito, os tratados aprovados terão que ser ainda implementados por meio de outra norma interna.

O grau de vigilância exercida sobre o Executivo norte-americano não tem paralelo no sistema político brasileiro. Entre nós, o presidente sempre exerce a via rápida: o Executivo negocia todos os termos dos tratados internacionais, em qualquer matéria, que não serão acompanhados nem emendados posteriormente pelo legislativo, a quem caberá no futuro simplesmente aprová-los ou não.[6] O sistema norte-americano certamente merece muitas críticas, sobretudo no que se refere ao poder dos grupos de pressão em detrimento do conjunto da sociedade, mas certamente é muito mais democrático – no sentido de transparente e debatido – do que o presidencialismo imperial que ainda vigora no Brasil, pelo menos em matéria de política comercial.

Voltando aos EUA, deve-se explicar o processo legislativo sob o *fast track*. Se tiver interesse em submeter um acordo internacional a este procedimento, o presidente deverá obter inicialmente uma autorização do Congresso para aquele acordo específico. A norma autorizadora determinará os objetivos relevantes, e o presidente deverá esclarecer como as alcançará, con-

[5] Brainard e Shapiro, *Fast track trade promotion authority*, p. 2.

[6] Observe-se, entretanto, a existência de propostas de emendas constitucionais no Congresso brasileiro, no sentido de garantir uma participação parlamentar mais efetiva no que se refere aos tratados internacionais.

sultando o Congresso em todas as fases da negociação. Em seguida, deve ser aprovada a legislação interna que incorpora os resultados do acordo e que modifica a legislação norte-americana que for incompatível com o acordo internacional. Na prática, o Executivo redige esta legislação com as comissões do Congresso competentes para cada matéria. Finalmente, o texto é submetido ao Congresso para aprovação, após o que começará a vigorar.

Quanto aos mecanismos de consulta:

– no início de cada sessão do Congresso, a Câmara e o Senado indicam conselheiros para política comercial, compostos por membros da Comissão de *Ways and Means* da Câmara e de membros da Comissão de Finanças do Senado. Esse grupo de congressistas será acreditado pelo USTR e poderá participar das delegações, encontros e a sessões de negociação dos EUA.

– o USTR poderá ser convocado para prestar esclarecimentos das comissões do Congresso que o convocarem.

– na Lei de Comércio de 2002, foi também criado um Grupo de Acompanhamento Congressual (*Congressional Oversight Group*), composto por membros de comissões que possam ser afetadas pelas negociações em curso.[7]

2.3. A Trade Promotion Authority

Embora a Lei de Comércio de 2002 tenha estrutura legislativa semelhante à leis anteriores, algumas características chamam a atenção. A primeira delas é uma preocupação recorrente em garantir a presença do Congresso norte-americano durante todo o processo de negociação do acordo comercial. Os congressistas norte-americanos parecem ter reconhecido a relevância da negociação, comparativamente ao acordo já negociado.

[7] Trade Act of 2002, Sec. 2107.

Em outras palavras, uma negociação como a que atualmente ocorre no âmbito da OMC é difícil e complexa: envolve temas de grande impacto econômico, envolve mais de 140 países, além de concessões cruzadas e regras extensas. Se alcançada alguma modificação nas regras da OMC, elas exigirão muitas horas de dedicação dos negociadores, que não estarão dispostos a reabri-la posteriormente para atender a algum congressista nacional. Assim, torna-se visível a relevância do momento da negociação.

A norma específica esclarece que o presidente deverá começar negociações sobre barreiras tarifárias e não tarifárias que afetem qualquer indústria, produto ou setor de serviços, e posteriormente expandir os acordos setoriais existentes a países que não sejam partes desses acordos. Esses setores incluem: agricultura, serviços comerciais, direitos de propriedade intelectual, bem de capital, compras governamentais, tecnologia da informação, tecnologia e serviços ambientais, serviços e equipamentos médicos, aeronaves, e produtos para a infra-estrutura.[8] Serão esses os temas prioritários a serem considerados pelo presidente, no momento em que propuser qualquer negociação.

Como já mencionado, todo processo de negociação será acompanhado pelo Congresso. Este acompanhamento ocorre primordialmente em quatro fases: antes de entrar em negociação, antes de firmar o acordo comercial, durante a proposta de implementação, e na aprovação final pelo plenário do Congresso.

Assim, até 90 dias antes de iniciar as negociações, o presidente deve notificar o Congresso,[9] consultando as comissões específicas e o Grupo de Acompanhamento Congressual.[10]

---

[8] Trade Act of 2002, Sec. 2103(d).

[9] Esta notificação prévia foi dispensada nas negociações já em curso (OMC, ALCA, Acordo Chile-EUA e Acordo Cingapura-EUA). Cf. Trade Act of 2002, Sec. 2106.

[10] TA, 2104(a).

Segundo O'Halloran, estas consultas prévias servem a dois propósitos. Primeiro, os grupos econômicos sensíveis ou a serem afetados pelo acordo proposto terão uma oportunidade para expressar suas preocupações e buscar algum tipo de compensação. Segundo, os negociadores apreenderão dessas consultas quais as indústrias que, se ignoradas, poderão pressionar membros do Congresso para vetarem algum acordo futuro.[11]

Ainda nesta fase, têm muita importância os comitês consultivos do setor privado. Esses comitês podem apresentar recomendações ao presidente, refletindo os interesses específicos de cada setor industrial. Pode haver quatro tipos de comitês. O comitê consultivo para a política comercial e negociações é composto de 45 membros, incluindo representantes de governos estaduais e locais, sindicatos e indústrias, agricultura serviços e consumidores. Seus membros são recomendados pelo USTR e nomeados pelo presidente. O presidente pode estabelecer também comitês executivos de políticas para a indústria, trabalho, agricultura, serviços, investimento, defesa e outros interesses, cujos membros são indicados pelo USTR. Ainda, pode o presidente estabelecer comitês consultivos setoriais representativos do setor industrial, agrícola ou de serviços que sejam afetados pelo acordo comercial em negociação. Além disso, pode haver a criação de comitês consecutivos de políticas locais.[12]

A interação entre os grupos privados e os negociadores é constante. Cameron e Tomlin relatam que, somente durante as negociações do NAFTA, os negociadores do governo norte-americano "mantiveram mais de quatrocentas reuniões com os membros do Congresso, e entre 12.000 e 16.000 reuniões com o setor privado"![13]

---

[11] *Politics, process, and American trade policy*, p. 145.

[12] Id.

[13] Cameron e Tomlin, *The making of NAFTA*, p. 230.

Numa segunda fase, o presidente deverá também consultar o Congresso antes de firmar o acordo. Nesse momento, o presidente deverá demonstrar a natureza do acordo comercial, como e em que medida os objetivos e prioridades estabelecidas pela TPA foram atendidas, e como a implementação desse acordo poderá afetar leis norte-americanas já existentes.[14]

Nesta fase, a Comissão de Comércio Internacional dos EUA (ITC) deverá preparar um relatório avaliando o impacto do acordo comercial em questão sobre a economia dos EUA em geral e também sobre o os setores econômicos específicos que serão afetados. Neste relatório, a ITC deverá apresentar inclusive uma revisão da literatura existente sobre o acordo comercial em questão.

Ultrapassada esta fase e firmado o acordo, alcança-se um momento político delicado, ou da implementação do acordo comercial. Segundo a TPA, o presidente deverá notificar o Congresso, com antecipação de 90 dias, de sua intenção de firmar o acordo. Em seguida, deverá remeter a ambas as casas do Congresso um rascunho da norma de implementação. Com este rascunho, o presidente deverá explicar como o acordo alcança os objetivos da TPA, como atende aos interesses comerciais norte-americanos e suas prioridades.[15] Além disso, o presidente deverá justificar a revogação ou modificação de normas internas que contrariem o tratado.

Esta sistemática dificulta a negociação de barreiras não tarifárias, que dependerão de modificações de normas internas norte-americanas. Nesta fase, o presidente deverá reunir-se com as comissões específicas, para avaliar as modificações necessárias na legislação pré-existente. Embora não esteja obrigado a respeitar as recomendações dos congressistas, o presidente costuma atendê-las, a fim de buscar apoio para aprovação em plenário.[16]

---

[14] TradeAct of 2002, Sec. 2104(d)(2).

[15] Trade Act of 2002, Sec. 2105(a).

[16] “In submitting the implementing bill, the president is not bound by the

Na última fase, o presidente submeterá o texto à votação em plenário da Câmara e do Senado, que deverão aprová-lo por maioria. Esta será a última instância revisora, antes de o acordo comercial ter validade jurídica no direito interno norte-americano. Observe-se, entretanto, que a norma de incorporação é que criará o efeito de executoridade do acordo comercial. Em outras palavras, o acordo propriamente dito não é auto-executável. E isto traz duas implicações jurídicas relevantes. Em primeiro lugar, pode haver disparidade entre o texto firmado no acordo comercial e o texto efetivamente colocado em vigor pela norma de incorporação. Neste caso, as autoridades judiciais e administrativas norte-americana aplicarão o texto da norma interna.

Uma segunda conseqüência é igualmente relevante: se um particular estrangeiro – um exportador brasileiro, por exemplo – sofrer alguma barreira a seu produto, não poderá invocar diretamente, perante as autoridades aduaneiras ou judiciais norte-americanas, a regra contida no acordo internacional. Este particular terá que invocar a norma norte-americana de incorporação, por menos garantidora que seja de direitos de estrangeiros.[17]

Em todas as fases descritas acima, há permanente atuação do Congresso na verificação do cumprimento, pelo presidente, das diretrizes estipuladas pela TPA. A grande limitação ao poder presidencial é a possibilidade de uma resolução de desaprovação processual (também denominada de *fast track* reverso).

---

recommendations made at the non-markup stage. Nonetheless, the agreement must still be approved by both chambers of Congress, and if the president does not accept the committees' recommendations, strong opposition is likely on the House and Senate Floor. To win support for the final legislation, therefore, the administration often accedes to protcctionist demands". Cf. O'Halloran, op. cit., p. 155.

[17] Esta sistemática jurídica, denominada de tratados não auto-aplicáveis (*non self-executing*), configura tratamento díspar ao recebido pelos exportadores norte-americanos nos demais países, embora poucos tenham se dado conta disto.

Por esta resolução, que pode ser apresentada por qualquer congressista e aprovada pelo Congresso, com base no fato de que o presidente "falhou ou se recusou a notificar ou a consultar o Congresso de acordo com a TPA", a autoridade presidencial pode ser cassada.[18] Embora esta resolução não seja aprovada facilmente, é uma ameaça permanente sobre a autoridade presidencial, caso venha a ignorar as demandas dos congressistas.

Outra limitação ao poder presidencial se refere à capacidade do Congresso de modificar, a qualquer tempo, as regras processuais relativas à concessão da autoridade negociadora. Desta forma, não há um direito definitivo do presidente, relativamente às mudanças políticas que possam ocorrer na composição do Congresso.[19]

Além dessas limitações durante a vigência da TPA, algumas regras específicas para setores importantes para a economia norte-americana. A primeira dessas especificidades se refere às negociações que envolvam o setor agrícola. O presidente, segundo a TPA, deverá avaliar se o país com quem se negocia tem tarifas consolidadas mais baixas do que os EUA, no que se refere a produtos agrícolas. Além disso, especialmente nas negociações da OMC e da ALCA, o presidente deverá atentar para os denominados produtos sensíveis à importação, aqueles cujas cotas e tarifas tenham sido muito reduzidas, ou que sofram barreiras sanitárias e fitossanitárias de outros países, ou que recebam subsídios.[20]

---

[18] Trade Act Of 2002, Sec. 2105(b).

[19] O Trade Act Of 2002, Sec. 2105(c), afirma que as normas processuais da TPA são aprovadas "as an exercise of the rulemaking power of the House of Representatives and the Senate" e com "the full recognition of the constitutional right of either House to change the rules (so far as relating to the procedures of that House) at any time, in the same manner, and to the extent as any other rule of that House" (grifou-se).

[20] Trade Act Of 2002, Sec. 2104(b).

Outro setor com regras especiais é o de têxteis. A TPA exige que, antes de iniciar uma negociação comercial envolvendo têxteis, que o presidente avalie se as tarifas consolidadas do país com quem se negocia são mais baixas do que as tarifas norte-americanas e, em caso negativo, se as negociações não poderiam elimir.ar esta disparidade.[21]

Mas as regras específicas mais interessantes se referem a negociações comerciais que possam envolver, ou limitar, a utilização pelos EUA de medidas de defesa comercial. Conforme se demonstra na seção seguinte, as medidas de defesa comercial, sobretudo medidas antidumping, são mecanismo politicamente relevante, e qualquer acordo que envolva a modificação das normas internas norte-americanas sobre esta matéria sofre intensa oposição de congressistas vinculados com setores industriais menos eficientes. Por isso, foram criadas regras procedimentais específicas na TPA para analisar qualquer acordo internacional que envolva medidas de defesa comercial.

Assim, o presidente deverá informar ao Congresso, com 180 dias de antecedência, qualquer proposta negociadora nesta matéria. Além disso, criou-se a possibilidade de uma resolução de desaprovação específica contra iniciativas do presidente que possam afetar as normas de defesa comercial, de forma inconsistente com os interesses econômicos dos EUA.[22]

No que se refere a diretrizes limitadoras do poder presidencial, a TPA determina ainda que o presidente, ao entrar em negociações com um país específico, deve levar em consideração em que medida este país implementa suas obrigações assumidas no âmbito da Rodada Uruguai da OMC.[23]

[21] Trade Act Of 2002, Sec. 2104(c).

[22] Trade Act Of 2002, Sec. 2104(d)(3).

[23] Trade Act Of 2002, Sec. 2102(e).

Finalmente, a grande a limitação ao poder negociador do presidente norte-americano é o prazo da TPA. A norma estabelece que a validade da autoridade negociadora vigorará até 1 de julho de 2005.[24] A data foi delimitada levando-se em consideração os processos em curso na OMC e na ALCA. Na presente data (setembro de 2004) já se sabe que a negociação não é realizável nos limites deste prazo, sobretudo considerando-se a pendência eleitoral nos EUA. De qualquer forma, a própria TPA pre-

[24] Trade Act Of 2002, Sec. 2103:

"(c) EXTENSION DISAPPROVAL PROCESS FOR CONGRESSIONAL TRADE AUTHORITIES PROCEDURES –

(1) IN GENERAL – Except as provided in section 2105(b) –

(A) the trade authorities procedures apply to implementing bills submitted with respect to trade agreements entered into under subsection (b) before July 1, 2005; and

(B) the trade authorities procedures shall be extended to implementing bills submitted with respect to trade agreements entered into under subsection (b) after June 30, 2005, and before July 1, 2007, if (and only if) –

(i) the President requests such extension under paragraph (2); and

(ii) neither House of the Congress adopts an extension disapproval resolution under paragraph (5) before June 1, 2005.

(2) REPORT TO CONGRESS BY THE PRESIDENT- If the President is of the opinion that the trade authorities procedures should be extended to implementing bills described in paragraph (1)(B), the President shall submit to the Congress, not later than March 1, 2005, a written report that contains a request for such extension, together with –

(A) a description of all trade agreements that have been negotiated under subsection (b) and the anticipated schedule for submitting such agreements to the Congress for approval;

(B) a description of the progress that has been made in negotiations to achieve the purposes, policies, priorities, and objectives of this title, and a statement that such progress justifies the continuation of negotiations; and

(C) a statement of the reasons why the extension is needed to complete the negotiations"

vê uma extensão desse prazo por dois anos, mas o presidente deverá fundamentar esta necessidade, e a ITC deverá apresentar uma análise do impacto econômico dos acordos comerciais já implantados durante o primeiro período.[25]

Até aqui, mencionou-se uma característica da TPA que é o acompanhamento constante pelo Congresso e as várias normas limitadoras do poder negociador do presidente norte-americano. Uma segunda característica de grande nota na TPA é a preocupação constante com a questão da segurança norte-americana. Os atentados de setembro de 2001 certamente marcarão a política externa dos EUA nos próximos tempos, e isto é visível na TPA. Assim, afirma-se que "a expansão do comércio internacional é vital para a segurança nacional dos Estados Unidos",[26] e mesmo as preferências comerciais aos países andinos dependerão do apoio que esses países derem no combate ao terrorismo.[27] Ainda, a eligibilidade de países em desenvolvimento para o sistema geral de preferências poderá ser suspenso se "o país em questão não tiver tomado medidas para apoiar os esforços dos Estados Unidos no combate ao terrorismo[28]."

Nos demais pontos, a TPA tenta garantir compensações para grupos sociais que forem afetados pela abertura comercial. Assim, garantem-se US$ 220 milhões anuais para treinamento de

---

[25] Trade Act of 2002, Sec. 2103(a).

[26] "The expansion of international trade is vital to the national security of the United States. Trade is critical to the economic growth and strength of the United States and to its leadership in the world. Stable trading relationships promote sęcurity and prosperity. Trade agreements today serve the same purposes that security pacts played during the Cold War, binding nations together through a series of mutual rights and obligations. Leadership by the United States in international trade fosters open markets, democracy, and peace throughout the world." (grifou-se). Cf. Trade Act of 2002, Sec. 2101.

[27] Trade Act of 2002, Sec. 3103(b)(6)(B). É também interessante notar que o país andino beneficiado deverá demonstrar "seu compromisso em participar das negociações para completar a ALCA". Cf. ibid.

[28] Trade Act of 2002, Sec. 4102.

trabalhadores desempregados, US$ 90 milhões anuais para fazendeiros que não forem afetados por produtos estrangeiros, além de créditos para médias empresas. Ainda sobre o orçamento, é interessante notar a aprovação de um fundo para compensar acordos em controvérsias perante a OMC.[29]

Ainda neste cenário, é ator relevante o representante comercial norte-americano (USTR). Este é o principal assessor para o presidente no que se refere a política comercial, e ele é que deve conseguir o frágil equilíbrio da "diplomacia de dois gumes":[30] negociar interesses internos com os congressistas, e compatibilizar esses interesses como os demais países envolvidos no processo negociador. O representante comercial é indicado diretamente pelo presidente, e seu nome também deve ser aprovado pelo Senado.

Como se vê, a política comercial norte-americano resulta de um equilíbrio sensível entre o Executivo e o Legislativo. Todos os mecanismos procedimentais designados acabam por permitir várias instâncias de atendimento a pressões protecionistas de grupos econômicos que sejam eventualmente afetados pelos acordos comerciais. De outro lado, permitem ao Congresso transferir ao presidente a responsabilidade por decisões relacionadas com a liberalização comercial. Assim, ao contrário de ser uma transferência definitiva de poderes do Congresso para o presidente, acaba sendo, como observa O'Halloran, um governo do Congresso que cria procedimentos para controlar a política comercial por meio da, e não apesar da, delegação de autoridade ao presidente.[31]

[29] Trade Act of 2002, Sec. 5201. Este fundo recebeu US$ 50 milhões pelo Trade Act.

[30] A expressão é de Evans et al., *Double-edged diplomacy*.

[31] O'Halloran, op. cit., p. 182: "The result of this shift has been to enfranchise Congress and special interests into the negotiation and implementation of trade agreements [...]. As a result, in many cases the president will be forced to accomodate demands of certain interests in order to assure final passage of the implementing legislation."

3. Regras específicas para medidas antidumping

Dentre os temas abordados nas atuais negociações comerciais internacionais, a regulamentação antidumping é sempre assunto recorrente. Isto pode ser explicado pela crescente utilização dessas medidas, e sua maior relevância como instrumento de defesa comercial e de, em cada vez mais casos, protecionismo desbragado.

Esta emergência do dumping como tema nas negociações tem uma explicação lógica: a redução de barreiras tarifárias, como conseqüência das negociações multilaterais e dos processos de integração regional, aumenta a atividade de grupos de pressão nacionais, como reação à concorrência de produtos estrangeiros. Como as barreiras tarifárias não estão mais disponíveis, esses grupos pressionam por novas modalidades de defesa comercial. E as medidas antidumping são a modalidade preferida de defesa comercial, em razão de suas características políticas. Isto faz com que as medidas antidumping possam ser caracterizadas como a "arma química da guerra comercial".[32]

Essas considerações ajudam a compreender a relevância das medidas antidumping na política comercial norte-americana. Esta relevância se manifesta, de forma direta, no texto da TPA.

A relevância dessas medidas, como instrumento de defesa comercial, não é algo novo no plano multilateral. A aplicação de medidas antidumping existe desde 1904, quando o Canadá adotou a primeira regulamentação sobre a matéria. Nas negociações do GATT 1947, o temor de que essas medidas pudessem ser usadas como instrumento protecionista já era presente, e este temor se materializou na tentativa de limitação do Artigo VI. Na década de 1970, um

[32] Para uma abordagem sobre a utilização de medidas antidumping, veja-se: Barral, *Dumping e comércio internacional*; Lima-Campos e Vito, "Abuse and discretion".

Código Antidumping foi elaborado durante a Rodada Tóquio, na tentativa de esclarecer alguns termos obscuros do Artigo VI. Finalmente, na Rodada Uruguai, o tema voltou à mesa de negociação, como conseqüência do uso recorrente de medidas antidumping nos anos 80, sobretudo pelos EUA. O resultado foi uma regulamentação complexa, o Acordo Antidumping, que abrange regras procedimentais estritas, que deverão ser cumpridas pelos Membros da Organização Mundial do Comércio (OMC), que desejarem aplicar medidas antidumping sobre produtos importados.

A preferência pelas medidas antidumping, como instrumento de defesa comercial, pode ser explicada pela facilidade de sua aplicação. "Facilidade" aqui se refere aos aspectos políticos, e não aos requisitos técnico-burocráticos que, ao contrário, suscitam complexos problemas jurídicos, econômicos e contábeis. Mas, quanto ao aspecto político, a preferência se explica porque normalmente as medidas antidumping são vistas como uma reação legítima contra práticas condenáveis dos exportadores estrangeiros. Neste sentido, as medidas antidumping são politicamente mais aceitáveis que medidas compensatórias, que enfrentam subsídios concedidos por outro Estado soberano.

Por isso, na atualidade existem, em todo o mundo, mais de 900 regulamentações nacionais sobre a aplicação de medidas antidumping, e o número de Estados que as utilizam cresceu três vezes nos últimos dez anos.[33] Essas medidas estão sendo aplicadas inclusive por países com pequena participação no comércio internacional, como, por exemplo, Guatemala e Trinidad-Tobago.

Além desses novos usuários de medidas antidumping, os usuários tradicionais – EUA e União Européia – continuam a aplicar essas medidas, sobretudo contra exportações de países em desenvolvimento. Destarte, o que poderiam ser vantagens comparativas para os produtos desses países acaba en-

[33] OMC, WT/GC/W/240.

frentando nova barreira para atingir o mercado consumidor dos países desenvolvidos.

Reconhecendo este problema, a Conferência Ministerial de Doha incluiu a revisão do Acordo Antidumping entre os temas da nova agenda de negociações da OMC. A Declaração Ministerial afirma que se buscará "fortalecer e explicar as disciplinas [na matéria] e facilitar sua implementação, e assegurar que elas operem de forma a apoiar a liberalização comercial e o desenvolvimento econômico", mas "preservando seus conceitos básicos, princípios e eficácia".[34]

O texto de Doha é suficientemente ambíguo para permitir a criação de regras mais específicas, mas acoberta também a possibilidade de uma resistência, sobretudo dos EUA, em qualquer mudança que possa comprometer a utilização dessas medidas no comércio internacional. Como se verá na seção seguinte, esta resistência norte-americana a qualquer mudança se materializou também no texto da TPA.

3.1. Antidumping e a TPA

O uso de medidas antidumping é algo extremamente arraigado da política comercial dos EUA. Mais que isto, é um tema quase que sagrado, para muitos políticos norte-americanos compreendido como uma fórmula legítima de combater a concorrência injusta de produtos estrangeiros. Em geral, na literatura econômica, não há justificativas econômicas para as medidas antidumping, mas os argumentos políticos, em qualquer lugar, nem sempre têm base científica. Nos EUA, as medidas antidumping são instrumentos recorrentes e eficazes de proteção a indústrias ineficientes, mas politicamente relevantes.

---

[34] OMC, WT/MIN(01)/DEC/W/1, par. 28.

Isto torna politicamente explosiva qualquer pretensão de modificar ou dificultar as regras para utilização de medidas antidumping. Os grupos de pressão, representativos dos setores industriais norte-americanos, são extremamente atentos a qualquer proposta tendente a modificar as medidas antidumping, e pressionam pesadamente seus congressistas quando esta matéria está em jogo.

A relevância do tema é visível na TPA. Como principais objetivos negociadores norte-americanos com relação a medidas de defesa comercial, a TPA determina que o presidente deve:

> (A) preservar a capacidade dos Estados Unidos de aplicar rigorosamente suas normas comerciais, incluindo leis sobre antidumping, medidas compensatórias e salvaguardas, e evitar acordos que diminuam a efetividade das disciplinas doméstica e internacional sobre comércio injusto, especialmente dumping e subsídios, ou que diminuam a efetividade de regras sobre salvaguardas, de forma a garantir que os trabalhadores, produtores agrícolas e empresas dos Estados Unidos possam competir em termos completamente justos e gozar os benefícios de concessões comerciais recíprocas; e
>
> (B) abordar e diminuir distorções de mercado que levam ao dumping e aos subsídios, incluindo excesso de capacidade, cartelização e barreiras de acesso ao mercado.[35]

O texto citado deixa transparecer as dificuldades da inclusão das medidas antidumping na pauta de negociações, e as

[35] TPA, Sec. 2102(b)(14)(A). Além disso, a TPA requer que o Presidente apresente um relatório específico sobre qualquer acordo internacional que possa implicar mudanças nas normas de defesa comercial dos EUA Sec. 2104(d)(3).

restrições impostas pelo Congresso a qualquer pretensão do Executivo em incluir medidas antidumping como *trade-off*. Nas negociações com o Congresso, para a aprovação da TPA, essas dificuldades já foram demonstradas. Houve inclusive a tentativa de aprovação de uma emenda à TPA (Emenda Dayton-Craig) que excluiria as medidas de defesa comercial das negociações comerciais. Somente no último momento é que o Executivo conseguiu rever esta proposta.[36]

Em contrapartida, o Executivo teve que concordar com a inclusão, no texto da TPA, da possibilidade de um tratamento legislativo especial para as medidas de defesa comercial. Assim, qualquer acordo que possa atingir as normas de defesa comercial dos EUA deverá passar por um processo específico de consulta com a Comissão de *Ways and Means* da Câmara e com a Comissão de Finanças do Senado.[37] E qualquer Casa do Congresso poderá, mediante proposição de qualquer congressista, passar uma resolução de que o acordo proposto é inconsistente com os objetivos negociadores estipulados pela TPA.[38]

---

[36] A proposta foi encaminhada pelos Senadores Mark Dayton (Democrata de Minnesota) e Larry Craig (Republicano de Idaho). Nas palavras de uma observadora daquela votação, "Yesterday's vote demonstrated strong support across partisan and ideological lines for anti-dumping and other 'trade remedy' laws that are often invoked — most recently by Bush in dealing with steel and timber trade — to shield domestic industries from subsidized imports. It also demonstrated that despite substantial support in the Senate for Bush's proposal for expanded trade negotiating authority, members are reluctant to give up what they regard as their constitutional right and obligation to oversee trade agreements. 'While our country's future trade policies are debatable, the right of Congress to participate actively in setting those policies is not,' Dayton argued" Cf. Dewar, "Bush loses a vote on trade", p. A8.

[37] Trade Act of 2002, Sec. 2104(d)(3).

[38] Id.

Se, de um lado, a TPA limita a capacidade do presidente norte-americano de negociar regras que afetem a contínua capacidade dos EUA de aplicar medidas antidumping, por outro também cria diretrizes para que o presidente busque assegurar, nas regras multilaterais, maior deferência às medidas aplicadas pelas autoridades administrativas norte-americanas.

Esta preocupação encontra-se já na parte inicial da TPA. Observa-se ali que o Congresso está preocupado com:

> (A) O recente padrão das decisões dos painéis da OMC e do Órgão de Apelação em impor obrigações e restrições ao uso de medidas antidumping, compensatórias e de salvaguardas; e
>
> (B) O Congresso manifesta sua preocupação de que os painéis da OMC e o Órgão de Apelação apliquem corretamente o padrão de revisão contido no artigo 17.6 do Acordo Antidumping, para garantir deferência à interpretação permissível por um membro da OMC em relação às regras daquele Acordo, e à avaliação dos fatos, onde esta avaliação for objetiva e a determinação dos fatos for correta.[39]

A parte citada se refere a uma das regras mais rememoradas pelos EUA diante do sistema de solução de controvérsias da OMC. Na Rodada Uruguai, os EUA conseguiram incluir, no Acordo Antidumping, uma regra especial de interpretação no que se refere ao padrão de revisão (*standard of review*) das medidas antidumping aplicadas por autoridades nacionais. Por esta regra, a OMC deverá conceder maior deferência às autoridades nacionais na avaliação da conveniência de aplicar medidas antidumping.[40]

---

[39] Trade Act of 2002, Sec. 2101(b) (3).

[40] O Artigo 17.6 do Acordo Antidumping dispõe que: "O grupo especial

Apesar deste texto, os EUA sofreram reiterados recursos contra suas medidas perante o Órgão de Solução de Controvérsias da OMC, e perderam quase todos. Daí a TPA direcionar o Executivo a reforçar este padrão de revisão, como preocupação de que as medidas antidumping aplicadas por autoridades administrativas norte-americana não serão contestadas perante a OMC.[41]

4. Perspectivas

Após a aprovação do *Trade Act* de 2002, o USTR foi bastante ativo na utilização da autoridade concedida ao presidente para concluir acordos bilaterais de livre comércio. O impasse das negociações na OMC e, em certa medida, na ALCA, incentivou a conclusão dos acordos dos Estados Unidos com Singapura, com o

[painel], ao examinar a matéria objeto do parágrafo 5,

(a) ao avaliar os elementos de fato da matéria, determinará se as autoridades terão estabelecido os fatos com propriedade e se sua avaliação dos mesmos foi imparcial e objetiva. Se tal ocorreu, mesmo que o grupo especial tenha eventualmente chegado a conclusão diversa, não se considerará inválida a avaliação;

(b) interpretará as disposições pertinentes do Acordo segundo regras consuetudinárias de interpretação do direito internacional público. Sempre que o grupo especial conclua que uma disposição pertinente do Acordo admita mais de uma interpretação aceitável, declarará que as medidas das autoridades estão em conformidade com o Acordo, se as mesmas encontram respaldo em uma das interpretações possíveis."

[41] Também por isso, a TPA elege, como um dos objetivos negociadores dos EUA, "(C) to seek adherence by panels convened under the Dispute Settlement Understanding and by the Appellate Body to the standard of review applicable under the Uruguay Round Agreement involved in the dispute, including greater deference, where appropriate, to the fact-finding and technical expertise of national investigating authorities". Cf. Trade Act of 2002, Sec. 2102(b)(12).

Chile, com Marrocos, e com a Austrália. Além disso, iniciaram-se as negociações com a África do Sul e com a América Central.[42]

Em todos esses acordos, bem como nas negociações multilaterais que ressurgem, transparece a preocupação norte-americana em manter intactas suas normas antidumping. Este comportamento é sintomático da relevância que a matéria seguramente adquirirá na retomada das negociações multilaterais e regionais.

Na realidade, esta relevância desde muito já é perceptível. Alguns países em desenvolvimento, sobretudo o Brasil, vêm apontando o caráter pernicioso dessas medidas,[43] e a necessidade de um arranjo regional que impeça sua utilização como mecanismo protecionista. De outro lado, os EUA resistem às propostas de mudanças no tema, e que teriam impacto sobre sua legislação, suscitando oposição política interna.[44]

Deste embate, a análise das propostas apresentadas até agora pelos EUA, sobretudo no âmbito da OMC, permitem inferir

---

[42] Fergusson e Sek, *Trade negotiations during the 108th Congress.*

[43] Em discurso sobre o tema, o Celso Lafer considerou que: "In addition, Brazil would be expected to change numerous laws as well as make several new commitments regarding matters such as services, government procurement, investment and intellectual property, whereas the US would not be willing to amend its laws regarding matters such as antidumping or to reduce its current level of subsidies to agriculture. Both practices have been negatively affecting Brazilian exports of steel products, footwear, fruit juices and many other products". Cf. Lafer, *Speech at the inter-American dialogue.*

[44] No relatório do General Accounting Office (GAO), afirma-se que "the major difficulty in these negotiations will be to find common ground, on the one hand, between WTO members who believe that clarifying and improving trade remedies require a major overhaul of the Uruguay Round agreements on antidumping and countervailing duties, and on the other hand, U.S. insistence that these agreements remain intact and that no changes in U.S. trade remedy laws are necessary". Cf. GAO, *World Trade Organization*, p. 36.

o intuito norte-americano de manter um texto pouco comprometido com a menor utilização de medidas antidumping e que, sobretudo, não engendre a necessidade de modificações em suas normas internas sobre o tema. Em geral, termos vagos já pululam no Acordo Antidumping, e têm eficácia nula ou questionável. É o caso do artigo 15 daquele Acordo, que determina que os países desenvolvidos concederão "especial atenção" quando investigarem produtos oriundos de países em desenvolvimento. Na prática, isto nunca significou qualquer diminuição nas medidas antidumping impostas contra exportações destes países.[45]

Desta forma, há riscos expressos para os países em desenvolvimento, quando considerarem as propostas apresentadas pelos EUA: a) o risco de que novo texto normativo seja apenas retórico, sem eficácia real para a redução das medidas antidumping sobre os países em desenvolvimento; b) a percepção limitada, pelos países em desenvolvimento, quanto ao enorme impacto que as medidas antidumping podem ter nas exportações, sobretudo quando aplicadas por um Estado importador importante, como os EUA; e c) o fato de que algumas modificações procedimentais propostas, que inicialmente parecem dar mais segurança aos Membros da OMC, podem ser interpretadas de forma distinta pelo Órgão de Solução de Controvérsias.

Esta última nota merece mais explicação. Afirma-se aqui que mudanças procedimentais podem ter efeitos deletérios para países com pouca experiência na matéria. E isto porque algumas das propostas podem reduzir a capacidade desses países de aplicar medidas de defesa comercial, sem lhe garantir comportamento recíproco por parte dos parceiros desenvolvidos. Mais ainda, o caráter ainda mais complexo dessa regulamentação poderá dificultar eventuais reclamações de países em desenvolvimento nos sistemas de solução de controvérsias, seja multilateral, seja regional.

[45] Sobre este tema, veja-se o artigo de Cunha, nesta obra.

Neste particular, a situação do Brasil merece atenção bastante cuidadosa. Os produtos são alvos constantes de medidas antidumping, o que já justifica a importância fundamental de qualquer regulamentação internacional na matéria. Mas, ao lado disso, cumpre observar que o Brasil também se tornou um usuário freqüente dessas medidas contra produtos estrangeiros; daí que qualquer modificação legislativa no plano internacional poderá trazer conseqüências jurídicas relevantes para a legislação brasileira na matéria.

Considerando este contexto, os interesses brasileiros podem ser descritos como o de esclarecer as regras internacionais sobre a aplicação de medidas antidumping, de forma a impedir sua utilização discricionária contra exportações brasileiras, ao mesmo tempo em que evita o questionamento das medidas aplicadas pelas autoridades do País. Neste sentido, seria vantajosa para esses interesses a negociação de regras particulares à integração regional, de forma a evitar os abusos cometidos atualmente pelas autoridades norte-americanas. Da mesma forma, no plano multilateral, as propostas brasileiras - junto ao Grupo dos "Friends of Antidumping" - tem sido bastante coerente no sentido de que a certeza jurídica somente poderá ser alcançada com regras que eliminem as obscuridades e incertezas presentes no Acordo Antidumping.

Em ambos os foros negociadores, entretanto, a resistência norte-americana a estas propostas será sempre previsível. Conforme se demonstrou neste artigo, o comportamento dos negociadores explica-se também pelo temor da reverberação política no Congresso, o que poderia incluir mesmo o impedimento de um texto negociado que reduzisse claramente a discricionariedade norte-americana na aplicação de medidas antidumping. Ao contrário, um dos objetivos dos EUA é justamente reforçar o texto do artigo 17.6 do Acordo Antidumping, para obrigar os painéis da OMC a concederem maior deferência às decisões adotadas pelas autoridades administrativas norte-americanas.

Outro fator que deve ser considerado se refere à maior possibilidade de aprovação, nas negociações multilaterais, de mudanças procedimentais nas regras de investigação de dumping. Em outras palavras, as propostas, sobretudo no âmbito da OMC, que não implicarem mudanças radicais na legislação norte-americana, mas que exigirem apenas alterações em regulamentos ou práticas administrativas, terão menores chances suscitar debates no Congresso norte-americano, e portanto podem ser assumidos com maior tranquilidade pelos negociadores daquele país. Há algumas explicações para este fenômeno. Em primeiro lugar, porque investigações antidumping envolvem fases diversas, com elevado grau de complexidade técnica, muitas vezes pouco conhecidas ou difícil de serem trazidas ao debate político. Em segundo lugar, porque mudanças procedimentais não engendram conflitos normativos com a legislação norte-americana. Em terceiro lugar, porque um dos objetivos negociadores norte-americanos, expressos na TPA, é justamente garantir maior previsibilidade nas investigações. Em quarto lugar, porque esta maior previsibilidade é percebida, pelo USTR, como uma forma inclusive de reduzir o número de investigações antidumping contra exportações norte-americanas.[46]

Esta realidade sugere um curso para o Brasil. Note-se, inicialmente, que o Brasil acumulou notável experiência na maté-

[46] "We continue to advance an affirmative U.S. agenda, targeting the increasing misuse of these laws, particularly by developing countries, to block U.S. exports. From 1995 through the first half of 2002, there were 105 investigations by 18 countries of U.S. exporters. The most frequently targeted U.S. industries are chemical, steel, and other metal producers, although U.S. farm products are increasingly being blocked. The WTO negotiations will help us address significant shortcomings in foreign anti-dumping and countervailing duty procedures by more clearly defining the specific circumstances that give rise to unfair trade, improving transparency in how anti-dumping laws are applied, and *strengthening due process*" (grifou-se). Zoellick, *Statement before the Committee on Finance*.

ria, o que o habilita a propor regras, que amainem o viés protecionista, relacionadas à aplicação de medidas antidumping. Esta experiência permite aos negociadores brasileiros imaginar fórmulas criativas que devem, de um lado, inserir-se no objetivo de esclarecimento das regras atuais e, de outro, ter como impacto real a redução do número de medidas sobre as exportações brasileiras. Afinal, estas fórmulas criativas terão maior chance de aprovação se materializadas em detalhes procedimentais.[47] Em outras palavras, há aqui uma correlação negativa: quanto maior for a complexidade técnica das propostas, menor será a oposição política no Congresso dos EUA, o que implica maior possibilidade de aprovação da proposta.

No que se refere à estratégia negociadora do Brasil, é possível também prever que algumas variáveis são relevantes. Neste sentido, destacam-se: (a) a capacidade de articulação do Brasil com os países em desenvolvimento, no sentido de incluir normas de excepcionalidade no Acordo Antidumping; (b) a habilidade brasileira em conseguir incluir exceções em acordos regionais, sobretudo na ALCA; e (c) a pressão sobre os congressistas de empresas exportadoras norte-americanas, que vêm sofrendo medidas antidumping.

Ao mesmo tempo, importa observar que esta estratégia dever ser articulada num prazo bastante curto. Conforme se observou, a TPA vigora até meados de 2005. A não ser que ocorra um sério revés político nos Estados Unidos, a autorização deve ser renovada por mais dois anos, conforme se expli-

[47] Lima-Campos (2005) estabelece uma lista de propostas que poderiam reduzir a discricionariedade na aplicação de medidas antidumping, como por exemplo: (a) proibir investigação seletiva no mercado relevante; (b) exclusão de melhor informação disponível no cálculo da margem de dano; (c) esclarecer questões de cumulatividade; (d) esclarecer regras sobre comparação de preços; (e) redefinir o tratamento das vendas abaixo do custo, entre outras.

cou. Será provavelmente neste período (2005-2007) que os Estados Unidos empreenderão maiores esforços para consumar negociações multilaterais e regionais. Será também neste período que o Brasil deve implementar um plano concreto de negociação, com objetivos pré-determinados e realistas, sobretudo no que se refere a mudanças técnicas e pontuais na regulamentação internacional sobre defesa comercial.

Afinal, as estratégias delineadas acima são complexas, e refletem um equilíbrio delicado em tudo que se refere a medidas antidumping. Provavelmente, a regulamentação antidumping continuará a ser um *deal-breaker*, um tema contencioso que se arrastará até o fim de quaisquer negociações que afetem a regulamentação atualmente em vigor. É previsível que, a exemplo do que ocorreu na Rodada Uruguai, qualquer decisão relevante sobre defesa comercial seja deixada para o período final das negociações, quando muitas concessões poderão ser barganhadas por um tema tão controverso.

Justamente por isso, o desafio para o Brasil é elaborar, desde já, as questões pontuais de seu interesse, e mecanismos realistas para implementá-las. O preço para reformar o Acordo Antidumping é a eterna vigilância, é conceder a prioridade devida, no que se refere às principais medidas a afetar o atual esforço exportador brasileiro.

Referências bibliográficas

BARRAL, Welber. *Dumping e comércio internacional*. Rio de Janeiro: Forense, 1999.

__________. (Org.) *Negociações comerciais multilaterais*. Florianópolis: Fundação Boiteux, 2002.

BRAINARD, Lael; SHAPIRO, Hal. *Fast track trade promotion authority*. The Brookings Institution Policy Brief, n. 91, 30.11.2001.

CAMERON, Maxwell; TOMLIN, Brian. *The making of NAFTA:* how the deal was done. Ithaca: Cornell, 2000.

DEWAR, Helen. "Bush loses a vote on trade". *The Washington Post*, Wednesday, May 15, 2002, p. A8.

EVANS, Peter; JACOBSON, Harold; PUTNAM, Robert (Ed.) *Double-edged diplomacy*: international bargaining and domestic politics. Berkeley: University of California Press, 1993.

FERGUSSON, Ian; SEK, Lenore. *Trade negotiations during the 108th Congress: an overview*. Washington: NEC, 2003.

GAO (GENERAL ACCOUNTING OFFICE). *World Trade Organization* (GAO Report). Washington (D.C.) : GAO, 2002.

LAFER, Celso. *Speech at the inter-American dialogue.* Washington (D.C.): IAD, March 2001.

LIMA-CAMPOS, Aluisio de. Nineteen proposals to curb abuse in antidumping and countervailing duty proceedings. *Journal of World Trade*, v. 39, n. 2, 2005.

LIMA-CAMPOS, Aluísio de; VITO, Adriana. "Abuse and Discretion – The impact of antidumping and countervailing duty proceedings on Brazilian exports to the United States". *Journal of World Trade*, v. 38, n. 1, p. 37-68, 2004.

O'HALLORAN, Sharin. *Politics, process, and American trade policy.* Ann Arbor: The University of Michigan Press, 2000.

ZOELLICK, Robert B. *Statement of U.S. Trade Representative before the Committee on Finance of the United States Senate.* Washington (D.C.): USTR, March 5, 2003.

A DEFESA COMERCIAL NO BRASIL – PASSADO, PRESENTE E FUTURO

Silvia Pinheiro e Josefina Guedes

I. Introdução

O presente artigo tem por objetivo situar as Ações Antidumping (AD) no contexto dos instrumentos de política comercial do Brasil, apontar o perfil do país enquanto aplicador e sugerir mudanças visando o aperfeiçoamento das regras existentes.

Com dezoito anos de existência, as Ações AD atingiram maioridade no Brasil. Bem jovem em relação as regulamentações dos parceiros comerciais desenvolvidos (com mais de cem ou cinquenta anos de existência), a aplicação desse instrumento no Brasil destaca-se com perfil diferenciado.

O perfil predominantemente técnico encontrado nas análises e nas conclusões das Ações AD tem sua origem no contexto em que a primeira regulamentação foi promulgada no país e na configuração institucional destinada a análise das referidas investigações.

Ao longo dos anos de aplicação de Direitos AD no Brasil, os desafios para os usuários foram bem variados. Estes passam pela maior participação dos exportadores e importadores, interferências de outros órgãos da administração pública no andamento das ações e alterações às regras vigentes sobre o tema.

Na segunda parte do artigo o conceito de *fair trade* é avaliado. Os resultados e a condução das Ações AD, contrastam com o objetivo primordial do instrumento, qual seja a correção de práticas discriminatórias de preços. A distância entre o prescrito nas regras internacionais, a dinâmica do mercado e o que considera-se por *fair trade*, tem levado a fortes críticas sobre o uso indevido do instrumento. No geral, as Ações AD continuam a representar para os parceiros comerciais um importante instrumento de política comercial. Seu aprimoramento é portanto fundamental, não enquanto uma arma protecionista, mas eficiente ao reestabelecimento de condições mais igualitárias de competição.

Na terceira parte é feita uma apresentação do contexto em que a lei AD foi aprovada no Brasil em 1987. Tal contextualização faz-se fundamental, pois as principais características da aplicação desta lei no Brasil hoje, estão em seu berço, ou seja, na forma e nos contornos iniciais em que foi criada.

A quarta parte, destina-se ao funcionamento do instrumento a partir do Decreto 1.602/95, que incorpora as alterações sofridas pelo Acordo AD aprovado pela Rodada Uruguai. O Decreto 1.602/95 e o Acordo de Implementação do Artigo VI do GATT 1994 (Acordo AD) da OMC são as cartilhas de todo e qualquer usuário de AD no Brasil. As autoridades nacionais caracterizam-se por fiéis aplicadoras do que determinam as regras internacionais.

Nesta parte, são ainda destacados aspectos legais do procedimento com referência a alguns casos polêmicos. Nas quinta e sexta partes seguintes, o perfil do Brasil enquanto investigador e investigado é avaliado. São destacados os direitos AD aplicados pelo Brasil por produto e país exportador, e aqueles aplicados contra as exportações brasileiras, por país e produto no período (1995 a 2003). O balanço entre os números encontrados consta da sétima parte quando conclusões são efetuadas sobre o perfil brasileiro.

A última e oitava parte, dedica-se as perspectivas da aplicação desse instrumento no Brasil, sendo elaboradas sugestões visando o aperfeiçoamento das atuais regras sobre AD.

II. Práticas desleais comerciais

O conceito de deslealdade no comércio internacional, enquanto justificativa para a imposição de medidas AD e compensatórias, vem sendo alvo de críticas. Hudec, reproduzindo J. Michael Finger, aponta que cada vez mais a definição de prática desleal adentra o plano da retórica, pouco justificando as medidas de proteção adotadas.[1]

A sofisticação e a complexidade do instrumento tem sido uma realidade e, para os países em desenvolvimento, uma opção forçada, na medida em que seus principais parceiros não abrem mão de arma de poderoso calibre.

A mecânica apresentada pelo Acordo AD para o cáculo dos direitos correspondentes, e fortemente regulada por alguns países, pouco ou quase nada se relaciona à deslealdade de uma prática comercial; serve como método de cálculo, sendo o principal objetivo das medidas a proteção da indústria peticionária, fundada basicamente em seu prejuízo,[2] na medida em que a "deslealdade" da prática comercial é, via de regra, confirmada.

---

[1] Robert Hudec. *Essays on the nature of international trade law*, Cameron May Eds., 1999, p. 230: "It hardly seems necessary to argue that unfair trade laws do not approximate any moral, economic or philosophical definition of unfair. What reason is there to expect that they would? None of the political pressures and economic interests that have propelled the law's passage or modeled their enforcement would judge if the laws serve him well or ill by how accurately they approximate such a standard".

[2] Lindsey, aponta que das cinco metodologias para o cálculo das margens de dumping usualmente utilizadas pelo Departamento do Comércio nos EUA, apenas uma delas serve ao propósito de determinação de prática discriminatória de preços. Brink Lindsey. *The US antidumping law: rhetoric X reality*. 1999 p. 2. Disponível em <http://www.cato.org >

Brink Lindsey. *The US antidumping law: rhetoric X reality*. Disponível em <http://www.cato.org >1999, p.1.

Buscando um pouco da origem da expressão "comércio desleal" na lei norte-americana, verifica-se que *fair trade* surge do conceito de *fair competition*. A idéia de competição leal se centrava no fato de que o sucesso de um empreendimento ou negócio deveria ser medido levando-se em conta apenas o mérito das empresas competidoras.

Observa-se que o conceito de competição leal adquire maior importância em situações de aumento da concorrência, é claro. Setores naturalmente protegidos, por estarem organizados em forma de monopólios estatais ou por meio de proteção tarifária, não teriam a menor razão para se preocuparem com comércio desleal. Ou seja, a relação entre deslealdade e aumento da competição é direta.

A justificativa para a configuração de prática desleal, ainda tomando emprestado a aplicação da lei norte-americana, se dá por suas vertentes principais. A primeira delas diz respeito à discriminação de preços. Preços mais elevados no mercado doméstico indicam a presença de distorção no mercado interno, o que permite ao fabricante exportar a preços inferiores aos do mercado internacional. Esses preços de exportação são produto de uma vantagem que deve ser neutralizada por meio de Taxas ou Direitos. Ou seja, a margem de dumping, na verdade, está medindo o nível da *vantagem*.

A outra justificativa diz respeito à não-permissão de que exportadores estrangeiros vendam seus produtos abaixo de seus custos de produção no mercado do país importador. O raciocínio seria o seguinte, nas palavras de Hudec:

> "um exportador não pode exportar abaixo de seus custos de produção para os EUA a não ser que demonstre a prática desses mesmos preços indiscriminadamente. Se a empresa não pode se sustentar com a prática de

preços inferiores por período razoável é sinal que estes não refletem eficiência".[3]

Combinados os dois conceitos, mesmo em casos de preços de exportação superiores aos preços de venda no mercado interno e detectados preços de venda no mercado interno abaixo dos custos de produção por um certo período, o dumping, ainda assim, é configurado.

Não somente vantagens, mas desvantagens, quando exportadas, são traduzidas como práticas desleais. Preços de exportação superiores aos do mercado interno podem indicar situação de forte concorrência neste último mercado. Os limites da lei AD, refletem-se também na não observação da dinâmica do setor tanto no mercado doméstico quanto internacional. Como observa ainda Lindsey,[4] a prática de preços inferiores aos custos de produção não é somente necessária, mas inevitável em dado momento. Deste modo, a pouca relação entre deslealdade comercial e os dispositivos das leis AD tem possibilitado, no caso dos maiores aplicadores, EUA e CE, que investigações sejam fundamentadas em características ou condições estruturais de outro mercado, que, tidas como "vantagens desleais", devem ser neutralizadas.

O processo de privatização das indústrias brasileiras, principalmente no caso da siderurgia, até hoje rende seus frutos em recursos e ações de defesa contra práticas desleais nos

[3] Robert Hudec. op. cit., p. 232 Tradução nossa.

[4] Brink Lindsey, op. cit., p. 1: "Furthermore, the law lacks any mechanism for determining whether the pricing practices it condemns as unfair have any connection to market-distorting policies abroad. Although price discrimination and below-cost sales can result from government interventionism, they can also be due to perfectly normal marketplace behavior Consequently, the antidumping law frequently punishes foreign firms for unexceptionable business practices routinely".

EUA. O sistema de recolhimento do ICMS por meio de compensações é, da mesma forma, tido como uma "vantagem desleal", acarretando na manutenção de injustificadas medidas AD. Até as taxas de juros praticadas no mercado japonês em certo período, consideradas *deslealmente baixas*, foram argüidas pelas autoridades do Departamento de Comércio norte-americano no âmbito de ação antidumping.

Também no Brasil, as mudanças de padrões de comércio na área internacional, as distintas estruturas dos mercados exportadores e dos grandes conglomerados mundiais vêm apresentando importantes desafios ao aplicador e aos usuários das regras AD.

Diferenciar vantagens discriminatórias de características intrínsecas dos setores ou do mercado exportador são também tarefas para a Defesa Comercial brasileira. Pelo lado do exportador, diversos já são os casos em que a prática de preços inferiores não decorre da incidência de subsídios a exportação ou mesmo de preços discriminátórios, apesar de inferiores aos custos de produção tanto no mercado exportador quanto no mercado doméstico.

Também o dano à indústria local apresenta outra ordem de desafios decorrente das alterações acima, que se refletem nos setores internacionalizados da indústria brasileira. Estoques e mão-de-obra são indicadores de prejuízo que podem ser irrelevantes para certos setores, assim como o nível das vendas nada significa se desacompanhado da margem de lucro mínima suficiente à remuneração dos investimentos realizados, em casos de setores caracterizados como de capital intensivo.

No passado, os dispositivos AD tinham por base padrões de comércio mais simples e produtos menos elaborados. A deslealdade, no sentido ético do termo, podia até ser configurada e o dolo do exportador desejoso de "tomar" o mercado do país alvo para, em seguida, promover o fatal reajuste de preços, até possível de ser visualizado. No entanto, hoje, o cenário é mais complexo, onde a deslealdade de antes é mais difícil de ocorrer quando os preços são ditados pelas leis da oferta e demanda no mercado internacional.

Inadequados ou não, carentes de modificações ou não, os instrumentos AD continuam em cena, cabendo aos países em desenvolvimento a tarefa de evoluir, interpretar e aplicar as regras existentes com a eficiência necessária à proteção de seus interesses.

III. Antecedentes e primeiros anos de aplicação dos Direitos Antidumping no Brasil

Em finais da década de 1980, o Brasil importou as ações AD com a incorporação, por meio do Decreto nº 93.941, de 16 de janeiro de 1987, dos Acordos sobre Antidumping e de Subsídios e Medidas Compensatórias[5] do GATT. Produto originário dos países da América do Norte – Canadá e EUA –, tais Acordos, como se sabe, são considerados um dos mais importantes instrumentos de política comercial nesses países. É importante enfatizar o termo *política* da expressão "política comercial".[6]

[5] Acordos de Implementação dos Artigos VI e XIV do GATT

[6] Brink Lindsey, op. cit., p.2: "The primary justification for the antidumping law is really more political than economic. The guiding precept is *legitimacy* rather than *efficiency*".

A existência de leis Antidumping parece justificar-se em maior grau por questões de natureza política do que econômica. Entre os anos 1990 e 2003, nos EUA foram iniciadas 598 ações e aplicados 267 Direitos Definitivos, ou seja, em 45% das aberturas. Fonte: Departamento de Comércio dos EUA ITA <Disponível em: http://ia.ita.doc.gov/stats/ad-1980-2003.html> No caso dos EUA , as ADs e SMCs destinam-se em maior grau a proteção de setores considerados sensíveis, por questões de competitividade, como agroindústria e siderúrgico. Ou seja, pode-se dizer então que o uso das ADs e SMCs é mais direcionado por razões políticas do que técnicas.

Publicada a Resolução CPA nº 1.227/87, dispondo sobre os procedimentos a serem adotados em casos de dumping e de subsídios sobre produtos importados, abriu-se ao setor privado brasileiro a possibilidade de utilização desses novos mecanismos de defesa comercial.

A referida Resolução CPA resumia-se a poucos dispositivos oferecendo apenas os contornos sobre os procedimentos a serem adotados tanto para os casos de AD como para os de subsídios e medidas compensatórias. Esta era, ainda, fundamentada nos Acordos Antidumping e de Subsídios e Medidas Compensatórias assinados no âmbito da Rodada Tóquio.

O peticionário deveria inicialmente oferecer as bases de sua argumentação quando do preenchimento do roteiro da petição fornecido pelo governo, sendo a participação dos importadores praticamente inexistente no decorrer do procedimento e, ainda menor, a dos exportadores acusados

A primeira Ação AD no país se referiu a corrente de bicicletas de origem chinesa, soviética, tchecoslovaca e indiana, tendo sido iniciada em 1988 e encerrada, com aplicação de direitos, em 1989. A esta, seguiu-se o polêmico caso de cimento contra Argentina e Uruguai, que resultou em compromisso de preços em 1989.[7]

Observa-se que, mesmo enquanto signatário dos Acordos AD e SMC, o Brasil só veio a regulamentá-los quase dez anos após o encerramento da Rodada Tóquio. A falta ou pouca participação dos países em desenvolvimento no GATT – estes predominantemente exportadores agrícolas e as discussões no GATT tratando principalmente de tarifas sobre produtos industriais -, somada às elevadas

[7] Processo MF nº 10768-005376/88-15 (corrente de bicicletas) e Processo MEFP nº 10768-024387/90-65 (cimento Portland). Ver Josefina Guedes e Silvia Pinheiro. *Anti-dumping, subsídios e medidas compensatórias*, 3ª ed., São Paulo: Aduaneiras, 2002, p. 105-109.

alíquotas de importação e à resistência em eliminar barreiras não-tarifárias, foram responsáveis pela adesão tardia desses países aos compromissos internacionais firmados. Ademais, essas medidas protecionistas protegiam a indústria não só contra importações desleais, mas contra toda a concorrência ao similar nacional.

A Resolução CPA nº 1.227/87, ao introduzir novos mecanismos de defesa da indústria nacional, acabou por revogar outros de perfil discriminatório, tais como a pauta de valor mínimo e preço de referência. Estes eram regulados pela Lei nº 3.244/57 e pelo Decreto nº 1.111/70, respectivamente. O primeiro mecanismo, pauta de valor mínimo, constituía-se de uma relação de produtos estrangeiros cuja base de cálculo para incidência do imposto de importação era pré-fixada. Já o preco de referência consistia em um método de apuração de base de cálculo em circustâncias nas quais o preço de importação era considerado inadequado.

Distintamente das acões AD e MC, esses mecanismos do passado atingiam as importações indiscriminadamente. Ou seja, estes eram acionados independentemente da comprovação de prática desleal e do dano à indústria local, inviabilizando as importações das mercadorias alvo. A pauta de valor mínimo e o preço de referência foram fortes instrumentos restritivos que objetivavam a proteção comercial da indústria nacional,da indústria nascente e dos monopólios nacionais e internacionais estabelecidos no país.

O Brasil não era uma exceção à época na América do Sul. Na maior parte dos países desta região, as políticas de substituição de importações vigentes visavam alçar aquelas economias de eminentemente agrícolas para industriais.

Até a década de 1980, a maior característica das políticas industriais nos Estados sul-americanos era a adoção de políticas de importação que criavam obstáculos à entrada de produtos com similar nacional. As importações eram permitidas em momentos de surtos de excesso de demanda ou no caso de produtos considerados de luxo ou supérfluos.

As elevadas alíquotas de importação, combinadas com a aplicação de barreiras não-tarifárias de natureza temporária, eram prática usual. Tal prática inibia qualquer tentativa ou planejamento por parte de países exportadores que tencionassem exportar à América do Sul.

As políticas de substituição de importações permitiram a implantação de um parque industrial variado, principalmente no caso do Brasil e da Argentina. Contudo, por terem sido excessivas e prolongadas, essas políticas acabaram por destituir esse novo parque industrial da competitividade necessária à concorrência internacional.

As crises do petróleo e financeira atingiram todos os países do globo, provocando uma onda protecionista com origem nos países desenvolvidos. Direcionadas as baterias contra exportações de produtos industriais originários de países em desenvolvimento, fortes pressões se iniciaram sobre as políticas protecionistas dos países mais pobres. Acusadas de *free riders* ou caronas das organizações internacionais, as nações em desenvolvimento passaram, então, a serem questionadas no GATT, em princípios da década de 1980.

Nessa ocasião, houve uma guinada repentina na direção da política industrial e externa dos países em desenvolvimento. Alguns fatores tidos como responsáveis por essa mudança de rumos são:

– abdicação repentina dos instrumentos de incentivo às exportações responsáveis pela competitividade dos setores exportadores de produtos semimanufaturados e manufaturados;

– apelativo declínio da hegemonia norte-americana nos primeiros anos da década de 1980; e

– processo de reintegração dos países do leste europeu e a consolidação da própria União Européia por meio da assinatura do Tratado de Maastrich.

A abertura dos mercados dos países da América do Sul tornou-se então inevitável, o que, no caso do Chile, já começara. Além disso, um revolucionário processo de integração regional é acionado. A integração, além de vista como uma saída para as exportações, consistia principalmente em uma tentativa de atrair investimentos estrangeiros, ainda parcos naquele momento.

O processo de abertura das importações, iniciado em 1988 no Brasil, ocorre após trinta anos de mercado praticamente fechado às importações. Dos países da América do Sul, o Brasil foi aquele que maior uso fez da política de substituição de importações. Os anos de 1988 e 1989 são, então, marcados por duas grandes reformas tarifárias, que reduziram o nível das tarifas pela metade. Na maior parte dos setores, a despeito do forte corte, estas mantiveram-se ainda bem elevadas e, somadas às barreiras não-tarifárias ainda disponíveis, tais reformas produziram pouco impacto sobre o volume de importações.

A Resolução CPA nº 1.227/87 vai assumindo aos poucos papel fundamental a uma indústria pouco competitiva e exposta repentinamente à concorrência internacional. Desmontado todo o arsenal defensivo existente no âmbito da Cacex – Carteira de Comércio Exterior e, posteriormente, desmontada a própria Cacex, os até então desconhecidos instrumentos AD e de medidas compensatórias passam a protagonizar tragédia bem conhecida sobre os primeiros anos de abertura do mercado brasileiro às importações.

Alguns foram os setores seriamente afetados pelo processo de abertura das importações , como o setor textil brasileiro. Verdadeira reestruturação ocorreu nos setores eletroeletrônico, bens de consumo e de capital. Ao longo desses anos, a interrupção de linhas inteiras de produção deu-se às custas de níveis elevados de desemprego.

Em 1990, é extinta a Comissao de Politica Aduaneira – CPA, sendo criada ainda, no Ministério da Fazenda, a

Coordenadoria Técnica de Tarifas – CTT para a análise das ações AD e CVD. Mais tarde, em 1992, o gerenciamento das ações AD e CVD recai na competência do Ministério da Indústria e do Comércio, sendo o órgão encarregado da condução das ações, o Departamento Técnico de Tarifas – DTT.

De natureza marcadamente técnica, as análises dos processos AD pouco variaram quando da transferência da agência julgadora do Ministério da Fazenda (CTT) para o Ministério da Indústria e do Comércio (DTT). As primeiras análises no âmbito dos dois Ministérios apontavam para o impacto inflacionário da aplicação de Direitos AD. Ou seja, desde o berço, as ações AD no Brasil já não dispunham da visível agressividade encontrada no caso de sua aplicação por nossos parceiros comerciais.

Enquanto instrumentos inicialmente gerenciados pelo Ministério da Fazenda, as análises efetuadas eram estritamente econômicas, sendo irrelevantes as questões jurídicas, na medida, também, em que o contencioso era praticamente inexistente. A questão legal discutida com maior fervor dizia respeito à natureza jurídica dos Direitos AD, que à época eram denominados pela Resolução CPA nº 1.227/87 como Adicional ao Imposto de Importação.

Mais tarde, com o incremento da participação dos exportadores e importadores, princípios consagrados pela Constitituição Federal, como os constantes do art. 5 LV relativo à ampla defesa e contraditório, passam a ser questionados, bem como princípios inerentes ao Direito Administrativo.

Durante os primeiros cinco anos da década de 1990, foram iniciadas trinta e sete (37) investigações no país sobre os produtos mais variados, desde bens de consumo duráveis, em sua maior parte de origem chinesa, até produtos químicos.[8]

[8] Relatório DECOM nº 7 – 2003. Disponível em: <http://www.desenvolvimento.gov.br/arquivo/secex/decom/relatorios/relatorio2003.pdf>. Acesso em: 4 nov. 2004.

Com a entrada em vigor da Tarifa Externa Comum em 1995, o impacto sobre o volume de importações agora passa a ser sentido pela indústria e refletido no incremento das ações AD no país.

A tímida Resolução nº 1.227/87 da CPA começa a dar sinais de falta de fôlego, bem como a organização institucional encarregada do gerenciamento das investigações, insuficiente para o atendimento de uma demanda potencial. Finda a Rodada do Uruguai, em 1994, aprova-se novo Acordo AD e, já em maio de 1995, a regulamentação brasileira é tornada pública por meio do Decreto 1.602/95. Assume o Departamento de Defesa Comercial - DECOM a competência para administrar investigações desse tipo no país.

IV. O DECOM e o Decreto nº 1.602/95

Antes mesmo da publicação do Decreto nº 1.602, em maio de 1995, a Lei nº 9.019 é publicada no mês de março do mesmo ano, já visando suprir algumas lacunas sentidas nos campos institucional, político e legal. O art. 1º da mencionada Lei, em seu parágrafo único, institui a figura dos Direitos AD a serem cobrados independentemente de quaisquer obrigações de natureza tributária, descaracterizando-os enquanto tratar-se de um adicional ao imposto de importação.

Já o art. 5º conferiu competência à Secretaria de Comércio Exterior – SECEX, por meio de processo administrativo, para apurar a margem de dumping, montante de subsídios e relação de causalidade com o dano ou ameaça de dano. Cabe tão somente à Secretaria de Comércio Exterior, ou melhor, ao DECOM, a avaliação dos pressupostos legais à imposição das medidas AD, sejam elas provisórias ou definitivas.

A transferência da gestão das ações AD do Ministério da Fazenda (MF) ao Ministério da Indústria e Comércio (MDIC) deixa como herança uma anomalia com a qual conviveram tais procedimentos durante quase dez anos de existência. As ações AD tramitavam no âmbito do Ministério da Indústria e do Comércio, enquanto a imposição dos Direitos AD se dava por Portaria do Ministro da Fazenda. A insegurança provocada aos usuários era real e tal procedimento injustificável.

Foram anos de críticas e questionamentos até que a Lei 9.019, em seu art. 6º, passa a determinar que a fixação das Medidas AD Provisórias, bem como os Direitos AD definitivos, se daria por Portaria Interministerial dos Ministros da Fazenda e da Indústria e Comércio. Tal solução "salomônica" atendeu aos anseios de ordem política de ambos os Ministérios. Para os usuários do procedimento, contudo, não apareceu como uma solução prática. A necessidade de assinatura de ambos os Ministérios provocava demoras, algumas vezes. Prevalecia entre as partes interressadas a incerteza quanto à possível relutância do MF em assinar a Portaria.

Um exemplo desta situação anômala é o caso do magnésio metálico.[9] Neste caso, a análise do MDIC concluiu pela imposição de Direito AD. Mesmo após exaustiva análise de dumping, dano e relação de causalidade pelo MDIC, contudo, tal decisão não foi ratificada pelo MF. Esta posição do governo gerou à época incerteza quanto à legalidade do ato, dada a ausência de justificativa por parte do MF. Deste modo, a tentativa pela Lei 9.019/95 de corrigir esta anomalia não obteve êxito.

Em maio, o Decreto nº 1602/95 é publicado. Este vem regulamentar o Acordo AD já incorporado à legislação brasileira por meio do Decreto nº 1.355/94. O tema dos subsídios e das medidas compensatórias ganha estatuto próprio, dado pelo Decreto nº 1.751/95. A maior novidade, no entanto, deveu-se à criação de um estatuto sobre ações de salvaguarda incorporado pelo Decreto nº 1.488/95, também publicado no mês de maio.

[9] Processo MEFP nº 10768.025229/91-31.

Deste modo, resta finalizado o tripé da defesa comercial no Brasil, composto dos três instrumentos acima dispostos: ações AD, de subsídios e medidas compensatórias e de salvaguardas. As ações AD são, de longe, as mais utilizadas, representando 87% das medidas de defesa comercial impostas pelo Brasil entre 1995 e 2003.[10]

O Decreto nº 1.602/95 foi um marco para a defesa comercial brasileira. Dedicado exclusivamente à regulamentação das ações AD, é recebido com alívio pelo setor privado brasileiro e usuários das ações no país. Este imprimiu maior grau de tecnicidade às análises, grau superior de transparência aos procedimentos, introduzindo a obrigatoriedade de recurso das decisões proferidas pela instância inicial.

Pode-se dizer que o Decreto nº 1.602/95 é cópia do Acordo AD aprovado na Rodada do Uruguai. Enquanto recente aplicador, o Brasil não dispõe de regras AD anteriores às estabelecidas no âmbito do antigo GATT. Desde então, as regras nacionais limitam-se a incorporar aquelas acordadas no âmbito multilateral. A aplicação das mesmas pelo governo brasileiro, ao contrário dos EUA, não se caracteriza por interpretações ousadas e, até mesmo ilegais,[11] de natureza protecionista.

---

[10] Relatório DECOM nº 7 – 2003, op. cit., p. 39.

[11] O eficaz e *seletivo* protecionismo norte americano é expresso em barreiras não tarifárias que via de regra passam ao largo do que dispõe as regras internacionais. Estudo da Embaixada brasileira sobre as restrições dos EUA a produtos, servicos e investimentos, descreve as barreiras não tarifárias vigentes nos EUA, estrutura tarifária, assim como fornece importantes conclusões sobre a política comercial norte-americana. Afirmações como a de que "os EUA são mais protecionistas que o Brasil" decorrem de uma percepção apressada do protecionismo norte americano, marcado por forte seletividade. Os vinte maiores produtos exportados do Brasil enfrentam no mercado norte-americano tarifas quatro vezes maiores que as aplicadas pelo Brasil aos 20 principais produtos de exportação dos EUA. Ver *Barreiras a produtos e restrições a serviços e investimentos nos EUA*. p. 11, 12 e 13. Disponível em:<http://www.brasilemb.org> Acesso em: out. 2003.

Os anos de funcionamento do DECOM só ratificaram o perfil moderado do país enquanto aplicador de Direitos. O status de nono no ranking de maiores aplicadores de medidas AD dentre os países membros da OMC[12] diz respeito em muito maior grau à diversidade da indústria brasileira e ao interesse pelo mercado nacional, maior da região. Vale lembrar que o Brasil responde hoje por 51% do Produto Interno Bruto da América do Sul.[13]

A complexidade para a habilitação de uma petição sempre chamou a atenção no caso brasileiro. A demonstração dos chamados *indícios* deve vir coberta por provas de fato e de direito, transformando-os em verdadeiras comprovações. Medidas AD Provisórias foram aplicadas em raras ocasiões, como nos processos de ferro cromo alto carbono,[14] ampola e garrafa térmica[15] e laminados planos de aço inoxidável.[16]

Duas situações contribuem para o perfil brasileiro. A primeira diz respeito à forte vigilância do Ministério da Fazenda. As primeiras análises do Ministério da Fazenda sobre impacto inflacionário das medidas foram estendidas. Hoje, estas abrangem questões de interesse público e defesa da concorrência, e ocorrem ao longo do procedimento e sem o acompanhamento pelas partes.

Em segundo lugar, as decisões do DECOM são revistas por mais duas instâncias, GTDC – Grupo Técnico de Defesa

---

[12] Considerando os casos reportados à Organização Mundial do Comércio entre 1995 e o primeiro semestre de 2004, o Brasil é o nono maior aplicador de medidas antidumping, após Índia, Estados Unidos, União Européia, Argentina, África do Sul, Canadá, Nova Zelândia e Turquia.

[13] Dado relativo ao ano de 2003. Ver Comunidad Andina. *Indicadores de la Comunidad Andina, Mercosur y Chile: 1994-2003, SG/de 085/Rev. 1, 8 jun. 2004*. Disponível em: <http://www.comunidadandina.org/estadisticas/SGde085.pdf>. Acesso em: 4 nov. 2004.

[14] Processo MICT/SAA/CGSG nº 52100-000559/97-20.

[15] Processo MICT/SAA/CGSG nº 52100-000008/98-47.

[16] Processo MICT/SAA/CGSG nº 52100-000097/98-77.

Comercial e GECEX – Gerência de Comércio Exterior. Alcançada a maioria dos votos deste segundo grupo de representantes dos Ministros da CAMEX, a decisão é aprovada. Em caso de discordância, a Câmara de Comércio Exterior – CAMEX aprecia a questão. Permanecendo o conflito entre os Ministérios, a decisão é *ad referendum* do Ministro do Desenvolvimento, da Indústria e do Comércio Exterior, que é hoje o Presidente da Cãmara de Comércio Exterior.

Esta é, em tese, a tramitação final dos processos AD no País, conferida pelos Decreto nº 3.756, de 21 de fevereiro de 2001, Decreto nº 3.981, de 24 de outubro de 2001, e Resolução Camex 12, de 10 de maio de 2001. A CAMEX é um orgão colegiado, cujos membros são: Ministro das Relações Exteriores, Ministro da Fazenda, Ministro da Agricultura e Ministro do Planejamento, além do Ministro do Desenvolvimento, que exerce a presidência da Câmara.

A aprovação de uma medida de natureza técnica por um colegiado de representantes de ministérios é motivo de tensão para as partes envolvidas. Após longo e extenuante procedimento, atravessam, no final do processo, incertezas de ordem política. Além disso, esta é uma fase pouco transparente, em que as questões argüidas são de desconhecimento das partes interessadas, cabendo ao DECOM a defesa solitária de sua decisão. Ressalte-se que este Departamento vem sendo bem sucedido, na medida em que suas recomendações tem sido aprovadas pelo colegiado. No entanto, cabe à parte interessada supri-lo de todas as informações que, ao longo da fase de instrução, o DECOM julgue serão indispensáveis na fase final do procedimento.

Pode-se, ainda, destacar uma terceira justificativa quanto ao conservadorismo das autoridades nacionais no que se refere à aplicação de Direitos AD. A tradição brasileira de adesão às regras internacionais, de prioridade quanto ao uso da diplomacia e de respeito e recurso aos organismos internacionais, se reflete no temor do descumprimento da lei e do conseqüente rótulo de violador das obrigações de Direito Internacional.

V. Processos Antidumping: o Brasil como Investigador

Apesar da abertura de 138 processos pelo governo brasileiro entre 1995 e 2003, somente em 69 destes houve imposição de direitos definitivos, ou seja, exatamente em 50% das investigações.[17] Esta diferença entre processos iniciados e direitos impostos demonstra claramente a não-utilização pelo país da legislação AD de forma protecionista. Pelo contrário, a condução dos processos pelo Departamento de Defesa Comercial – DECOM da Secretaria de Comércio Exterior tem sido extremamente técnica, baseada estritamente nos dispositivos da legislação brasileira em vigor sobre a matéria, legislação esta em total consonância com o Acordo AD da OMC.

Segundo os dados mais recentes da OMC, entre 1995 e o primeiro semestre de 2004, as regiões que mais sofreram imposição de direitos AD definitivos pelo Brasil foram Europa e Ásia, com 23 e 20 processos, respectivamente. Individualmente, a República Popular da China permanece como o país que mais tem sofrido imposição de direitos AD por parte do Brasil, com 10 medidas impostas. Tal fato decorre não somente da consideração deste país como país de economia não-predominantemente de mercado, mas também pela pouca e inexpressiva participação das empresas acusadas deste país ao longo dos processos.

[17] Relatório DECOM nº 7 - 2003, op. cit., p. 38.

	País	Medidas AD Definitivas
	África	**2**
1	África do Sul	2
	América do Norte	**8**
1	Estados Unidos	6
2	México	2
	América do Sul	**5**
1	Argentina	1
2	Chile	2
3	Uruguai	1
4	Venezuela	1
	Ásia	**20**
1	Casaquistão	1
2	China R.P.	10
3	Coréia do Sul	1
4	Índia	3
5	Japão	1
6	Rússia	2
7	Tailândia	1
8	Taiwan	1
	Europa	**23**
1	Alemanha	2
2	Bósnia	1
3	Comunidade Européia	2
4	Croácia	1
5	Dinamarca	1
6	Eslovênia	1
7	Espanha	2

8	Finlândia	1
9	França	3
10	Holanda	1
11	Itália	1
12	Iugoslávia	1
13	Macedônia	1
14	Reino Unido	2
15	Romênia	2
16	Ucrânia	1
	Oceania	**1**
1	Nova Zelândia	1
	TOTAL	**59**

Fonte: World Trade Organization. *AD Measures: Reporting Member vs Exporting Country - From: 01/01/95 To: 30/06/04.* Disponível em: <http://www.wto.org/english/tratop_e/adp_e/adp_stattab8_e.xls>. Acesso em: 04 nov. 2004.

Com a renovação da imposição de direitos AD contra as importações de ferro-cromo alto carbono em outubro de 2004, encontram-se em vigor atualmente os seguintes direitos AD no Brasil:

	PRODUTO	PAÍS
	Químicos	
1	Tripolifosfato de Sódio de Grau Alimentício	Reino Unido
2	Carbonato de Bário	República Popular da China
3 4	Hidroximetilcelulose (HEC)	EUA Países Baixos
5 6 7	Medicamentos contendo Insulina	Dinamarca França EUA
8 9 10 11	Metacrilato de metila (MMA)	Alemanha Espanha França Reino Unido
12 13	Fenol	EUA União Européia
14 15	Nitrato de Amônio	Rússia Ucrânia
16	Glifosato	República Popular da China
17	Éter monobutílico do etilenoglicol - EBMEG	EUA
	Agro-Indústria	
1	Cogumelos	República Popular da China
2 3 4 5	Leite em pó	União Européia Nova Zelândia Argentina (CP) Uruguai (CP)
6	Alho	República Popular da China

7	Conservas de Pêssego[18]	Grécia
	Plástico e Borracha	
1 2 3 4	Pneumáticos novos, de borracha, para bicicleta.[19]	Índia R. P. da China Tailândia Taiwan
5 6	Policloreto de Vinila - PVC (R)	EUA México
	Siderúrgicos	
1 2 3	Ferro-cromo alto-carbono	África do Sul Casaquistão Rússia
4	Ferro-Cromo Alto Carbono (R)	África do Sul – CMI
5	Brocas Helicoidais (R)	República Popular da China
6	Tubos de aço sem costura (R)	Romênia
7 8 9 10 11	Produtos planos de aço inoxidável laminados a frio	África do Sul Espanha França Japão México
12	Cadeados	República Popular da China

[18] O direito antidumping imposto pela Resolução CAMEX nº 5 (*D.O.U.* 26.04.02) contra as importações de conservas de pêssego originárias da Grécia foi suspenso pela Resolução CAMEX nº 11 (*D.O.U.* 24.05.02).

[19] O direito antidumping imposto pela Resolução CAMEX nº 37 (*D.O.U.* 19.12.03) contra as importações de pneumático de borracha novo para bicicleta, exceto pneu especial à base de *kevlar* ou *hiten*, originárias da Índia, Tailândia e R. P. China, foi suspenso para a Índia e para a R. P. China pela Resolução CAMEX nº 2 (*D.O.U.* 19.01.04).

13 14	Cravo para ferradura	Finlândia Índia
15	Magnésio metálico	República Popular da China
16	Magnésio em pó	República Popular da China
	Máquinas, aparelhos e eletro-eletrônicos	
1	Ímãs permanentes de ferrite em forma de anel	República Popular da China
2	Ventiladores de mesa	República Popular da China
	Têxteis	
1 2	Sacos de juta	Bangladesh Índia
3	Fios de náilon	Coréia do Sul
	Diversos	
1	Unidades de Bombeio Mecânico	Romênia
2	Garrafa Térmica	República Popular da China
3 4	Cimento	México Venezuela
5	Papel cartão	Chile
6	Lápis de mina de grafite e de cor	República Popular da China
7	Lâminas para corte de pedras - LCP	Itália

(CP) Compromisso de preços.

(R) Em revisão

Fonte: DECOM. *Direitos antidumping e medida de salvaguarda em vigor: 1988/outubro de 2004*. Disponível em: <http://www.desenvolvimento.gov.br/arquivo/secex/decom/medidas/emVigor.pdf>. Acesso em: 04 nov. 2004.

São diferenciados os setores afetados. No entanto, chama-se atenção para os setores químico e plástico, dada a diversidade de produtos e países. Estes são produtos que compõem a cadeia de diversos produtos acabados, obedecendo seus preços às oscilações do mercado internacional, sendo comum a prática de exportação de excedentes a custos marginais. As conseqüências ao parque industrial dos países importadores, principalmente daqueles *tomadores de preços*, é bastante grave, na medida em que as importações a preços baixos ocorrem em fases em que as margens de lucro já se encontram deterioradas.

VI. Processos Antidumping: o Brasil como Investigado

Em termos de investigações contra produtos brasileiros, dos 71 processos AD abertos entre 1995 e 2003, em 55 o Brasil sofreu imposição de direitos AD, ou seja, em 78% das investigações.[20]

As regiões que mais impuseram direitos AD definitivos contra o Brasil foram América do Sul e América do Norte, com 27 e 17 processos, respectivamente. Ressalte-se, entretanto, que, neste caso, a América do Sul está representada quase exclusivamente pela Argentina, responsável por 26 processos AD contra o Brasil. Nosso parceiro no Mercosul surge, assim, como principal país impositor de direitos contra o país, representando 46% dos direitos AD impostos sobre o Brasil.

[20] WTO. *Anti-dumping measures: by exporting country - From: 01/01/95 To: 30/06/04*. Disponível em: <http://www.wto.org/english/tratop_e/adp_e/adp_stattab6_e.xls> e WTO. *Anti-dumping initiations: by exporting country – From: 01/01/95 To: 30/06/04*. Disponível em: <http://www.wto.org/english/tratop_e/ adp_e/adp_stattab1_e.xls>. Acesso em: 04 nov. 2004.

	País	Número de Processos
	África	**3**
1	África do Sul	3
	América do Sul	**27**
1	Argentina	26
2	Uruguai	1
	América do Norte	**17**
1	Canadá	3
2	Estados Unidos	6
3	México	8
	Ásia	**5**
1	Índia	5
	Europa	**3**
1	Comunidade Européia	3
	Oriente Médio	**1**
1	Turquia	1
	TOTAL	**56**

Fonte: Wold Trade Organization. *AD measures: Reporting Member vs Exporting Country - From: 01/01/95 To: 30/06/04.* Disponível em:<http://www.wto.org/english/tratop_e/adp_e/adp_stattab8_e.xls>. Acesso em: 04 nov. 2004.

Segundo o DECOM, em dezembro de 2003 encontravam-se em vigor os seguintes direitos AD contra as exportações originárias do Brasil:

	PRODUTO	PAÍS
	Químicos	
1	Nitrocelulose	EUA
2	Poli-Iso-Butileno	Índia
3	Álcool Acíclico	Índia
	Agro-Indústria	
1	Suco de laranja concentrado, congelado	EUA
	Plástico e Borracha	
1	Suspensão de PVC	África do Sul
2	Borracha sintética	Índia
	Siderúrgicos	
1	Laminados a quente de ferro ou aço (CP)	Argentina
2	Perfis de ferro laminado a quente em forma de L de lados iguais (VME)	Argentina
3	Laminados a frio de ferro ou aço (VME)	Argentina
4	Brocas helicoidais de cabo cilíndrico	Argentina
5	Acessórios para tubos de ferro fundido	Argentina
6	Tubos de aço inoxidável com costura (VME)	Argentina
7	Chapas de aço-carbono laminadas a quente	Canadá
8	Chapas de aço resistentes à corrosão	Canadá
9	Tubos soldados de aço-carbono	Canadá
10	Barras de aços inoxidáveis	Canadá
11	Chapas grossas de aço alto carbono	EUA
12	Fio-máquina de aço inoxidável	EUA
13	Fio-máquina carbono e de certas ligas de aço	EUA
14	Tubos para condução de fluidos sob pressão *standard*, ligas de aço e carbono, sem costura, seção circular, de diâmetro reduzido.	EUA
15	Silício-manganês	EUA
16	Conexões para tubos de solda de extremidade, de ferro fundido	EUA

17	Peças fundidas para construção	EUA
18	Tubos ou conexões sem liga, de solda circular	EUA
19	Produtos de aço laminados a quente (PM e quotas)	EUA
20	Chapa fina de latão e latão em tira ou folha estreita	EUA
21	Barras de aços inoxidáveis	EUA
22	Produtos de aço laminados a frio	EUA
23	Perfis de ferro ou aço não ligados (Perfis em I) (Vigas de aço Tipo I)	México
24	Acessórios tubos de ferro	Turquia
25	Conexões para tubos, de ferro fundido maleável	União Européia
	Máquinas, aparelhos e eletro-eletrônicos	
1	Eletrodos de grafite	Índia
	Diversos	
1	Papel não revestido	África do Sul
2	Papel A4 não revestido	África do Sul
3	Fibras acrílicas	Índia

(CP) Compromisso de preços.

(VME) Valor mínimo de exportação.

(PM) Preço mínimo.

Fonte: *Relatório DECOM nº 7 – 2003*. Disponível em: <http://www.desenvolvimento.gov.br/arquivo/ secex/decom/relatorios/relatorio2003.pdf>. Acesso em: 4 nov. 2004.

A análise setorial dos processos demonstra claramente que o setor siderúrgico é o mais afetado, representando 71% dos produtos brasileiros sobretaxados com direitos AD definitivos contra o Brasil. Neste setor, os Estados Unidos representam o principal país impondo direitos contra o Brasil, com cerca de metade dos direitos, seguido pela Argentina e pelo Canadá.

VII. O Perfil do Brasil nos Processos Antidumping

Entre 1995 e o primeiro semestre de 2004, foram impostos pelos países membros da Organização Mundial do Comércio 1.567 medidas AD definitivas. Os países que mais direitos impuseram foram a Índia (279 medidas), os Estados Unidos (211), a União Européia (193), a Argentina (139), a África do Sul (111), o Canadá (77), além de México e Turquia (65 cada país). O Brasil foi o nono país que mais impôs medidas neste período, com 59 medidas.[21]

Pelo lado oposto, o país que mais sofreu imposição de direitos AD foi a República Popular da China, com 272 medidas, seguida pela Coréia do Sul (110 medidas), Taiwan (82), Japão (78), Estados Unidos e Rússia (74 cada país) e Tailândia (60). Deste modo, o Brasil surge na oitava posição como país que mais sofre imposição de direitos AD, com 56 medidas[22].

Conforme analisado anteriormente, o Brasil impôs direitos AD em 69 dos 138 processos de investigação abertos pelo país, demonstrando claramente a utilização da legislação de defesa comercial de maneira técnica e não-protecionista. Pelo lado oposto, em 55 dos 71 processos abertos contra exportações bra-

---

[21] WTO. AD measures: *Reporting Member vs. Exporting Country - From: 01/01/95 To: 30/06/04*. Disponível em: <http://www.wto.org/english/tratop_e/adp_e/adp_stattab8_e.xls>. Acesso em: 04 nov. 2004.

[22] Ibidem.

sileiras houve imposição de direitos AD. Percebe-se que há uma maior probabilidade, portanto, de que, uma vez aberto processo AD contra o Brasil, haja imposição de direitos.

A maior parte dos direitos AD impostos pelo Brasil foi sobre importações de produtos originários da Europa e da Ásia, sendo a China o principal país-alvo de tais direitos. Como país investigado, no entanto, o Brasil sofreu imposição de direitos AD principalmente de países das Américas. Mais importante ainda é o fato de que o país que mais medidas AD impôs contra o Brasil foi nosso principal parceiro no Mercosul, a Argentina.

A aplicação de direitos AD pelo Brasil é pouco concentrada em termos de setores investigados, embora possa ser percebida uma maior concentração em produtos siderúrgicos e químicos. Em termos de direitos impostos contra o Brasil, no entanto, há uma enorme concentração no setor siderúrgico, que representa mais de 71% deste direitos. Ressalte-se, ainda, que, nos direitos impostos sobre o setor siderúrgico, metade destes foi imposto pelos Estados Unidos.

Pela análise dos processos atualmente em fase de investigação, as constatações acima discutidas deverão ser mantidas. A China mantém-se como principal país acusado em processos AD pelo Brasil, embora tal situação possa ser modificada com a entrada daquele país na OMC e a conseqüente maior mobilização em defesa de suas indústrias nos processos em nosso país.

Por outro lado, a Argentina vem se mantendo como o país que mais impõe medidas AD contra o Brasil. Tal situação, no entanto, não apresenta, no momento, perspectivas de mudança, tendo em vista a atual situação de contencioso entre Brasil e Argentina, principalmente no que tange aos produtos da chamada linha branca, como refrigeradores e fogões. O setor siderúrgico, entretanto, mantém-se como o principal objeto das medidas AD impostas contra as exportações brasileiras.

Por fim, buscou-se fazer uma análise econômica dos processos AD, no sentido de se identificar qual o impacto dos direitos AD impostos pelo Brasil e impostos ao Brasil na balança comercial brasileira.

Primeiramente, cabe ressaltar que os cálculos feitos estão sujeitos a várias contingências metodológicas. Além disso, foram utilizados os dados disponíveis relativos ao período de 1995 a 2001. Como o objetivo seria calcular quanto o Brasil teria deixado de importar e de exportar devido às medidas impostas pelo e contra o Brasil, respectivamente, era necessário *a priori* se determinar qual seria o comportamento das importações e exportações dos produtos afetados em casos de não-imposição de direitos AD. Um cálculo mais preciso necessitaria, assim, de uma análise criteriosa das características específicas de cada mercado, para se determinar a taxa de crescimento do mercado e possibilidades de crescimento do comércio internacional. Devido à grande quantidade de processos e produtos envolvidos, isto não seria plausível.

Uma possibilidade seria estabelecer uma taxa de crescimento médio nos anos anteriores à imposição de direitos AD. Como as taxas de crescimento encontradas com base nesta metodologia tendiam a ser extremamente altas, influenciadas possivelmente pela prática de dumping, tais taxas levariam a um cálculo superestimado do crescimento do mercado e do consumo nacional aparente.

Deste modo, estabeleceu-se uma taxa básica de 10% de crescimento ao ano das exportações do Brasil e das importações dos países investigados para se calcular qual seria o valor em dólares norte-americanos de tais exportações e importações caso nenhuma medida AD tivesse sido imposta contra ou a favor do Brasil, respectivamente. Tais valores foram comparados aos valores efetivos de exportação do Brasil e de importação dos países investigados, conforme disponível pelo Sistema ALICE, da Secretaria de Comércio Exterior – SECEX.

Com base nesta metodologia, o valor que o país deixou de importar como conseqüência da imposição de direitos AD seguiu a seguinte evolução anual:

Em US$

1995	-
1996	40.868.152
1997	20.862.041
1998	63.470.131
1999	88.412.844
2000	92.820.101
2001	85.328.914

Obs.: Não foram considerados os processos de revisão de direitos impostos antes de 1995, devido à inexistência de dados que servissem de base para cálculo.

Fonte: Sistema ALICE/SECEX.

Elaboração: Guedes & Pinheiro Consultoria e Planejamento S/C Ltda.

Para o cálculo das perdas do Brasil em exportações de produtos que sofreram imposição de direitos AD, uma dificuldade adicional se fez presente: não foi possível determinar a classificação tarifária dos produtos investigados em alguns processos AD, impedindo a estimativa da evolução de suas importações. Para a análise de tais processos, portanto, optou-se por calcular qual foi o valor médio que deixou de ser exportado devido à imposição de direitos AD nos processos cujos dados estavam disponíveis. A média calculada foi multiplicada pelo número de processos que não puderam ter sua classificação definida. Com base na mesma metodologia, o valor que o Brasil deixou de exportar como conseqüência da imposição de direitos AD contra seus produtos seguiu a seguinte evolução anual:

Em US$

1995	-
1996	-
1997	(423.178)
1998	8.793.103
1999	308.329
2000	122.001.540
2001	298.183.844

Obs.: Não foram considerados os processos de revisão de direitos impostos antes de 1995, devido à inexistência de dados que servissem de base para cálculo.

Fonte: Sistema ALICE/SECEX.

Elaboração: Guedes & Pinheiro Consultoria e Planejamento S/C Ltda.

Ressaltando que tais valores são estimados com bases na metodologia discutida, temos que o Brasil deixou de importar, de 1995 a 2001, o valor de US$ 391.762.183, em conseqüência da imposição de direitos AD. Ao mesmo tempo, o Brasil perdeu US$ 428.863.638 em exportações[23] devido à imposição de direitos AD contra produtos brasileiros.

[23] Aluisio de Lima-Campos e Adriana Vito, *Abuse and discretion: The impact of antidumping and countervailing duty proceedings on Brazilian exports to the United States*, V. 38(1), 2004, p. 51.

Com base nas estatísticas oficiais norte-americanas e cobrindo o período de 1989 a 2002, foram estimadas perdas para o Brasil de US$ 1,8 bilhão só nas exportações para os EUA. Outras metodologias podem chegar a valores diversos, vistos separadamente. No entanto, confrontados os valores do que deixou de importar com o que deixou de exportar, o saldo final não deve variar em grande medida, independentemente da metodologia utilizada.

Em US$

Ano	Importações	Exportações	**Saldo**
1995	-	-	-
1996	40.868.152	-	**40.868.152**
1997	20.862.041	-423.178	**21.285.219**
1998	63.470.131	8.793.103	**54.677.028**
1999	88.412.844	308.329	**88.104.515**
2000	92.820.101	122.001.540	**(29.181.439)**
2001	85.328.914	298.183.844	**(212.854.930)**
Acumulado	**391.762.183**	**428.863.638**	**(37.101.455)**

Obs.: Não foram considerados os processos de revisão de direitos impostos antes de 1995, devido à inexistência de dados que servissem de base para cálculo.

Fonte: Sistema ALICE/SECEX.

Elaboração: Guedes & Pinheiro Consultoria e Planejamento S/C Ltda.

Comparativamente, portanto, percebe-se que tanto a aplicação de medidas AD pelo Brasil como contra o Brasil tiveram um impacto bastante semelhante na balança comercial, embora tenha havido um saldo negativo para o Brasil em torno de US$ 37 milhões.

No entanto, enquanto as medidas AD aplicadas pelas autoridades governamentais brasileiras se dirigem a setores variados, as medidas AD aplicadas por nossos parceiros parecem atingir as exportações brasileiras de forma mais concentrada, sendo o setor siderúrgico responsável por mais de 70% das medidas aplicadas contra o país.

O setor siderúrgico é tradicionalmente um setor competitivo no Brasil, dada a facilidade quanto à obtenção de matéria-prima, além de ser o emprego de mão-de-obra ainda expressivo relativamente aos demais. O forte emprego de mão-de-obra suscita suporte político relevante nos países produtores importadores, que demandam de suas autoridades proteções constantes.

Observa-se que o Brasil, em termos de balanço geral, não perde nem ganha com as ações AD. Estas servem para correção de distorções pontuais e, por outro lado, prejudicam os setores competitivos exportadores de produtos manufaturados de valor agregado mais reduzido e maior emprego de mão-de-obra.

VIII. Perspectivas e mudanças

Enquanto os países desenvolvidos continuarem a atribuir aos mecanismos AD a responsabilidade pela defesa de suas indústrias contra importações, sejam elas desleais ou não, estes instrumentos não deixarão de protagonizar as disputas comerciais internacionais. E não há, no momento, perspectivas de mudança no curto prazo.

O Decreto nº 1.602/95, mesmo enquanto uma cópia do Acordo AD, atendeu aos anseios do setor privado nacional e usuários das ações AD no país. Contudo, a crescente participação dos exportadores e importadores nos processos vem demandando modificações à lei existente.

A primeira emenda ocorreu em dezembro de 2001, pela Circular SECEX nº 59. Esta regulou a questão dos países de economia não predominantemente de mercado. A reintegração dos países do leste europeu significou novo e importante desafio às análises de AD. Economias inteiramente controladas pelo Estado por mais de 30 anos, com dois ou três anos de relativa autonomia passaram a reivindicar tratamento de economias de mercado para efeito de determinação de valor normal e margem de dumping.

Para os países em desenvolvimento que há muito já haviam perdido a proteção estatal, a presença desses novos concorrentes reivindicando igualdade de tratamento foi mais um desafio. Fortes concorrentes nas áreas de fertilizantes e siderurgia, o mercado brasileiro se viu, a partir de meados da década de 1990, afogado em importações oriundas do leste europeu a preços bem inferiores aos de mercado.

A pressões de ordem diplomática e os acordos resultantes do incremento das relações comerciais entre o Brasil e estes países levaram à publicação da mencionada Circular SECEX nº 59, conceituando o termo *economias em transição*. Esta listou países considerados na categoria "economias em transição",[24] estipulando análises setoriais, ao invés de conjunturais. No caso da Rússia, por meio da Circular SECEX nº 33, publicada em maio de 2003, este país passa diretamente à categoria de economia de mercado para efeito das análises de dumping. Em atitude ousada relativamente ao tratamento que os parceiros comerciais tem conferido à China para efeito das análises de dumping, as autoridades nacionais recentemente atribuíram status de economia de mercado para aquele país.

No entanto, as reformas ao Decreto se resumiram à questão das economias em transição, restando importantes questões a serem tratadas.

Não dispõe a legislação brasileira de previsão quanto à publicação de Determinação Preliminar. A remota possibilidade de aplicação de uma Medida AD Provisória, aos olhos das autoridades, torna desnecessária a publicação de determinação preliminar. Esta não constitui uma obrigação do DECOM, sequer um direito da parte, tendo sido publicada apenas no caso de dumping de leite em pó originário da Argentina[25] e no de cartões semi-rígidos revestidos originários do Chile[26].

---

[24] Os países considerados como economias em transição são: Bulgária, Eslováquia, Eslovênia, Hungria, Polônia, Romênia e República Tcheca.

[25] Processo MICT/SAA/CGSG nº 52100-0000001/99-89.

[26] Processo MICT/SAA/CGSG nº 52100-000005/00-45.

Tal situação ocorreu somente devido à solicitação dos exportadores de um compromisso de preço no âmbito do acordo, visto que a legislação, no § 2º do art. 35 do Decreto nº 1.602/95, obriga a publicação de determinação preliminar antes da proposta e aceitação de um compromisso de preço pelas partes envolvidas.

A Determinação Preliminar, normalmente publicada após a análise dos questionários, objetiva apresentar às partes as primeiras conclusões das autoridades sobre o processo investigatório. Apresenta margens preliminares de dumping, caso encontradas, e, caso detectado prejuízo aos peticionários, prevê a aplicação de Medidas AD Provisórias, atendendo às demandas por transparência, fundamental à demonstração da condução justa do processo.

Serve, ainda, a publicação de Determinação Preliminar, para uma demarcação da fase de instrução do procedimento AD.

Na fase anterior à publicação da Determinação Preliminar, ocupam-se as autoridades das análises sobre as informações contidas nos questionários. Na fase posterior à publicação da Determinação, abre-se às partes prazo para apresentação de considerações sobre as conclusões preliminares das autoridades.

A publicação de uma Determinação Preliminar evita que informações ou elementos de prova sobre questões preliminares, tais como produto similar ou indústria peticionária, permaneçam em consideração até o final do procedimento.

Tão grave quanto a ausência de previsão legal para a publicação de uma determinação preliminar é o permanente desrespeito ao disposto no art. 13º do Decreto nº 1.355/94. Além de desrespeitado o dispositivo do Decreto, também a Constituição tem sido ignorada quando determina a obrigatoriedade de duplo grau de jurisdição, seja em contenciosos administrativos ou judiciais.

A Lei 9.784/99, que regula os processos administrativos, confere a possibilidade de recurso das decisões proferidas no âmbito do Direito Administrativo. No entanto, no caso de recurso contra Resolução da Câmara de Comércio Exterior, estes são apreciados pela Advocacia Geral da União, que não tem concluído suas análises, como demonstra a interposição de Recurso Administrativo pela Acesita contra a não-imposição de direitos AD definitivos contra a Alemanha no Processo MICT/SAA/CGSC 52100-000097/98-77.

Já os resultados dos recursos ao Judiciário têm sido surpreendentes, quando não decepcionantes. Questões de mérito, como relação causal ou dano, esbarram no desconhecimento do juízo. Questões relativas a procedimentos, concernentes a práticas administrativas que desrespeitam os dispositivos do próprio Decreto são melhor compreendidas. Surpreendentes, no entanto, têm sido os resultados das ações em que vem sendo argüida, com relativo sucesso, a constitucionalidade da aplicação dos Direitos AD. No contexto de Mandados de Segurança tem sido aceito por certos juízes a tese de que a imposição de Direitos AD fere o Princípio Constitucional do Livre Exercício de Atividade Econômica, constante do art. 170 parágrafo único, da Constituição Federal.

Deste modo, os recursos administrativos não têm alcançado a eficácia necessária para que se realize o prescrito no art. 13º do Decreto nº 1.355/94 e, sequer, os recursos judiciais. É fundamental, portanto, que seja criada instância especial e competente à reanálise das decisões sobre defesa comercial.

Por enquanto, as decisões quanto à imposição de Direitos AD são revistas apenas após cinco anos de imposição da medida, por meio da chamada, "Revisão Quinquenal" ou *Sunset Review*. Esta revisão em nada se relaciona com a descrita no art. 13 do Decreto 1.355/94. A Revisão Quinquenal decide sobre a prorrogação dos Direitos AD por mais cinco anos. Considerado um procedimento em que a possibilidade de revogação é praticamente nula, proposta brasileira foi apresentada no âmbito da Rodada Doha no sentido de extingui-lo.

Levando em conta as conclusões da parte anterior quanto ao perfil moderado do país enquanto um aplicador de medidas, a improbabilidade de direitos provisórios e o balanço equilibrado entre as medidas aplicadas e aquelas em que os setores exportadores brasileiros foram alvo, não se aconselha a extinção dos processos de Revisão.

Baixar ainda mais o perfil de aplicador de Direitos AD no país pode não ser uma estratégia das mais corretas. Ademais, tendo em vista a voracidade de nossos parceiros, corre-se o risco do chamado tiro no pé. Altera-se a lei e somente países como o Brasil, de perfil obediente às regras internacionais, aplicam o novo procedimento da forma como deve ser.

Além disso, é importante salientar que o DECOM já vem aplicando método inovador quando da apreciação dos processos de Revisão. Este tem levado à suspensão do Direito recomendado por meio da Revisão, com monitoramento das importações e, também, à redução dos Direitos AD, considerando os dados atuais de exportação do país acusado.

De volta ao Mercosul, chama-se atenção para a quantidade de ações AD e de direitos aplicados intrabloco, com destaque para a Argentina na direção do Brasil. À revelia do que dispõe o Acordo de Assunção em seu art. 1º, Anexo 1 e art. 4º, prevendo a eliminação de todo e qualquer gravame ao comércio intrazona, o uso das medidas AD tem sido bastante comum entre os países da região. Este não é um fenômeno exclusivo do Mercosul. Ocorre igualmente no NAFTA. Trata-se da relação inversa entre o nível tarifário e a quantidade de direitos AD e medidas compensatórias. No entanto, o Tratado de Assunção traça os contornos de uma integração que vai bem além de uma área de livre comércio. Os objetivos iniciais do Tratado estão sendo desrespeitados. A existência de maior número de conflitos decorrentes da eliminação de tarifas é esperada, assim como mecanismos diferenciados para resolução dos conflitos também.

Ao contrário do que deveria ocorrer, regulou-se o uso das ações AD intrabloco por meio da Decisão CMC 22/02, com poucas novidades em relação a regulamentação existente no casos ADs dirigidos contra terceiros. A Decisão 22/02 estabelece, no item 1.1, a obrigatoriedade de consultas antes da abertura de uma investigação e, no item 5, prazo de três anos de duração das medidas AD, sendo este prazo inferior aos cinco anos determinados normalmente para países não-membros do Mercosul. A mencionada Decisão manteve, ainda, a possibilidade de Revisão.

A eliminação das ações AD no âmbito do Mercosul e sua substituição por mecanismos de defesa da concorrência deve ser mais seriamente considerada. Também métodos mais criativos para Revisão de ações AD intra-Mercosul não foram ainda previstos. Inexistem no âmbito do MERCOSUL dispositivos legais e especiais à solução de conflitos AD e de medidas compenatórias por meio de painéis binacionais para Revisão das Medidas aplicadas.

No caso do NAFTA, Angela Estrella[27] conclui: "que o sistema de painel binacional de fato oferece meios de controle adicionais para combater o uso abusivo das leis norte-americanas sobre AD e MC, em comparação com a revisão judicial pelas cortes norte-americanas, e que o Brasil poderia beneficiar-se significativamente do acesso a esse recurso"(...)

Além disso, sobre a viabilidade legal de um sistema de painel binacional, continua a autora a dispor que: "a adoção de um sistema de painel binacional na ALCA é juridicamente viável, não existindo conflitos jurídicos substanciais entre o sistema de painel binacional e o quadro jurídico da própria ALCA, o TPA ou a Constituição brasileira (...)".

Sanadas as falhas do sistema de painel binacional do Nafta, também objeto de análise pela autora, o mesmo vale para o

[27] Ver artigo de Angela Estrella neste volume.

caso do MERCOSUL, cujo quadro jurídico prevê integração regional com objetivos bem mais ousados.

As ações AD, pelo lado brasileiro, vêm resultando invariavelmente em compromissos de preços regulados pela Seção V do Decreto 1.602/95. O mesmo já não se pode dizer no caso da Argentina, que figura como maior aplicador de medidas contra o Brasil.

A defesa comercial no Brasil caracteriza-se por perfil conservador no que tange à defesa da indústria doméstica. O setor privado brasileiro se ressente da postura oficial brasileira, principalmente quando comparada à de nossos parceiros comerciais. Constrangida pela interferência de distintos órgãos governamentais durante todo o procedimento, bem como pelo temor de questionamento de suas decisões no Órgão de Solução de Controvérsias da OMC, a autoridade julgadora aplica as medidas cabíveis após duras e desgastantes análises.

Presente ou não a deslealdade comercial, as regras sobre a matéria vêm se sofisticando, demandando maior preparo, especialização e profissionalismo no trato da matéria. Deste modo, valorizar o instrumento significa também prover as autoridades julgadoras de maiores recursos, humanos e tecnológicos, para enfrentar de igual para igual o confronto com antigos aplicadores desse forte instrumento.

Referências bibliográficas

COMUNIDAD ANDINA. *Indicadores de la Comunidad Andina, Mercosur y Chile: 1994-2003, SG/de 085/Rev. 1, 8 jun. 2004*. Disponível em: <http://www.comunidadandina.org/estadisticas/SGde085.pdf>. Acesso em: 4 nov. 2004.

DEPARTAMENTO DE DEFESA COMERCIAL (DECOM). *Relatório DECOM nº 7 – 2003*. Disponível em: <http://www.desenvolvimento.gov.br/arquivo/secex/decom/ relatorios/relatorio2003.pdf>. Acesso em: 4 nov. 2004.

_______________. *Direitos antidumping e medida de salvaguarda em vigor: 1988/outubro de 2004*. Disponível em: <http://www.desenvolvimento.gov.br/ arquivo/secex/decom/medidas/emVigor.pdf>. Acesso em: 4 nov. 2004.

ESTRELLA, Angela. *Uma proposta para a ALCA em antidumping, medidas compensatórias e salvaguardas: Revisão por Painel Binacional em alternativa à revisão judicial.* Neste volume (2005).

GUEDES, Josefina; PINHEIRO, Silvia. *Anti-dumping, subsídios e medidas compensatórias*. 3. ed. São Paulo: Aduaneiras, 2002.

HUDEC, Robert. *Essays on the nature of international trade law*. Cameron May Eds., 1999.

LIMA-CAMPOS, Aluisio; VITO, Adriana. "Abuse and discretion: the impact of antidumping and countervailing duty proceedings on Brazilian exports to the United States". *Journal of World Trade*, vol. 38(1), 2004.

LIMA-CAMPOS, Aluísio de; VITO, Adriana. "Abuse and Discretion – The impact of antidumping and countervailing duty proceedings on Brazilian exports to the United States". *Journal of World Trade*, v. 38, n. 1, p. 37-68, 2004.

LINDSEY. Brink. *The US antidumping law: rhetoric X reality.1999* p. 2. Disponível em: <http://www.cato.org>.

PALMETER, David. "The capture of antidumping law". *Yale Journal of International Law*, 1989.

WORLD TRADE ORGANIZATION (WTO). *AD measures: Reporting Member vs Exporting Country - From: 01/01/95 To: 30/06/04*. Disponível em: <http://www.wto.org/english/tratop_e/adp_e/adp_stattab8_e.xls>. Acesso em: 04 nov. 2004.

_______________. *Anti-dumping initiations: by exporting country – From: 01/01/95 To: 30/06/04*. Disponível em: <http:/

/www.wto.org/english/tratop_e/adp_e/adp_stattab1_e.xls>. Acesso em: 04 nov. 2004.

________________. *Anti-dumping measures: by exporting country - From: 01/01/95 To: 30/06/04*. Disponível em: <http://www.wto.org/english/tratop_e/adp_e/ adp_stattab6_e.xls>. Acesso em: 04 nov. 2004.

A CUMULATIVIDADE NA DETERMINAÇÃO DE DANO À INDÚSTRIA DOMÉSTICA NORTE-AMERICANA

Pablo M. Bentes

A partir da segunda metade da década de 1990, com a eliminação ou redução de barreiras tarifárias em decorrência dos acordos multilaterais promovidos no âmbito da Organização Mundial de Comércio (OMC), os direitos anti-dumping passaram a ser o principal instrumento de proteção à indústria doméstica quando esta encontra-se ameaçada pelo crescimento das importações. Tido inicialmente como um instrumento protecionista por meio do qual Países desenvolvidos protegiam indústrias muitas vezes ineficientes das importações provenientes de Países em desenvolvimento, atualmente a tendência é que Países em Desenvolvimento também se utilizem cada vez mais deste instrumento para proteger sua indústria doméstica. A clara tendência de "popularização" das medidas anti-dumping é revelada pelas estatísticas de medidas anti-dumping em vigor em todo o mundo, que cresceram de 157 em 1995 para 231 em 2003, de acordo com informações prestadas pelos membros ao Comitê de Práticas Anti-Dumping da Organização Mundial de Comércio ("OMC").[1]

Para promover uma investigação antidumping com êxito, obtendo a aplicação de sobretaxa antidumping sobre as importações provenientes de determinado(s) País(es), a indústria doméstica que peticiona deve atender a 3 requisitos mínimos: (i) demonstrar a prática de dumping; (ii) comprovar o dano ou ameaça de dano material à indústria doméstica; e (iii) estabelecer nexo de

---

[1] Vide http://www.wto.org/english/tratop_e/adp_e/adp_stattab2_e.xls.

causalidade entre o dano e as importações objeto da investigação. O presente estudo concentra-se especificamente na determinação do dano ou ameaça de dano material à indústria doméstica no mercado importador dos EUA.

Em investigações envolvendo importações provenientes de múltiplos Países, o artigo 3.3 do Acordo para Implementação do Artigo VI do GATT ("Acordo Anti-Dumping" ou "Acordo") permite às autoridades investigadoras considerar cumulativamente os efeitos das importações sobre o mercado doméstico, uma vez observados certos requisitos mínimos.[2] A análise de dano ou ameaça de dano, nestas hipóteses, deixa de ser feita País-a-País, e passa a ser realizada para o conjunto das importações investigadas, no que se convencionou denominar cumulatividade.

A cumulatividade, porém, têm efeitos indesejáveis para os Países investigados, na medida em que recentes análises estatísticas comprovam que o método, por si só, aumenta a probabilidade de imposição de direitos antidumping. A cumulatividade, portanto, deve estar entre as preocupações de exportadores brasileiros, principalmente para aqueles que competem pelo mercado exportador com Países de baixo custo ou de práticas de preço demasiado agressivas.

---

[2] (Trad. livre do original inglês pelo Autor) "Artigo 3.3. Quando as importações de um produto proveniente de mais de um país encontram-se simultaneamente sujeitas a uma investigação anti-dumping, as autoridades investigadoras poderão considerar cumulativamente os efeitos de tais importações somente se determinarem que (a) a margem de dumping estabelecida em relação às importações de cada país é superior à *de minimis*, tal como definida no parágrafo 8 do artigo 5, e que o volume das importações de cada país não é negligenciável, e (b) uma análise cumulativa dos efeitos das importações é apropriada em virtude das condições de competição entre os produtos importados e as condições de competição entre os produtos importados e os produtos similares domésticos."

O presente artigo tem por objetivo discutir a utilização do instituto da cumulatividade pelas autoridades norte-americanas, com ênfase nos interesses dos exportadores brasileiros. A primeira parte do artigo define a cumulatividade na experiência norte-americana, e discute sua utilização pelas autoridades investigadoras naquele País. Em seguida, na segunda parte do trabalho, passamos a examinar em pormenor os efeitos da cumulatividade para os exportadores brasileiros, discutindo as razões para eventuais efeitos negativos sobre os Países investigados pela prática de dumping. Finalmente, na terceira parte do artigo, sugerimos algumas estratégias que exportadores brasileiros podem adotar para minimizar os problemas decorrentes da cumulatividade ao exportar para o mercado norte-americano.

1. Cumulatividade na análise de dano à indústria norte-americana

Preliminarmente, cumpre frisar que os EUA têm um sistema de investigação bifurcado: a análise de dano à indústria doméstica é efetuada pela *U.S. International Trade Commission* (ITC), ao passo que a margem de dumping é calculada pelo *Department of Commerce* (DOC).

Nas investigações que envolvem importações provenientes de mais de um País, a Seção 771 (7) (G) do *Tariff Act* de 1930, tal como emendada após a Rodada Uruguai (*Tariff Act*), estabelece que, ao determinar a existência de dano material ou ameaça de dano material à indústria norte-americana, a ITC deverá ou poderá analisar cumulativamente o volume e os efeitos das importações investigadas de todos os Países em relação aos quais petições antidumping foram iniciadas, caso (i) as petições tenham sido propostas no mesmo dia e (ii) caso as importações dos países investigados concorram entre si e com produtos similares no mercado norte-americano. Vale notar, neste particular, que a redação do artigo 771 (7) (G) do *Tariff Act* é semelhante à dicção do artigo 3.3 do Acordo Anti-Dumping da OMC, que traz previsão semelhante.

Nota-se, contudo, uma importante distinção na prática norte-americana. Enquanto o artigo 3.3 do Acordo Anti-Dumping estabelece que a cumulação dos efeitos das importações na análise de dano material à indústria doméstica é uma mera faculdade da autoridade investigadora, a Seção 771 (7) (G) do *Tarif Act* estabelece que a ITC deverá cumular o volume e os efeitos das importações dos países investigados, quando a alegação é de dano material à indústria norte-americana.[3] Nestes casos, portanto, a cumulação é obrigatória e deverá ocorrer caso verificadas as duas pré-condições estabelecidas em lei, quais sejam, a propositura da investigação na mesma data e concorrência entre importações e entre estas e o produto similar doméstico. Dano material à indústria doméstica, por seu turno, é definido na legislação norte-americana como "um dano que não é imaterial, sem conseqüência, ou não importante.[4]"

Quando a alegação é de ameaça de dano à indústria norte-americana, a ITC poderá cumular o volume e efeitos do conjunto

---

[3] São exceções à cumulatividade fixadas pela Seção 771(7) (G) (ii) do *Tariff Act*:

(I) as importações de um país sobre o qual o DOC tenha efetuado uma decisão preliminar negativa (de dumping), a menos que o DOC emita uma decisão afirmativa com relação a tais importações antes que a ITC emita uma decisão final sobre dano;

(II) um País sobre o qual uma investigação tenha sido previamente encerrada;

(III) um País beneficiário do *Caribbean Basin Economic Recovery Act* (19 U.S.C 2701 et seq.); e

(IV) as importações provenientes de Israel, a menos que a ITC determine dano material provocado pelas importações daquele País.

[4] Seção 771 (7) (A) do *Tariff Act.*

das importações dos Países investigados.[5] Ao analisar alegações de ameaça de dano material à indústria doméstica, a ITC considera fatores econômicos relevantes, tais como (i) capacidade ociosa ou crescimento iminente da capacidade de produção dos Países exportadores, indicando probabilidade de aumento das exportações aos EUA; (ii) taxa de crescimento significativo em volume ou penetração de mercado das importações; (iii) probabilidade de que os preços de importação provoquem declínio de preços no mercado dos EUA; (iv) potencial para a troca de produtos; (v) potenciais ou existentes efeitos negativos no desenvolvimento e produção da indústria doméstica, incluindo esforços para desenvolver novas versões do produto doméstico similar; (vi) quaisquer tendências adversas demonstráveis que indiquem a probabilidade de que é possível que haverá dano material em virtude das importações; (vii) se dumping em terceiros mercados, evidenciado pela imposição de direitos anti-dumping ou outras medidas de defesa comercial sugere uma ameaça de dano material à indústria dos EUA.

A prática, contudo, demonstra que a ITC, via de regra, opta por analisar cumulativamente o volume e os efeitos do conjunto das importações quando a alegação de ameaça de dano envolve importações de mais de um País. Por conseguinte, seja a alegação de dano material ou de ameaça de dano material, o exportador brasileiro pode antecipar com razoável segurança que as importações provenientes do Brasil serão cumuladas com a de outros Países investigados. Caberá somente à indústria norte-americana apresentar as petições na mesma data, o que já é a praxe, e comprovar que os produtos investigados competem entre si e com os produtos domésticos similares no mercado norte-americano.

Para estabelecer que os produtos investigados competem entre si e com o produto similar doméstico, a ITC irá considerar quatro fatores:

[5] Seção 771 (7) (H) do *Tariff Act*.

(1) o grau de fungibilidade entre as importações de diferentes Países e entre as importações investigadas e o produto similar doméstico, incluindo requisições específicas dos clientes e outras questões ligadas à qualidade dos produtos;

(2) a existência de vendas ou ofertas de venda nos mesmos mercados geográficos de importações provenientes de diferentes Países e o produto similar doméstico;

(3) a existência de canais de distribuição comuns ou semelhantes para importações de diferentes Países e o produto similar doméstico; e

(4) se as importações encontram-se presentes no mercado simultaneamente.

Como se pode depreender dos fatores que a ITC irá considerar para o estabelecimento de competição entre as importações e seu similar doméstico, para fins de cumulação das importações, são elementos-chave as características físicas dos produtos, os canais de distribuição, a presença em mercados geográficos semelhantes, e a disponibilidade dos produtos no mercado simultaneamente.[6] Vale notar, por oportuno, que a lista

[6] O Acordo Anti-Dumping não oferece critérios claros para estabelecimento do elemento de competição necessário para a cumulação das importações. Dentre as propostas correntemente discutidas pelo Grupo de Trabalho para a Implementação do Comitê Antidumping, foram sugeridos os seguintes critérios:

1 – Características físicas e usos dos produtos similares domésticos e das importações de cada país sujeito à cumulação. Considerações como qualidade, funções, especificações técnicas, demandas específicas dos clientes, percepção dos consumidores, grau de fungibilidade e substituição podem ser relevantes.

de fatores a ser considerados não é exaustiva, e nem é necessário que todos os fatores acima elencados estejam presentes. Em teoria, basta apenas que um ou alguns dos elementos acima estejam presentes para que a ITC decida analisar cumulativamente o volume e os efeitos das importações provenientes de todos os Países investigados.

Como uma investigação antidumping movida em face de importações provenientes de vários Países em geral envolve produtos que competem entre si pelo mercado doméstico dos EUA, o requisito específico de competitividade é quase sempre atendido. A cumulação das importações na análise do dano material, ou da ameaça de dano material, passa a depender única e exclusivamente do protocolo das respectivas petições na mesma data, o que, como já mencionado, é adotado pelos peticionários norte-americanos como prática usual.

Há, porém, um fator determinante para que os peticionários busquem a análise cumulada das importações investigadas: estudos empíricos e análises estatísticas demonstram que a

---

2 – Os níveis e tendências no volume das importações de cada país considerado para cumulação, tanto em números absolutos como em relação aos níveis de produção e consumo no país importador.

3 – A existência de vendas do produto similar doméstico e das importações de cada país a ser cumulado

(a) por meio de canais de distribuição comuns ou similares;

(b) nas mesmas áreas geográficas do mercado de importação; e

(c) durante os mesmos períodos ou simultaneamente durante o período de investigação.

4 – Os níveis e tendências

(a) de preços para o produto similar doméstico e importações de cada país a ser cumulado; e

(b) de cortes de preços em virtude das importações de cada país a ser cumulado.

cumulação por si só aumenta a probabilidade de que a ITC conclua pela existência de dano ou ameaça de dano material à indústria norte-americana. Referido impacto negativo e as razões para que ele ocorra são discutidas mais detalhadamente a seguir.

2. Os efeitos da cumulatividade na probabilidade de uma decisão afirmativa de dano ou ameaça de dano material

Em teoria, Países exportadores investigados por dumping não teriam razão para se preocupar caso o volume e os efeitos das suas importações ao mercado norte-americano fossem cumuladas com a de outros Países envolvidos na investigação. A análise de dano ou ameaça de dano material, a rigor, será exatamente a mesma, e os mesmos fatores e tendências seriam levados em conta pela ITC na determinação da existência ou não do dano alegado[7]. Porém, recentes estudos demonstram que a cumulatividade pode ser um fator determinante para uma decisão afirmativa de dano ou ameaça de dano à indústria doméstica.

A primeira razão para tanto não chega a ser surpreendente: é o que se pode chamar de "efeito-contágio". Ao cumular o volume e efeitos das importações de mais de um País, a ITC efeti-

[7] De acordo com o estabelecido na Seção 771 (7) (B) (i) do *Tariff Act*, a ITC deverá considerar os seguintes fatores na análise da existência de dano material à indústria doméstica:

(I) o volume das importações investigadas;

(II) o efeito das importações investigadas sobre os preços no mercado norte-americano para o produto similar doméstico;

(III) o impacto das importações nos produtores domésticos dos produtos similares, somente com relação às operações nos Estados Unidos; e

(IV) outros fatores economicamente relevantes.

A Seção 771 (7) (C) descreve em pormenor como devem ser avaliados cada um dos fatores acima.

vamente os equipara, tornando mais fácil para a indústria doméstica comprovar o dano ou ameaça de dano material. Tome-se como exemplo Países com percentuais de importações relativamente baixos e crescimento de penetração no mercado importador também relativamente baixo. Com a cumulatividade do volume e efeitos de suas importações no mercado norte-americano, estes se equivalem aos Países que representam o maior volume relativo e de principalmente um maior crescimento relativo das importações investigadas. Caso a determinação de dano ou ameaça de dano à indústria norte-americana levasse em conta os efeitos das importações investigadas País a País, os Países que representam menor crescimento relativo das importações investigadas teriam teoricamente melhores chances de obter uma decisão negativa de dano perante a ITC.

Este seria o caso particularmente para aqueles Países exportadores cujo crescimento pudesse ser relacionado ao crescimento da demanda interna norte-americana. Um exemplo típico seria a recente investigação antidumping relativa às exportações de camarão congelado aos EUA provenientes do Brasil, China, Equador, Índia Tailândia e Vietnam.[8] As importações brasileiras do produto aos EUA, consideradas individualmente, representavam aproximadamente magros 4% das importações investigadas, e tiveram crescimento relativo durante o período investigado de 16%, que era exatamente equivalente ao crescimento da demanda interna pelo produto nos EUA. Cumulativamente, porém, as importações investigadas como um todo cresceram 20% no período investigado, o que praticamente eliminou as chances brasileiras de vencer um argumento de ausência de dano à indústria norte-americana. A ITC emitiu uma decisão preliminar afirmativa da existência de dano à indústria norte-americana em fevereiro de 2004.

O "efeito contágio" descrito acima não chega a ser surpreendente e de fato é quase intuitivo. O que surpreende, contu-

[8] Investigação ITC nº 731-TA-1063-1068

do, é o que revela um estudo conduzido por Hansen e Prusa,[9] que concluiu que a cumulatividade não somente "contamina" Países na determinação de dano: mais ainda, o estudo comprova que a cumulatividade seria, de fato, "super-aditiva".

Utilizando como universo as decisões da ITC sobre dano à indústria doméstica no período entre 1980 e 1988, primeiramente Hansen e Prusa compararam as decisões afirmativas de dano à indústria doméstica pela ITC em dois períodos distintos: entre 1980 e 1984, quando a cumulação das importações ainda era meramente facultativa (e de fato a ITC cumulou as importações investigadas por dano em somente 13% dos casos no período); e entre 1984 e 1988, quando a cumulatividade passou a ser obrigatória em casos de dano material. A comparação revelou que os casos em que o volume e efeitos das importações foram cumulados têm probabilidade de uma decisão afirmativa de dano 30% maior do que casos em que a análise de dano foi feita individualmente para cada País investigado. Em outras palavras, mais de 50% dos casos em que a ITC decidiu afirmativamente teriam tido resultado negativo para dano caso as importações não tivessem sido cumuladas.

Mais ainda, com base no mesmo universo de decisões afirmativas da ITC, e controlando todos os demais fatores, Hansen e Prusa, considerando um "market-share" fixo de 40% das importações, concluíram que:

> 1 – se a investigação envolve somente um País representando 40% do mercado das importações nos EUA, a probabilidade de uma decisão afirmativa de dano pela ITC é de 60%;
>
> 2 – se a investigação envolve dois Países, cada um com

[9] "Cumulation and ITC decision-making: the sum of the parts is greater than the whole", *Economic Enquiry*, n. 34, p. 746-69, 1996.

> 20% do mercado das importações aos EUA, a probabilidade de uma decisão afirmativa de dano é de 72%;
>
> 3 – se a investigação envolve 5 Países, cada um com 8% do mercado das importações aos EUA, a probabilidade de uma decisão afirmativa de dano é de 78%.

O resultado do estudo conduzido por Hansen e Prusa demonstra, surpreendentemente, que uma vez controlados todos os fatores, e considerada uma "market-share" estável das importações, a probabilidade de uma decisão afirmativa de dano pela ITC aumenta quanto maior for o número de Países investigados. Os autores denominaram este fenômeno como o efeito "super-aditivo" da cumulatividade.

Dois anos mais tarde, Thakaran, Greenaway e Thakaran[10] testaram o efeito "superaditivo" do instituto da cumulatividade tomando por base as decisões de dano em investigações antidumping conduzidas pela União Européia entre 1980 e 1987, quando aproximadamente 91% das decisões afirmativas de dano haviam considerado os efeitos cumulados das importações investigadas. Controlando todos os fatores, e considerando uma "market-share" de importações estável, Thakaran, Greenaway e Thakaran concluíram que:

> 1 – A probabilidade de uma decisão afirmativa de dano na UE, em investigações envolvendo 2 Países, é de 92%;
>
> 2 – A probabilidade de uma decisão afirmativa de dano na UE, em investigações envolvendo 3 Países é de 98%.

[10] "Cumulation and Injury Determination of the European Community in Antidumping Cases", *Weltwirtschaftliches Archiv*, 134, 2, p. 320-339, 1998.

Restou comprovada portanto a hipótese originalmente levantada por Hansen e Prusa, segundo a qual a cumulatividade, porquanto "superaditiva", por si só aumenta as probabilidades de uma decisão afirmativa de dano, reduzindo significativamente as possibilidades de êxito na determinação de dano à medida em que mais exportadores sejam envolvidos nas investigações.

A razão para o efeito "superaditivo" do instituto da cumulatividade ainda é objeto de profundo debate e especulações no meio acadêmico e entre os profissionais envolvidos em investigações anti-dumping. Não há ainda causa universalmente reconhecida para a ocorrência deste fenômeno.

Hansen e Prusa especulam que as alterações introduzidas no Tariff Act em 1984, tornando a cumulatividade obrigatória nos casos em que a indústria doméstica norte-americana alegasse dano material, foi entendida pela ITC como um comando para que o órgão adotasse um viés mais protecionista na análise de dano, aumentando-se portanto o número de decisões afirmativas de dano. Ainda que esta explicação possa ajudar a compreender o fenômeno, não é inteiramente satisfatória na medida em que a ITC foi criada e é administrada como um órgão meramente técnico. Suas decisões, ao menos em teoria, prescindem de quaisquer considerações sobre os fatores políticos das investigações.

Panagariya e Gupta[11] oferecem uma explicação de origem prática para o fenômeno da "super-aditividade" na cumulação das importações para análise de dano. Para estes autores, o fato de que a decisão afirmativa ou negativa de dano é única para todos os exportadores, na prática demove muitos exportadores de defender na fase em que o dano à indústria doméstica é analisado, causando um decréscimo no total de recursos investidos em honorários

[11] "Injury investigations in anti-dumping and the super-additivity effect: A theoretical explanation", *IMF Working Paper*, International Monetary Fund, 01/110, 2001.

advocatícios perante a ITC. Se somente um grande exportador promove uma defesa que estará automaticamente disponível a todos os demais exportadores, muitos destes deixam de envolver-se na análise de dano, o que comprometeria a qualidade dos argumentos aduzidos perante a ITC e conseqüentemente diminuiria a possibilidade de êxito dos exportadores na investigação de dano. Este efeito foi denominado pelos autores como "free-riding". Embora se verifique na prática das investigações de dano conduzidas pela ITC, vale frisar que cumpre à indústria doméstica o ônus da prova de dano ou ameaça de dano à indústria doméstica, e não há nada que indique que este ônus torna-se mais leve em virtude do "free-riding".

De outra parte, Robert Staiger[12] oferece razões mercadológicas para o fenômeno da "superaditividade". Para ele, o maior número de empresas investigadas é indicativo de maior competição pelo mercado exportador. Uma maior competição entre os exportadores indica preços de venda mais baixos no mercado importador, o que aumentaria as margens de dumping resultantes das investigações e, em via de conseqüência, maior probabilidade de uma decisão afirmativa de dano ou ameaça de dano material à indústria doméstica pela ITC. Esta explicação tem méritos óbvios, mas deixa de considerar outros fatores que influem nos preços de exportação, como, por exemplo, a cotação de commodities no mercado internacional, o número de importadores existentes no mercado doméstico, dentre outros.

O fato é que ainda que a matéria esteja aberta a especulações, o efeito "superaditivo" da cumulatividade reduz significativamente as chances de que os exportadores brasileiros venham a obter uma decisão negativa de dano à indústria norte-americana perante a ITC. No ambiente altamente competitivo em que vive o exportador brasileiro, em particular na disputa pelo

[12] Robert Staiger e Frank A. Wolak, "Measuring industry-specific protection: anti-dumping in the United States", *Brookings Papers: Microeconomics*, p. 51-118, 1994.

mercado importador norte-americano, torna-se prioritária a consideração de estratégias para evitar que importações brasileiras aos EUA sejam cumuladas com as de outros Países caso uma investigação anti-dumping seja proposta pela indústria doméstica.

No item seguinte, discutimos estratégias preventivas que podem ser adotadas pelos exportadores brasileiros que pretendem acessar o mercado importador norte-americano, ou já o dividem com outros Países exportadores, de maneira a minimizar os riscos causados pelos efeitos negativos na análise de dano decorrentes do instituto da cumulatividade.

3. Administração dos efeitos negativos da cumulatividade

A primeira estratégia que os exportadores brasileiros podem adotar para evitar a cumulatividade numa análise de dano pode ser definida como a diferenciação – ou segmentação - de produtos e vendas. Ao explorar mercados cativos, ou nichos de mercado diferenciados, os exportadores brasileiros podem evitar a cumulação de suas importações aos EUA com a de outros Países, ao demonstrar que não competem com o produto investigado ou com o produto similar no mercado doméstico.

De fato, as demandas específicas do nicho de mercado atendido nos EUA, acompanhada de um grau limitado de fungibilidade com o produto doméstico similar, podem ser fatores decisivos no processo decisório da ITC, tornando a cumulatividade uma hipótese mais remota. Podem contribuir para o êxito nesta estratégia o desenvolvimento de novos produtos, a exploração de segmentos de mercado não atendidos pelos concorrentes de outros Países, ou a identificação e desenvolvimento de mercados cativos para os produtos brasileiros. O argumento será particularmente robustecido caso demandas específicas do consumidor doméstico não possam ser atendidas por importações de outros Países ou pela indústria doméstica.

Outra medida de cautela e administração de risco pode ser, na medida do possível, monitorar os mercados geográficos atendidos pelos principais concorrentes dos produtos brasileiros, bem como pelos competidores da indústria norte-americana, e explorar mercados geográficos diferenciados. De fato, ao explorar e atender mercados geográficos diversos, o exportador brasileiro pode ter argumentos no sentido de não haver competição entre produtos investigados e seu similar norte-americano. O estabelecimento – tanto quanto possível – de canais próprios de distribuição também pode causar o mesmo efeito. São estratégias baseadas na simplicidade do critério de análise – mercados geograficamente diversos ou canais de distribuição distintos.

Para pequenas e médias indústrias brasileiras, em especial aquelas que estão começando a explorar o mercado de importação norte-americano, outra estratégia pode vir a ser interessante: manter-se em um patamar relativo inferior a 3% do mercado importador dos EUA, hipótese na qual as importações serão negligenciáveis e não serão objeto de medidas antidumping. A estratégia pode ser adequada em especial quando se tratarem de mercados importadores em franca expansão, com expressivo crescimento do volume total de importações, hipótese na qual manter-se em 3% do mercado importador pode significar, na prática, um crescimento das importações brasileiras. Cumpre notar, porém, que esta estratégia funcionará somente nas hipóteses em que o total de Países importadores com menos de 3% das importações representem, em conjunto, menos de 7% das importações ao mercado norte-americano.

Finalmente, caso uma investigação antidumping em face de múltiplos Países venha a ser proposta, e a cumulação do volume e efeitos das importações seja iminente, uma medida interessante seria a organização institucional da defesa, em particular na fase de dano, a fim de se evitar o problema do "free-riding". O ideal, nestas hipóteses, é que o conjunto de empresas exportadoras de um determinado setor, organizada em associações ou em coalizões provisórias, coordene e contribua com os recursos necessários para uma defesa competente na fase da determinação do dano à indústria doméstica norte-americana pela ITC.

4. Conclusão e o futuro da cumulatividade

Apesar de aumentar artificialmente a probabilidade de uma decisão afirmativa de dano ou ameaça de dano material pela ITC, é pouco provável que a prática da cumulatividade venha a sofrer limitações substanciais em virtude de negociações multilaterais concernentes às regras aplicáveis no âmbito da OMC ou mesmo da ALCA num futuro próximo. Isto porque a cumulatividade tem o escopo de possibilitar que a indústria doméstica comprove a existência de dano ou ameaça de dano material causado pelo conjunto das importações, quando estas estejam pulverizadas entre diversos Países e exportadores. De fato, num mercado de importações altamente pulverizado, muitas vezes a comprovação de dano ou ameaça de dano material ficaria prejudicada numa análise País a País, quando de fato efetivamente nenhum importador considerado isoladamente seria responsável pelo dano propriamente dito, mas sim o conjunto total das importações é que estaria causando o dano.

Isto posto, o mais provável é que a próxima revisão do Acordo Anti-Dumping delimite com maior precisão os critérios a serem considerados pelas autoridades investigadoras ao estabelecer que as importações competem entre si e com os produtos similares domésticos. Critérios relativos a especificações técnicas, usos, grau de fungibilidade, mercados geográficos atendidos e simultaneidade das ofertas dos produtos no mercado importador e terceiros mercados devem ser consagrados como os adequados para estabelecer o grau de competitividade requerido para a cumulação das importações investigadas.

Esta solução, porém, é pouco satisfatória, em especial para Países em desenvolvimento que visem aumentar sua participação no mercado exportador dos EUA, como é o caso do Brasil. A ITC continuaria a deter grande discricionariedade na aplicação dos critérios para estabelecer o nível de competitividade entre as importações investigadas, e o entre estas e o produto similar doméstico, pouco alterando a prática atual.

Numa proposta de alteração ao Acordo Antidumping mais profunda e ambiciosa, acredito que o instituto da cumulatividade pudesse ser substancialmente limitado. As autoridades investigadoras, neste modelo, seriam obrigadas a promover a análise de dano País a País em todos os casos. A cumulatividade seria permitida única e exclusivamente nas hipóteses em que a participação *individual* de cada País investigado no mercado importador não excedesse a 10% do total das importações investigadas. Com esta formulação, estariam eliminados os efeitos negativos do instituto da cumulatividade sobre os exportadores – mormente a super-aditividade, – e ao mesmo tempo continuariam protegidas as indústrias domésticas que tivessem de comprovar dano ou ameaça de dano material que lhe causassem importações altamente pulverizadas.

Outra alternativa que poderia limitar os efeitos negativos da cumulatividade seria a alteração do conceito de importações negligenciáveis, excluindo da investigação como um todo exportadores de menor participação relativa no mercado importador. Lima-Campos,[13] em artigo propondo alterações ao Acordo Antidumping, sugere que o patamar para importações negligenciáveis, atualmente em 3% das importações investigadas, seja modificado para 3% do *mercado consumidor* no País importador, aumentando o número de Países e exportadores cujas importações seriam negligenciáveis para fins de uma investigação antidumping.

Realisticamente, contudo, enquanto tais propostas não sejam discutidas ou desenvolvidas no âmbito das negociações mul-

[13] Aluísio de Lima-Campos, "Nineteen proposals to curb abuse in antidumping and countervailing duty proceedings", *Journal of World Trade*, 39(2), 2005.

tilaterais, resta ao exportador brasileiro utilizar-se de algumas das estratégias anteriormente discutidas neste artigo para tentar minimizar os efeitos negativos do instituto da cumulatividade.

Referências bibliográficas

CZAKO, J.; HUMAN, J.; MIRANDA, J. *A handbook on anti-dumping investigations.* London: Cambridge University Press, 2003, p. 259-261.

HANSEN, W.L.; PRUSA T.J., "Cumulation and ITC decision-making: the sum of the parts is greater than the whole", *Economic Enquiry*, n. 34, 746-769, 1996.

JACKSON, J., DAVEY, W.; SYKES, A. (2002) Legal problems of international economic relations. West Publishing Co., p. 817-942.

LIMA-CAMPOS, A. "Nineteen proposals to curb abuse in antidumping and countervailing duty proceedings". *Journal of World Trade*, 39(2), 2005.

PANAGARIYA, A. e GUPTA, P., "Injury investigations in anti-dumping and the super-additivity effect: a theoretical explanation". *IMF Working Papers*, International Monetary Fund, 01/110, 2001.

STAIGER, R.W. e WOLAK, F. A. "Measuring industry-specific protection: anti-dumping in the United States", *Brookings Papers: Microeconomics*, p. 51-118, 1994.

THAKARAN, P. K. M.; GREENAWAY D. e THAKARAN J., "Cumulation and injury determination of the European Community in antidumping cases". *Weltwirtschaftliches Archiv*, 134, 2, p. 320-339, 1998.

A "PROVA DOS NOVE": O ÓRGÃO DE APELAÇÃO DA OMC RESPEITA A LEGISLAÇÃO E A PRÁTICA *ANTIDUMPING* DOS ESTADOS UNIDOS

Renê Guilherme S. Medrado[1]

I. Introdução

Este artigo tem por objetivo verificar se o sistema de solução de controvérsias da OMC (tendo o Órgão de Apelação à testa) respeita a legislação e a prática *antidumping* norte-americana.

Importantes documentos norte-americanos, como o *Bipartisan Trade Promotion Authority Act of 2002* ("*TPA*") — lei que confere poderes ao Presidente da República dos Estados Unidos (via seu representante – o *United States Trade Representative*) para negociar os acordos da Organização Mundial do Comércio ("OMC"), entre eles o *Acordo Antidumping* ("*AAD*") – sustentam que não. Tal documento impõe rigorosos limites ao mandato de negociação, devendo ser perqüirido e exa-

---

[1] As opiniões expressas neste artigo são de responsabilidade exclusiva do autor, não vinculando qualquer das institutições que integre. O autor agradece a Aluisio de Lima-Campos por comentários feitos sobre uma versão anterior deste artigo. Este artigo se beneficou de materiais, análises e conclusões realizadas para um trabalho apresentado ao Professor Richard N. Gardner, no âmbito de seminário por ele conduzido sobre política externa norte-americana, no primeiro semestre de 2002, na Columbia University School of Law. O autor agradece ao Professor Gardner por comentários feitos sobre aquele trabalho, muitos dos quais foram aproveitados neste artigo. Os erros permanecem de exclusiva responsabilidade do autor. O autor pode ser contatado nos seguintes endereços eletrônicos: renemedrado@pinheironeto.com.br ou rm2136@columbia.edu

minado para verificar os possíveis efeitos de seu impacto.[2]

O interesse em perqüirir acerca das bases de tais limites decorre de duas razões. A primeira se perfaz na vital importância das negociações sobre o *AAD* (e outros instrumentos de defesa comercial[3]) no âmbito da Rodada do Desenvolvimento de Doha ("RDD"). A RDD se caracteriza por ser uma rodada de negociações em que os países em desenvolvimento estão pleiteando maior acesso a mercados, tanto em termos gerais, quanto em setores mais específicos, como, notadamente, a agricultura.[4] Ora, qualquer concessão em termos de acesso a mercados poderá ser neutralizada pelo uso de mecanismos de defesa comercial. Sendo o *antidumping* o instrumento de defesa comercial mais utilizado pelos Membros da OMC, resta clara a elevada importância das negociações envolvendo o *AAD*, especialmente para o Brasil.[5]

Há algumas razões que explicam a preferência dos Membros da OMC em utilizar esse instrumento de defesa comercial, em comparação aos demais. Por tratar do problema da discriminação de preços no comércio internacional, as investigações/direitos *antidumping* se direcionam contra práticas desleais de comércio por parte de empresas. Com isso, diminui-se a sensibilidade política do caso, já que não ataca medidas governamentais,

---

[2] Sobre este tema, ver também artigo de Welber Barral neste volume.

[3] Como mencionado abaixo, este artigo não tem por objetivo tratar das outras espécies do gênero defesa comercial, a saber, medidas compensatórias e salvaguardas.

[4] A título ilustrativo, um levantamento anterior do autor mostra que o setor agrícola, mesmo sem liberalização desejada, já era alvo de 7,7% dos direitos *antidumping* então em vigor nos Estados Unidos (vide *Antidumping and countervailing duties orders in place as of April 7, 2003*, By Product, Disponível em: <http://www.usitc.gov>.

[5] Vide evidências empíricas relativas às exportações brasileiras em Alusio de Lima-Campos e Adriana Vito, *Abuse & discretion: the impact of antidumping and countervailing duty proceedings on Brazilian exports to the United States*, JOURNAL OF WORLD TRADE 38(1): 54, 2004.

como subsídios, que é o foco das medidas compensatórias. Por outro lado, o *AAD* abre exceção ao *princípio da nação-mais-favorecida* (NMF), previsto no Artigo 1 do *GATT 1994*, ao permitir a aplicação *seletiva* de direitos *antidumping*, ao contrário do *Acordo sobre Salvaguardas* (embora haja exceções referentes a acordos regionais). Ainda, a estrutura do *AAD* confere às autoridades competentes maior discricionariedade que sob os *Acordos sobre Subsídios e Medidas Compensatórias* (ASCM) e *Acordo sobre Salvaguardas*. Não há, nesses acordos, qualquer mecanismo similar ao cálculo da margem de *dumping*.[6] Existe, também, um acentuado problema de assimetria de informações na estrutura do *AAD* e em sua aplicação: as partes interessadas não conhecem os preços, tampouco as práticas comerciais das empresas investigadas (ou da indústria doméstica), as quais são invariavelmente protegidas pela cláusula de confidencialidade.[7] Isso

[6] As investigações de medidas compensatórias (Parte V, *ASCM*) envolvem a verificação da existência de um "subsídio" que esteja causando dano ou ameaça de dano material à indústria doméstica. Para tanto, as autoridades investigam a natureza do subsídio ("contribuição financeira" (na definição legal) por parte do governo ensejando um "benefício" de maneira "específica" a uma empresa, indústria ou grupo de empresas ou indústrias – vide Artigos 1 e 2 do *ASCM*). A análise se concentra na ação governamental, portanto, diferentemente do processo *antidumping*, onde o foco é a prática comercial privada das empresas investigadas. Nas investigações de salvaguardas, o foco se desloca para verificar se as importações de um determinado produto, independente de sua origem, estão sendo realizadas sob "tal aumento de quantidade" ("*under such increased quantities*") de forma a causar ou ameaçar causar dano grave à indústria doméstica (Artigo 2.1, *Acordo sobre Salvaguardas*). Assim, o preço pelo qual os produtos são vendidos no mercado de importação não são o principal elemento do processo, embora possam ser levados em consideração na análise da existência de dano grave à indústria doméstica.

[7] Por investigar questões tão vitais à atividade empresarial (preços de venda em diferentes mercados, práticas comerciais, custo de produção, clientes, entre outros), o *AAD* contém disposições visando proteger a confidencialidade de determinadas informações (Artigo 6.5). As informações

contribui para o aumento da discricionariedade, se não abuso, por parte das autoridades investigadoras no trato de tal informação. Nesse sentido, em suma, o *AAD* provê um nível de proteção mais elevado que o *ASCM* e o *Acordo sobre Salvaguardas*.

A segunda razão que explica o interesse deste artigo pelos limites ao mandato de negociação conferido ao Presidente dos Estados Unidos se consubstancia no fato de não apenas serem o segundo maior usuário do *AAD*,[8] mas o país que mais impôs direitos *antidumping* sobre exportações brasileiras.[9] Além disso, os Esta-

---

informações podem ser tidas como confidenciais em razão de sua natureza ou por ter sido apresentada por uma das partes como tal. Toda informação apresentada como confidencial deve vir acompanhada de um resumo não-confidencial com detalhes suficientes para permitir uma compreensão razoável da substância da informação submetida. Nos casos em que a informação não seja passível de sumarização, a parte deverá apresentar justificativa para tanto (Artigo 6.5.1, *AAD*). As autoridades investigadoras têm a faculdade de desconsiderar determinada informação confidencial, caso entendam ser inapropriado conferir-lhe tratamento confidencial ou caso a parte interessada não queira divulgar a informação por inteiro ou em formato sumarizado, a não ser que se possa demonstrar que tal informação é correta, com base em outras fontes (Artigo 6.5.2, *AAD*). Com essa regra, as partes interessadas podem ficar privadas de boa parte das informações relevantes para o desfecho de uma investigação (como é o caso das informações relativas ao desempenho financeiro da indústria doméstica, principalmente se de capital fechado). Também não têm como avaliar se determinada informação é de fato de "difícil sumarização", ficando portanto à mercê da discricionariedade das autoridades investigadoras.

[8] A Índia é o país que mais abriu investigações *antidumping* de 1995 a Junho de 2004 (total de 383, contra 350, dos Estados Unidos). Esse dado, no entanto, não reflete a abertura de revisões administrativas e de tipo Artigo 11.3 do *AAD* (*sunset reviews*).

[9] Em 31.12.2003, havia 14 medidas e/ou compromissos de preços aplicados por tal país contra as exportações brasileiras. A Argentina segue, com seis medidas. Vide Relatório DECOM nº 7 (2003), p. 55, Quadro 16 (direitos *antidumping* e medidas compensatórias), conjugado com Quadro 15 (medidas compensatórias) Disponível em: <http://www.desenvolvimento.gov.br/arquivo/secex/decom/relatorios/relatorio2003.pdf>.

dos Unidos foram o único país a se opor à abertura de negociações sobre os acordos de defesa comercial.[10] Como mencionado, o USTR recebeu do Congresso norte-americano espaço restrito para negociar os acordos envolvendo defesa comercial. O mandato da RDD foi também estruturado de maneira a acomodar a relutância norte-americana em negociar. Dessa forma, a legislação e a prática *antidumping* dos Estados Unidos passam a ser evidentes focos das negociações do *AAD*.[11]

Como exposto na Seção II, as restrições inseridas no mandato norte-americano (refletidas no RDD) se baseiam, em geral, na alegação de que as decisões decorrentes do Órgão de Solução de Controvérsias ("OSC") da OMC[12] não estariam conferindo deferência suficiente às autoridades *antidumping* norte-americanas. Assim, cumpre verificar até que ponto as decisões do OSC em relação às disputas pré-*TPA* têm restringido a eficácia dos instrumentos *antidumping* por parte dos Estados Unidos

[10] Exemplo de tal oposição pode ser visto em *House Members oppose WTO trade rules renegotiation – antidumping laws defended as essential in free market*. Disponível em: <http://usinfo.state.gov/ei/Archive/2003/Dec/31-634480.html> Uma resolução enviada pelo Congrtesso norte-americano (H. Con. Res. 262) instruindo o USTR a deixar antidumping fora da DRR foi aprovada por 410 votos contra 4. Vide *What really happened at the WTO Qatar Ministerial: U.S. concedes everything and gets... what?, Global trade watch*. Disponível em: <http://www.citizen.org/trade/wto/Qatar/wto_minister/articles.cfm?ID=6531>.

[11] Essa também é a premissa básica do artigo Aluisio de Lima-Campos, "Nineteen proposals to curb abuse in antidumping and countervailing duty proceedings", *Journal of World Trade* 39:2 (no prelo).

[12] O OSC é o órgão que administra as regras e procedimentos da solução de controvérsias no âmbito da OMC. Vide Artigo 2.1 do *DSU*. O OSC tem autoridade para estabelecer Painéis, adotar relatórios de Painéis e do Órgão de Apelação, fazer acompanhamento dos procedimentos relativos à implementação de tais decisões e recomendações e autorizar a suspensão de concessões e outras obrigações dos Acordos da OMC (a chamada "retaliação").

(Seção III). Tal análise permitirá visualizar quais casos o Congresso norte-americano tinha em mente quando outorgou mandato tão restrito ao USTR, bem como verificar se tal fundamento procede, de um ponto de vista sistêmico. Como se verá, a resposta é negativa (Seção IV). Para testar a conclusão obtida na Seção IV, a Seção V tira a "prova dos nove": verifica-se se os Estados Unidos apresentaram qualquer proposta, até o momento, ao Grupo Negociador de Regras da OMC, tendo por objetivo "corrigir" a decisão do Painel ou do Órgão de Apelação que, ao negar "deferência" à interpretação legal das autoridades a dispositivos do *AAD*, tenha restringido a aplicação dos instrumentos *antidunmping* norte-americanos (Seção V). Por fim, a Seção VI conclui o exercício, tecendo considerações finais a respeito da tese deste artigo, bem como breves considerações acerca de suas implicações para as negociações em curso.

Vale ressaltar que o escopo deste artigo é bastante limitado. Como mencionado, trata-se apenas das disputas envolvendo o *AAD*, deixando aquelas envolvendo o *ASCM* e o *Acordo sobre Salvaguardas*, para outra oportunidade. Ainda, não se pretende oferecer considerações abrangentes, ou seja, sobre todos os aspectos da negociação do *AAD*. Por exemplo, este artigo não considera a recente, mas sólida tendência de vários países em desenvolvimento (como Argentina, Brasil, Índia, Coréia do Sul, México, África do Sul e Turquia[13]) de fazerem uso constante e crescente dos instrumentos previstos no *AAD*, por meio da abertura de investigações e imposição de direitos *antidumping*. Com isso, nas negociações, tais países passam a ter que harmonizar seus tradicionais interesses exportadores com os interesses de sua indústria

[13] Desde 1993, esses países abriram o mesmo número de investigações AD que os cinco "tradicionais" usuários (Austrália, China, as Comunidades Européias, Nova Zelândia e os Estados Unidos). Vide Patrick Messerlin, *"Antidumping and safeguards"*, in Jeffrey J. Schott (Ed.), *The WTO After Seattle* 159, 159, 2000.

doméstica (ou seja, a favor de instrumentos de defesa comercial eficientes). O artigo também não considera o fato de que, sendo as negociações no âmbito da OMC um *single undertaking*,[14] eventuais desenvolvimentos nas negociações sobre o *AAD* possam vir a ser preteridos por concessões em outros acordos. Por fim, o artigo não analisa as disputas pós-*TPA* (a saber: *Corrosion-Resistant* (DS244), *Final AD Determination* (DS264), *OCTG* (DS268) e *Softwood Lumber ITC Determination* (DS277)). Fazê-lo seria o mesmo que mirar em um alvo móvel, pois envolveria casos ainda pendentes de análise pelo Órgão de Apelação. Esses casos deverão, então, ser objeto de um trabalho futuro.

II. Os Mandatos Conferidos no Âmbito da RDD e ao *USTR*

1. A Declaração Ministerial de Doha

Um antagonismo prevalecia entre os Membros da OMC: enquanto um número considerável de Membros advogava uma revisão profunda do *AAD*, os Estados Unidos, literalmente isolados, defendiam a completa exclusão de tal tema do mandato das negociações.

Então, em 14.11.2001, foi adotada a Declaração Ministerial de Doha ("DMD"), resultado da Quarta Sessão da Conferência Ministerial da OMC. Na parte referente ao *AAD*, declara a DMD:

[14] *Single undertaking* (ou "pacote único") é a expressão utilizada para refletir o conceito, desenvolvido a partir da Rodada Uruguai, de que os Membros da OMC devem aceitar a OMC como um todo (todos seus acordos). Como se diz no jargão da OMC: "nada está resolvido, até que tudo esteja resolvido". Até a Rodada Tóquio, as partes contratantes podiam escolher de quais acordos seriam signatárias, dando origem à expressão, "*GATT à la carte*".

> "28. In light of the experience and of the increasing application of these instruments by Members, we agree to negotiations aimed at clarifying and improving disciplines under the Agreement on Implementation of Article VI of the GATT 1994 and on Subsidies and Countervailing Measures, while preserving the basic concepts, principles and effectiveness of these Agreements and their instruments and objectives, and taking into account the needs of developing and least-developed participants. In the initial phase of the negotiations, participants will indicate the provisions, including disciplines on trade distorting practices, that they seek to clarify and improve in the subsequent phase.[...]"

Dessa forma, as negociações em torno do *AAD* devem ser direcionadas a "esclarecer e aprimorar" as disciplinas do *AAD* e, ao mesmo tempo, "preservar os conceitos básicos, os princípios e a eficácia desses Acordos e seus instrumentos e objetivos".[15]

2. O Bipartisan Trade Promotion Authority Act of 2002 – A Questão da Deferência às Autoridades Antidumping Investigadoras

Em 6.8.2002, o Congresso norte-americano aprovou o *Bipartisan Trade Promotion Authority Act of 2002* (popularmente chamado de "*fast-track*" – o "*TPA*"), o qual conferiu ao Presidente norte-americano poderes para negociar com os demais Membros

[15] As negociações se encaminham para a segunda fase, já tendo os Membros indicado várias provisões a serem aprimoradas, conforme compilação constante do documento TN/RLW/143, de 22.08.2003. Não obstante, desde então, outras propostas continuam a ser apresentadas ao Grupo Negociador de Regras.

da OMC no âmbito da RDD. Documento extenso e detalhado, o *TPA* é resultado da acomodação dos interesses dos dois partidos politicos dominantes norte-americanos.

Defesa comercial foi, obviamente, um dos vários temas objeto do *TPA*. O teor do *TPA* procura alertar para um problema que nos Estados Unidos se convencionou chamar de "*judicial activism*" (ativismo judicial, em tradução livre).[16] Segundo os termos do *TPA*, haveria uma "recente tendência das decisões" do OSC em restringir a aplicação dos instrumentos *antidumping* norte-americanos[17] e também negar deferência às autoridades norte-americanas na análise dos casos sob sua responsabilidade[18], levantando preocupações no Congresso norte-americano a respeito.[19]

---

[16] De fato, a *Section 2101.(b)(3)* faz expressa crítica ao alegado "ativismo judicial" do OSC, ao dispor que:

> "[s]upport for continued trade expansion requires that dispute settlement procedures under international trade agreements not add to or diminish the rights and obligations provided in such agreements."

Essa disposição do *TPA* faz referência explícita ao Artigo 3.2 do "Entendimento sobre Regras e Procedimentos Regulando Solução de Disputas" ("*DSU*"), o qual determina que "[r]ecommendations and rulings of the DSB cannot add to or diminish the rights and obligations provided in the covered agreements" (ou seja, que "recomendações e decisões do OSC não podem adicionar, tampouco diminuir os direitos e obrigações previstos nos acordos cobertos" — tradução livre).

[17] Section 2101.(b)(3)(A) reza da seguinte forma:

> "(A) the recent pattern of decisions by dispute settlement panels of the WTO and the Appellate Body to impose obligations and restrictions on the use of antidumping, countervailing, and safeguard measures by WTO members under the Antidumping Agreement, the Agreement on Subsidies and Countervailing Measures, and the Agreement on Safeguards has raised concerns; and"

[18] A Section 2101.(b)(3)(B) do *TPA* dispõe o seguinte:

> "the Congress is concerned that dispute settlement panels of

A questão da outorga de deferência às autoridades *antidumping* por parte do OSC é de particular importância. O *AAD* é o *único* acordo da OMC[20] que contém um "padrão de revisão" (*standard of review*) especial. Tal padrão especial, previsto no Artigo 17.6(i) e (ii) do *AAD*, aplica-se tanto à análise dos fatos pelas autoridades investigadoras (se o estabelecimento dos fatos foi realizado de maneira correta, e sua análise de maneira objetiva e não tendenciosa[21]), quanto à interpretação das disposições do *AAD* pelas autoridades investigadoras (a interpretação dada pela autoridade a um dispositivo do *AAD* deve ser mantida pelo Painel ou Órgão de Apelação, se se tratar de uma das interpretações "permitidas"). Como se sabe, a inclusão deste artigo no *AAD* ocorreu no apagar das luzes das negociações da Rodada Uruguai, e foi apresentada como imprescindível pelos Estados Unidos para conclusão do acordo.

> the WTO and the Appellate Body appropriately apply the standard of review contained in Article 17.6 of the Antidumping Agreement, to provide deference to a permissible interpretation by a WTO member of provisions of that agreement, and to the evaluation by a WTO member of the facts where that evaluation is unbiased and objective and the establishment of the facts is proper."

[19] Vide John Greenwald, "WTO dispute settlement: an exercise on trade law legislation?", *6 Journal of International Economic Law* 1, 113-124, 2003, para argumentação enfática procurando justificar as preocupações do Congresso norte-americano.

[20] Vide nota 29 *infra*.

[21] O Artigo 17.6 do AAD dispõe que: "In examining the matter referred to in paragraph 5:

> (i) in its assessment of the facts of the matter, the panel shall determine whether the authorities' establishment of the facts was proper and whether their evaluation of those facts was unbiased and objective. If the establishment of the facts was proper and the evaluation was unbiased and objective, even though the panel might have reached a different conclusion, the evaluation shall not be overturned;

III. As Disputas na OMC sobre Legislação e Medidas Antidumping Norte-Americanas Anteriores à TPA

Embora uma análise pormenorizada de cada caso perante o OSC envolvendo medidas *antidumping* norte-americanas fosse bem-vinda, ela extrapola os limites editoriais oferecidos a este artigo. Assim, nesta seção, optou-se por ressaltar os pedidos (*claims*) mais importantes formulados em cada disputa, notadamente aqueles julgados desfavoravelmente aos Estados Unidos. O *Anexo* a este artigo traz um resumo dessas disputas, com identificação dos pedidos acolhidos e rejeitados, os casos em que houve apelação, (uma avaliação de) seu "resultado líqüido" e a situação atual da disputa.

1. US - DRAMS (DS99)[22]

Aberta a pedido da Coréia do Sul (6.11.1997), esta disputa teve por objetivo analisar a consistência de determinados aspectos da decisão norte-americana de impor direitos *antidumping* sobre as exportações coreanas de determinados semicondutores (*Dynamic Random Access Memory Semiconductors (DRAMS) of One Megabit or Above*). O resultado foi amplamente a favor dos Estados Unidos. O Painel da

(ii) the panel shall interpret the relevant provisions of the Agreement in accordance with customary rules of interpretation of public international law. Where the panel finds that a relevant provision of the Agreement admits of more than one permissible interpretation, the panel shall find the authorities' measure to be in conformity with the Agreement if it rests upon one of those permissible interpretations."

[22] O uso da nomenclatura original em inglês dos casos citados é proposital e tem por função manter consistência com os "apelidos" (*short titles*) adotados pela Secretaria da OMC.

OMC rejeitou grande parte dos pedidos formulados pela Coréia do Sul, tendo, no entanto, acolhido um deles.[23]

De fato, o Painel considerou que o teste "*not likely*", previsto na *Section 353.25(a)(2)(ii)*, seria inconsistente "como tal" com o Artigo 11.2 do *AAD*. Tal disposição estabelece um dos requisitos para que o *Department of Commerce* (DOC)[24] revogue a imposição de direitos *antidumping*, ou seja, caso "não seja provável que aquelas pessoas [um ou mais produtores ou revendedores cobertos pelo decreto], no futuro, venham a vender a mercadoria a um valor menor do que o valor de mercado no exterior". O Painel argumentou que a manutenção dos direitos *antidumping* deve ser verificada com base em elementos de prova "positiva" (*positive evidence*) e "deve ser demonstrável com base nas provas aduzidas ("*must be demonstrable on the basis of the evidence adduced*"). Assim, segundo o Painel, a imposição dos direitos *antidumping* violou o Artigo 11 do *AAD*, pois o DOC utilizou o teste "*not likely*" no caso das empresas coreanas.[25]

O Painel *rejeitou* os seguintes pedidos aduzidos pela Coréia do Sul: (i) que quando a prática de *dumping* se encerra, direitos *antidumping* devem ser revogados *incontinenti*[26] (segundo a Coréia, as normas do DOC relativas à revogação de di-

---

[23] Panel Report, *United States – anti-dumping duty on Dynamic Random Access Memory Semiconductors (DRAMS) of one megabit or above from Korea*, WT/DS99/R, adopted 19 March 1999, DSR 1999:II, 521 ("*US – DRAMS*").

[24] As investigações *antidumping* nos Estados Unidos são conduzidas por dois órgãos: o *Departament of Commerce* (DOC) analisa a existência de prática de *dumping*, enquanto o *International Trade Commission* (ITC) analisa a existência de dano à indústria doméstica e de nexo de causalidade entre a prática de *dumping* e o dano.

[25] *US – DRAMS*, §§ 6.54-55.

[26] *US – DRAMS*, § 6.30.

[27] CFR Part 19, Section 353.25(a)(2): "The Secretary [of Commerce] may revoke an order in part if the Secretary concludes that:

reitos *antidumping*[27] – notadamente o procedimento "revogação dos três zeros"[28] (*the "three zeros revocation" procedure*) — seriam inconsistentes com o Artigo 11 do *AAD*); (ii) que a definição do produto investigado pelo DOC seria equivocada (a decisão relativa ao produto não foi objeto de qualquer revisão posterior à entrada em vigor do *Acordo da OMC*[29] e, desta forma, encontrava-se além do alcance das disposições do *AAD*[30]); (iii) que os

---

(i) One or more producers or resellers covered by the order have sold the merchandise at not less than foreign market value for a period of at least three consecutive years;

(ii) It is not likely that those persons will in the future sell the merchandise at less than foreign market value; and

(iii) For producers or resellers that the Secretary previously has determined to have sold the merchandise at less than foreign market value, the producers or resellers agree in writing to their immediate reinstatement in the order, as long as any producer or reseller is subject to the order, if the Secretary concludes under §353.22(f) that the producer or reseller, subsequent to the revocation, sold the merchandise at less than foreign market value."

[28] O DOC requer obtenção de margem zero ou *de minimis* em três revisões administrativas seguidas para revogação dos direitos *antidumping*.

[29] O *Acordo de Marraqueche estabelecendo a Organização Mundial do Comércio* (o "*Acordo da OMC*") foi assinado em 15.04.1994 pelas então partes contratantes do *GATT* (agora, Membros da OMC). O *AAD* é parte integrante do Acordo *da OMC*, ao qual foi anexado, juntamente com os demais acordos sobre bens (Anexo 1A), serviços (Anexo 1B), propriedade intellectual (Anexo 1C), resolução de controvérsias (Anexo 2), mecanismo de revisão de políticas comerciais (Anexo 3) e acordos plurilaterais (Anexo 4).

[30] *US – DRAMS*, §§ 6.14-17. O Artigo do *AAD* estabelece que o *AAD* se aplica somente a "petições que tenham sido apresentada no dia ou após a data de entrada em vigor do Acordo da OMC para o respectivo Membro" ("applications which have been made on or after the date of entry into force for a Member of the WTO Agreement"). Neste caso, A investigação *antidumping* original data de 1993, tendo se seguido de três revisões administrativas.

Estados Unidos não teriam implementado disposições prevendo a possibilidade de abertura de revisões de dano após três anos da constatação de que a prática de *dumping* se encerrou (o Painel entendeu que a possibilidade de abertura de revisões *ex officio* já existia na legislação[31] e na prática norte-americana (como fez o DOC neste caso[32]); (iv) que específicos dados de custo fornecidos pelas empresas investigadas deveriam ter sido considerados na análise de dano, especialmente em razão do Artigo 17.6 (segundo o Painel, a Coréia não rebateu as ressalvas feitas pelo DOC em relação a tais dados de custo específicos); (v) que o DOC teria aceito dados do peticionário, sem os ter verificado (o Painel entendeu que o DOC estabeleceu os fatos de maneira correta[33]); (vi) que o padrão *de minimis* previsto no Artigo 5.8 do *AAD* se aplica aos procedimentos de apuração de direitos *antidumping* do Artigo 9.3. Além disso, o Painel resolveu não analisar o pedido coreano contra o chamado "*certification requirement*"[34], por entender que partes interessadas têm outros meios para requerer a revogação de direitos *antidumping* na legislação *antidumping* norte-americana.

Nenhuma das partes apelou da decisão ao Órgão de Apelação. Subsequentemente, os Estados Unidos alteraram a regra da "revogação dos três zeros", tendo substituído o teste "*not likely*" por um teste de "necessidade". A Coréia invocou um Painel para verificar a consistência dessas alterações com a decisão anterior de outro Painel (arbitragem do Artigo 21.5 do *ESC*), mas, em 20.10.2000, as partes comunicaram ao OSC terem chegado a uma solução mutuamente satisfatória.

---

[31] Section 751(b) do *Tariff Act of 1930* e Section 207.45(c) das normas da ITC.

[32] *US – DRAMS*, §§ 6.59-60.

[33] *US – DRAMS*, §§ 6.79-80.

[34] Section 353.25(a)(2)(iii).

2. *US – 1916 Act (DS162)*

No final de 1998, as Comunidades Européias e o Japão solicitaram a abertura de disputas tendo por objeto o *Antidumping Act of 1916* (a "*Lei de 1916*"), o qual confere a entes privados o direito de acionar judicialmente empresas que tenham praticado *dumping*, requerendo sua condenação no pagamento de danos triplicados (*treble damages*), ou mesmo a aplicação de penalidades criminais (em ações ajuizadas pelo *Department of Justice*).

As Comunidades Européias e o Japão alegaram que a *Lei de 1916* violava o *Acordo da OMC* "como tal". O Painel[35] concluiu pela violação das seguintes disposições do *Acordo da OMC*: (i) Artigo VI:1 do *GATT 1994*: embora preveja um teste de "intenção" (*intent*) de causar dano à indústria doméstica, não haveria qualquer garantia de que uma análise de "dano material ou ameaça de dano à indústria doméstica" ("*actual injury or threat thereof to the domestic industry*") seria realizada, como requerido pelo *AAD*; (ii) Artigo 4 do *AAD*: porque a *Lei de 1916* não estipula que uma ação seja requerida "em nome de uma indústria doméstica"; (iii) Artigo 5 do *AAD*: porque a *Lei de 1916* não especifica a obrigação de se notificar os países investigados antes de a ação ser iniciada; (iv) Artigo VI:2 do *GATT 1994*: porque direitos *antidumping* são as únicas medidas que um Membro da OMC pode aplicar para neutralizar a prática de *dumping* (com isso, exclui-se a imposição de multas, pena de prisão, ou o pagamento de danos triplicados); (v) Artigo 18.1 do *AAD*: que requer que os Membros da OMC somente tomem ações específicas contra a prática de *dumping* de acordo com as disposições do *GATT*, como interpretado pelo *AAD*.

[35] Panel Report, *United States – Anti-Dumping Act of 1916 – complaint by the European Communities*, WT/DS136/R and Corr.1, adopted 26 September 2000, as upheld by the Appellate Body Report, WT/DS136/AB/R, WT/DS162/AB/R, DSR 2000:X, 4593 ("*US – 1916 Act*").

O Órgão de Apelação confirmou todas as decisões do Painel.[36]

Embora já tenha o OSC estendido o prazo para que os Estados Unidos implemente sua decisão (provavelmente por meio da revogação da *Lei de 1916*), os Estados Unidos ainda não o fizeram.[37]

3. US – Stainless Steel (DS179)

A Coréia trouxe outra disputa envolvendo medidas *antidumping* contra suas exportações de produtos de aço inoxidável destinadas aos Estados Unidos. Como se verá, o resultado foi equilibrado. O Painel manteve intacta a legislação norte-americana, tendo, no entanto, acolhido pedidos formulados pela Coréia relativos à prática *antidumping* norte-americana.[38] Mas, parece que ambas as partes se contentaram com o resultado final, pois nenhuma delas apelou da decisão para o Órgão de Apelação. Tendo em vista o número de pedidos aceitos pelo Painel, cumpre examiná-los.

Com base no Artigo 2.4.1 do *AAD* (conversão apenas onde "necessário" — "*required*"), a Coréia questionou as técnicas de conversão monetária utilizadas pelo DOC no exame de uma das empresas coreanas investigadas, em duas investigações *antidumping* (uma sobre chapas de aço inoxidável em bobina

[36] Appellate Body Report, *United States – Anti-Dumping Act of 1916*, WT/DS136/AB/R, WT/DS162/AB/R, adopted 26 September 2000, DSR 2000:X, 4793.

[37] Award of the Arbitrator, *United States – Anti-Dumping Act of 1916 – Arbitration under Article 21.3(c) of the DSU*, WT/DS136/11, WT/DS162/14, 28 February 2001, DSR 2001:V, 2259.

[38] Panel Report, *United States – Anti-dumping measures on stainless steel plate in coils and stainless steel sheet and strip from Korea*, WT/DS179/R, adopted 1 February 2001, DSR 2001:IV, 1295 ("*US – Stainless Steel*").

(*stainless steel plate in coils*) ("Investigação *Plate*") e a outra sobre chapas e tiras de aço inoxidável (*stainless steel sheet and strip*) ("Investigação *Sheet*"). A Coréia alegou que o DOC havia feito duas conversões do valor normal (convertido os preços domésticos de uma empresa de *won* para dólares norte-americanos e depois de volta para o *won*, com taxas diferentes). O Painel rejeitou esse pedido em relação à Investigação *Plate*, mas o acolheu em relação à Investigação *Sheet*.

Outro pedido coreano se refere ao fato de o DOC ter realizado ajustes indevidos ao preço de exportação de uma das empresas investigadas. Tais ajustes seriam devidos, pois o DOC, com base no Artigo 2.3, resolveu utilizar-se da prerrogativa de construir os preços de exportação da empresa coreana investigada, por exportar seus produtos por meio de uma empresa "afiliada". Com base no Artigo 2.4 ("comparação justa"), o Painel rejeitou a prática do DOC de classificar determinados "maus pagamentos" (*bad payments*) (inadimplemento de obrigações decorrentes da falência de um cliente da empresa coreana investigada) como "despesas comerciais diretas" (*direct selling expenses*).[39] O Painel também acolheu o pedido coreano com relação às vendas realizadas pela empresa coreana a partes não-afiliadas (para as quais o Artigo 2.3 não se aplica). Segundo o Painel, "ajustes" de "maus pagamentos" não se inserem no conceito de "ajustes devidos" ("*due allowances*") mencionados no Artigo 2.4.[40]

[39] O efeito dessa classificação seria de elevar os custos de produção da empresa coreana. Com isso, um número maior de vendas a terceiros países (substituto do preço de exportação no cálculo de *dumping* neste caso) passaria a estar abaixo do custo de produção, podendo, assim, ser descartadas pelo DOC para efeito do cálculo de *dumping*. Obviamente, o efeito final dessa operação foi elevar a possibilidade de determinar a existência de *dumping*.

[40] Segundo Painel, o Artigo 2.4 se refere a *condições* normais de venda, e não a situações de *inadimplemento* (*breach*) de contrato. Vide *US – Stainless Steel*, § 6.75.

O Painel passou então a analisar os pedidos da Coréia em relação à técnica de "médias múltiplas" (*multiple averages*), com relação aos Artigos 2.4.1. e 2.4.2. O Painel entendeu que o uso de tal técnica não seria inconsistente "como tal" com o Artigo 2.4.2, mas sim sua prática neste caso. Tal prática se perfez na subdivisão do período de investigação de *dumping* em dois sub-períodos. Foi calculada uma média ponderada total da margem de *dumping* de cada período, tendo então o DOC calculado uma margem de *dumping* única, a partir de sua média. Todavia, nesta operação, o DOC considerou eventuais margens "negativas" de *dumping* como "zero", aumentando a probabilidade de se determinar a existência de *dumping*. Para o Painel, o DOC deveria ter conduzido uma análise comparativa entre as mudanças de preços e volumes de venda tanto no mercado doméstico, quanto no mercado de exportação.[41] O Painel rejeitou os pedidos com relação ao Artigo 2.4.1.

Nenhuma das partes apelou da decisão.

Os direitos *antidumping* ainda continuam em vigor,[42] embora tenham as partes acordado sobre um período de tempo razoável para os Estados Unidos implementarem a decisão do OSC.[43]

4. US - Hot-Rolled Steel (DS184)

Aberta a pedido do Japão, esta disputa abordou importantes elementos da legislação e da prática *antidumping* norte-americana. O resultado foi relativamente equilibrado, com leve

[41] *US – Stainless Steel*, §§ 6.120-125.

[42] Vide disponível em http://<<www.usitc.gov>>. *Antidumping and countervailing duties orders in Place as of April 7, 2003, by Country.* Vides casos A-791 e A-801 na coluna *ITC*.

[43] Communication WT/DS179/5, circulated on May 1st, 2001 to the DSB.

tendência favorável aos Estados Unidos. Pela importância do caso, é apropriado realizar uma análise mais pormenorizada.

No tocante à *legislação* norte-americana, o Painel[44] entendeu que a disposição norte-americana regulamentando o cálculo da margem de *dumping* no caso de o número de empresas investigadas ser muito elevado[45] era inconsistente, "como tal", com o Artigo 9.4 do *AAD*, pois excluiu do cálculo somente as margens individuais que estavam baseadas "inteiramente" na "melhor informação disponível" (ou *facts available*,[46] na legislação norte-americana). Segundo o Painel, margens individuais baseadas "parcialmente" em "melhor informação disponível" também podem ser desconsideradas.

No tocante à *prática* norte-americana, o Painel entendeu que o DOC violou o Artigo 6.8 que regulamenta as situações em que uma autoridade investigadora pode se utilizar da "melhor informação disponível" (parte nega acesso ou não provê informação necessária dentro de um prazo razoável).[47] O Painel ainda

[44] Panel Report, *United States – Anti-dumping measures on certain hot-rolled steel products from Japan*, WT/DS184/R, adopted 23 August 2001 as modified by the Appellate Body Report, WT/DS184/AB/R, DSR 2001:X, 4769 ("*US - Hot-Rolled Steel*").

[45] Section 735(c)(5) do *Tariff Act of* 1930. Essa é a lei básica *antidumping* norte-americana.

[46] Nos EUA, os *facts availabl*e são, em geral, informações submetidas pelos peticionários.

[47] O Japão fez dois pedidos em relação a esse Artigo. O primeiro se refere à recusa do DOC em aceitar determinadas informações (fatores de conversão) alguns dias antes da verificação *in loco* nas empresas investigadas. *US – Hot-Rolled Steel*, § 7.59. No outro caso, o DOC utilizou "melhor informação disponível" pois a empresa investigada não apresentou informações relativas ao preço de venda e aos custos de produção de suas revendedoras nos Estados Unidos. O Painel entendeu que tal impossibilidade se justificaria pois tais revendedoras teriam interesses conflitantes com os da empresa investigada. *US – Hot-Rolled Steel*, §§ 7.72-73.

entendeu que a aplicação pelo DOC do chamado teste "*arms'length*" (ou o "teste 99,5%"), utilizado para verificar as vendas realizadas no curso normal de comércio (*in the ordinary course of trade*),[48] não seria uma interpretação permissível do Artigo 2.1 do *AAD*, pois teria o efeito de aumentar a probabilidade de existência de *dumping*. O Órgão de Apelação manteve a decisão do Painel nesse sentido.[49] Ainda, o Órgão de Apelação reverteu a interpretação do Painel no tocante ao Artigo 3.5, exigindo das autoridades aplicadoras de *antidumping* que separem, distingüam e avaliem os efeitos de outros fatores causadores de dano à indústria doméstica. Mas, por falta de provas nos autos, não prosseguiu na análise no sentido de se a ITC havia atendido, ou não, esses requisitos.

Não obstante, tanto o Painel quanto o Órgão de Apelação afastaram diversos pedidos formulados pelo Japão. Por exemplo, com base no padrão de revisão (*standard of review*) especial, o Painel rejeitou informações e provas apresentadas pelo Japão, que não haviam sido apresentadas no curso da investigação. Nesse sentido, o Painel afastou a idéia de se realizar uma nova (*de novo*) revisão da investigação conduzida pelo DOC e ITC. O Painel rejeitou o pedido de que a norma regulando a aplicação retroativa de direitos *antidumping*[50] seria, "como tal", inconsistente com o Artigo 10 do *AAD*, por entender que sua aplicação a este caso foi feita de maneira objetiva e não-tendenciosa. Rejeitou o pedido de que a norma regulando o efeito de vendas de produção cativa na análise do dano à indústria doméstica seria inconsistente com o Artigo 3.1 e

[48] Vendas realizadas fora do curso normal de comércio podem ser descartadas do cálculo do valor normal, segundo o Artigo 2.1 do *AAD*.

[49] Appellate Body Report, *United States – Anti-Dumping Measures on Certain Hot-Rolled Steel Products from Japan*, WT/DS184/AB/R, adopted 23 August 2001, DSR 2001:X, 4697.

[50] A Section 733(e)(1) do *Tariff Act of 1930* estabelece a regra chamada "*critical circumstances*".

3.4 do *AAD* (embora sua prática, neste caso, tenha sido considerada uma violação de tais artigos pelo Órgão de Apelação). O Painel ainda rejeitou o pedido do Japão de que os Estados Unidos teriam violado o Artigo X:3(a) do *GATT 1994*, por não administrar as medidas *antidumping* de maneira "uniforme, imparcial e razoável". Por fim, o Órgão de Apelação reverteu a decisão do Painel de que a prática do DOC de substituir as vendas excluídas a afiliadas por vendas de tais afiliadas a clientes a jusante seria inconsistente com o Artigo 2.1 do *AAD*.[51]

Em 22.11.2002, o DOC expediu nova determinaçao final de *dumping*, levando em consideração, como forma de implementação, a decisão do Painel, modificada pelo Órgão de Apelação. Os Estados Unidos comunicaram estar tomando providências junto ao Congresso norte-americano visando a alteração da legislação norte-americana tida como inconsistente com o *AAD*.[52]

5. US – STEEL PLATE (DS206)

Aberto a pedido da Índia, o Painel[53] rejeitou o pedido de que a legislação norte-americana referente à aplicação da "melhor informação disponível"[54] seria inconsistente com o Artigo 6.8

[51] Vide *US – Hot-Rolled Steel*, § 7.118.

[52] Communication from the Permanent Mission of the United States to the Chairman of the Dispute Settlement Body, WT/DS184/15/Add.7, April 4th, 2003. Para detalhes acerca da determinação do DOC, vide WT/DS184/15/Add.3.

[53] Panel Report, *United States – Anti-Dumping and Countervailing Measures on Steel Plate from India*, WT/DS206/R and Corr.1, adopted 29 July 2002 ("*US - Steel Plate*").

[54] *Sections 776(a)*, *782(d)* e *782(e)* do *Tariff Act of 1930*. *US – Steel Plate*, § 7.100.

e Anexo II.3 do *AAD*. Não obstante, considerou que sua prática, neste caso, violava o Parágrafo 3 do Anexo II. Os Estados Unidos rejeitaram o uso de *toda* informação fornecida pela empresa investigada, embora apenas *alguma* informação não tenha atendido os requisitos do mencionado artigo.[55] O Painel ainda rejeitou o pedido indiano de que fosse dada "atenção especial" à Índia, por se tratar de um país em desenvolvimento (Artigo 15, *AAD*). Nenhuma das partes apelou da decisão.

6. US – SECTION 129(c)(1) URAA (DS221)[56]

Esta disputa se refere ao sistema de determinação de direitos *antiduping* utilizado pelos Estados Unidos em investigações *antidumping* e de medidas compensatórias. A *Section 129* do *Uruguay Round Agreements Act* regulamenta a forma pela qual o DOC e a ITC adequariam suas ações às decisões do sistema de solução de controvérsias da OMC. A *Section 129(c)(1)* se aplica aos casos de mercadorias investigadas não liqüidadas (ou seja, para as quais não tenham sido estabelecidos direitos *antidumping* definitivos). O Painel rejeitou todos os muitos pedidos formulados pelo Canadá com base no *GATT 1994*, o *AAD* e o *ASCM* (a violação decorreria do fato de tal norma se limitar aos casos de mercadorias não liqüidadas).[57] Nenhuma das partes apelou da decisão.

[55] Segundo o Parágrafo 3 do Anexo II, para que uma informação fornecida por uma parte interessada seja aceita pela autoridade investigadora, ela deve ser verificável, capaz de ser usa sem dificuldades indevidas, submetida apropriadamente e dentro do prazo e, quando couber, submetida em formato eletrônico.

[56] O Canadá requereu o estabelecimento de um Painel em 12.07.2001, ou seja, antes de o Congresso norte-americano aprovar a *TPA* (06.08.2002). Embora o relatório do Painel tenha somente sido circulado aos Membros da OMC em 30.08.2002, é possível que o Congresso norte-americano tenha levado este caso em consideração enquanto deliberando sobre a *TPA*.

[57] Panel Report, *United States – Section 129(c)(1) of the Uruguay Round*

7. US – Offset Act (Byrd Amendment)[58] *(DS217-234)*

Trazida por Austrália, Brasil, Chile, as Comunidades Européias, Índia, Indonésia, Japão, Coréia, Tailândia, Canadá e México, esta disputa teve por objeto a norma norte-americana[59] que autoriza a distribuição à indústria doméstica das receitas auferidas por meio do pagamento de direitos *antidumping* (ou medidas compensatórias). O Órgão de Apelação[60] confirmou a decisão do Painel[61] que considerou tais pagamentos inconsistentes com o *AAD*, mas com base em outra justificativa legal. Segundo o Órgão de Apelação, os pagamentos realizados com base na chamada Emenda *Byrd* constituem "ação específica" contra a prática de *dumping*, devendo, portanto, se conformar com as disposições do Artigo 18.1 do *AAD*. Nesse sentido, "o Artigo VI e, em particular, o Artigo VI:2 [do *GATT 1994*], lidos em conjunto com o *AAD*, limita as respostas permissíveis ao *dumping* a direitos *antidumping* definitivos, di-

---

Agreements Act, WT/DS221/R, adopted 30 August 2002 ("*US – 129(c)(1) URAA*").

[58] Embora o relatório do Painel tenha sido divulgado pelo OSC (16.09.2002) apenas após a entrada em vigor da *TPA* (06.08.2002), seu resultado já era de conhecimento das partes envolvidas, incluindo os Estados Unidos, antes de tal data (a circulação do documento somente é realizada após a tradução dos relatórios para as outras duas línguas oficiais da OMC). Assim, é razoável supor ter o teor de tal relatório sido levado em conta nos debates acerca da *TPA*.

[59] Trata-se do *Title VII* (*Section 754*) do *Tariff Act of 1930*, denominado *Continued dumping and subsidy offset act.*

[60] Appellate Body Report, *United States – Continued Dumping and Subsidy Offset Act of 2000*, WT/DS217/AB/R, WT/DS234/AB/R, adopted 27 January 2003 ("*US – Offset Act (Byrd Amendment)*").

[61] Panel Report, *United States – Continued Dumping and Subsidy Offset Act of 2000*, WT/DS217/R, WT/DS234/R, adopted 27 January 2003, as modified by the Appellate Body Report, WT/DS217/AB/R, WT/DS234/AB/R.

reitos *antidumping* provisórios e acordos de preço". Como os pagamentos com base na Emenda *Byrd* não correspondem a qualquer dessas hipóteses, o Órgão de Apelação concluiu serem inconsistentes com o *GATT 1994*, conforme interpretado pelo *AAD*, e com o Artigo 18.1 do *AAD*.

Os Estados Unidos não só não revogaram a Emenda *Byrd*, como continuam a distribuir as receitas provenientes do recolhimento de direitos *antidumping* a indústrias domésticas norte-americanas, ano a ano.

IV. As Disputas – Análise

1. A Metodologia Empregada

Esta Seção examina se o conjunto das decisões envolvendo a legislação e as medidas *antidumping* norte-americanas pré-*TPA* autoriza a conclusão disposta na *TPA* de que existe uma conduta dos Paineis e Órgão de Apelação tendente a restringir a aplicação dos instrumentos *antidumping* norte-americanos.

Essa análise se divide, primeiramente, em um exame *quantitativo* dos pedidos acolhidos e rejeitados pelos Paineis e Órgão de Apelação nas disputas pré-*TPA*, de forma a excluir do restante da análise os casos em que os Estados Unidos claramente se lograram "vencedores".

Para se evitar uma análise meramente quantitativa de pedidos acolhidos ou rejeitados, realizou-se também um exame *qualitativo* dos pedidos acolhidos. De fato, alguns pedidos acolhidos envolvem aspectos importantes da política comercial dos Estados Unidos, com maior potencial de prejudicar a aplicação dos instrumentos *antidumping* norte-americanos (preocupação explícita do *TPA*). O primeiro indicador de tal importância escolhido será o fato de os Estados Unidos terem apelado, ou não, da decisão do Painel ao Órgão de Apelação. A ausência de apelação sobre um determinado pedido acolhido indica que o Membro entende não haver argumentos suficientes para modificar a decisão em grau de apelação.[62] Se esse for o caso, então fica eliminada a alegação de que haveria outra "interpretação permissível" do artigo do *AAD* sob disputa. A outra possibilidade é uma questão de custo-benefício, a "perda" decorrente da decisão não é grave o suficiente para justificar os custos da apelação. Nesse último caso, resta claro não se estar diante de uma situação em que a decisão do Painel teria causado "restrição" aos instrumentos *antidumping* norte-americanos.

É importante ressaltar a importância sistêmica das apelações ao Órgão de Apelação no âmbito do *Acordo da OMC*. Antes da Rodada Uruguai, o sistema de solução de controvérsias não continha um órgão incumbido de rever as decisões dos Paineis. Com isso, surgiram reclamações de que as interpretações legais realizadas pelos diferentes Paineis (escolhidos *ad hoc*) seriam inconsistentes entre si. Os Membros então resolveram criar o Órgão de Apelação, uma espécie de tribunal de apelação, com jurisdição para rever as "questões legais cobertas pelo relatório do Painel e as interpretaçõs legais desenvolvidas pelo Painel" (Artigo 17.6, *DSU*).

Sendo a função do Órgão de Apelação rever as "questões legais" e as "interpretações legais", parece evidente que caso um Membro não esteja satisfeito com a interpretação dada por um Painel a um determinado dispositivo legal, deverá apresentar uma apelação a respeito. Tendo o Artigo 17.6 do *AAD* expressamente mencionado a possibilidade de se haver mais de uma "interpretação permissível" dos dispositivos legais do *AAD*, o uso de apelações para se determinar a existência (e, portanto, a consis-

[62] No caso de países em desenvolvimento e menos desenvolvidos isso poderia ocorrer por falta de recursos financeiros, mas essa hipótese está descartada, em se tratando dos Estados Unidos.

tência com o *AAD*) de uma outra "interpretação permissível" além daquela utilizada pelo Painel, ganha ainda maior importância no âmbito do *AAD*.

Uma vez identificados os casos em que houve apelação, então verificar-se-á a natureza do pedido acolhido. Verificar-se-á se se trata de um pedido contra a "legislação" ou contra a "prática" norte-americana. Obviamente, pedidos referentes à "legislação" tendem a ter um maior efeito sistêmico, já que poderão culminar com a alteração (ou mesmo revogação) da legislação atacada. Teoricamente, pedidos relacionados à "prática" podem também vir a ter esse efeito, mas somente mediante a abertura de disputas análogas na OMC, por impulso de empresas que sofreram prejuízo decorrente da mesma "prática" em outras investigações.

Verificar-se-á ainda se se trata de um ataque à legislação básica *antidumping* norte-americana ou a leis ancilares a tal legislação e, se tal for o caso, seu efeito em relação à aplicação dos instrumentos *antidumping* norte-americanos. Em se tratando de "prática", verificar-se-á que tipo de análise fez o Painel, ou seja, se condizente com o padrão de revisão (*standard of review*) especial (estabelecimento correto dos fatos e sua avaliação objetiva e não-tendenciosa). Procurar-se-á também identificar os casos em que um, o Painel ou o Órgão de Apelação, tenha de fato extrapolado os limites de sua competência. A conclusão tratará desses casos específicos de extrapolação.

Embora possa-se discordar da metodologia acima apresentada, optou-se pela adoção de uma avaliação compartimentalizada, do que uma análise meramente subjetiva.

2. *Vitórias Totais dos Estados Unidos*

A disputa *US - Section 129(c)(1)URAA* não teve qualquer pedido acolhido pelo Painel, estando, portanto, eliminada da análise subsequente.

3. Vitórias Substanciais dos Estados Unidos

Apenas um pedido foi acolhido pelo Painel nas disputas *US - DRAMS* e *US - Steel Plate*. Todavia, os Estados Unidos não apelaram ao Órgão de Apelação em qualquer desses casos.

4. Disputas com Resultados Equilibrados

Os Estados Unidos obtiveram resultados equilibrados nas disputas *US – Stainless Steel* e *US – Hot-Rolled Steel*. Não houve apelação no primeiro caso, mas sim no segundo. Talvez uma explicação para a ausência de apelação na disputa *US - Stainless Steel* seja o fato de o Painel ter rejeitado todos os pedidos relacionados a dispositivos da legislação norte-americana; de fato, o Painel somente acolheu pedidos relacionados à "prática" dos Estados Unidos. Aliás, essa parece ser uma tendência: os Estados Unidos somente apelam em casos envolvendo modificação legislativa. Talvez por saberem ser mais fácil implementar recomendações do OSC que não envolvam alteração de dispositivos legais (basta recalcular a margem de *dumping*, como feito no caso *US – Hot-Rolled Steel*). A adoção dessa estratégia é sintomática e corrobora a tese deste artigo.[63]

A análise deve então prosseguir no tocante ao caso *Hot-Rolled Steel*, onde houve interposição de apelação pelos Estados Unidos. O exame a seguir não englobará os pedidos acolhidos pelo Painel que, em grau de apelação, tenham sido revertidos pelo Órgão de Apelação (como o uso de vendas a empresas a jusante

[63] Vide James P. Durling, "Deference, but only when due: WTO review of anti-dumping measures", 6 *Journal of International Economic Law*, 1, p. 131, também dando importância à ausência de apelação em determinados casos. Esse artigo faz análise semelhante à empregada neste artigo.

no cálculo da margem de *dumping*, e a incorporação da produção cativa na análise do dano pela ITC).

Em sua decisão, o Órgão de Apelação frisou a importância do padrão de revisão (*standard of review*) especial previsto no Artigo 17.6 do *AAD*. Todavia, em suma, entendeu que tal dispositivo somente acrescenta uma obrigação para um Painel: caso a decisão se baseie em uma interpretação permissível da norma em disputa, deve julgar a favor do país demandado.[64]

O *primeiro pedido apelado* examinado pelo Órgão de Apelação se refere ao uso da regra da "melhor informação disponível" contra empresas investigadas, por não terem entregue fatores de conversão após o decurso do prazo assinalado pelo DOC. O Órgão de Apelação confirmou o acolhimento do pedido pelo Painel, mas sob outros argumentos.

Para o Órgão de Apelação, o Artigo 6.8 – interpretado em conjunto com o Artigo 6.1.1 e Anexo 2 do *AAD* –, estabelece as situações em que uma autoridade *antidumping* poderá desconsiderar informações apresentadas por partes interessadas. Ainda, a adoção do termo "razoável" (*reasonable period of time*) no Artigo 6.8 indicaria que os prazos adotados pelas autoridades não devem ser imutáveis ou inflexíveis. Assim, tal artigo estabeleceria um equilíbrio entre o interesse da parte interessada em ver suas informações utilizadas na investigação e o interesse das autoridades em poderem fixar prazos para se concluir a investigação dentro de 18 meses (prazo máximo segundo o *AAD*). Assim, para o Órgão de Apelação, alguns fatores devem ser considerados pelas autoridades investigadoras ao analisar o uso da regra da "melhor informação disponível": (i) a natureza e quantidade da informação, (ii) as dificuldades encontradas pelo exportador para obter a informação, (iii) se a informação é verificável e de fácil utilização na investigação, (iv) se outras partes interessadas serão prejudicadas pelo uso da informação, (v) se a aceitação da

[64] *US – Hot-Rolled Steel*, § 62.

informação prejudicaria a boa condução da investigação pelas autoridades e (vi) o número de dias de atraso na entrega informação pelas partes interessadas.[65] Como *a única razão* para o DOC se valer da regra da "melhor informação" foi o número de dias de atraso na entrega dos fatores de conversão, o Órgão de Apelação houve por bem entender que o DOC atuou de maneira inconsiste com o Artigo 6.8 do *AAD*.

Ora, essa decisão do Órgão de Apelação não afeta a aplicação dos instrumentos *antidumping* norte-americanos. Para que sua decisão de rejeitar os fatores de conversão fosse consistente com o Artigo 6.8, à luz do entendimento do Órgão de Apelação, bastaria ao DOC especificar outras razões justificando tal recusa, dentre aquelas enumeradas pelo Órgão de Apelação. Qualquer autoridade preocupada com os princípios básicos de devido processo legal e (o que, entre nós, seria) o princípio da motivação dos atos administrativos faria isso.

O *segundo pedido apelado* ao Órgão de Apelação envolveu novamente a utilização da regra da "melhor informação disponível", pois uma empresa investigada não apresentou informações relativas ao preço de venda e aos custos de produção de suas revendedoras nos Estados Unidos.[66] O Órgão de Apelação entendeu que a questão se circunscrevia à interpretação do termo "cooperar" no parágrafo 7 do Anexo II do *AAD*.[67] Para o Órgão de Apelação, embora o parágrafo 7 do Anexo II preveja que a parte deva se empenhar com elevado grau de cooperação no fornecimento de informações à autoridade investigadora,[68] tal empe-

[65] *US – Hot-Rolled Steel*, § 85.

[66] Vide nota 47 *supra*.

[67] Esse parágrafo estabelece a faculdade da autoridade investigadora em aplicar resultados menos favoráveis a uma parte que não tenha cooperado com a investigação, por não fornecer determinadas informações.

[68] *US – Hot-Rolled Steel*, § 100.

nho não deve ser absoluto. Tal esforço deve ser sopesado com a real possibilidade de se conseguir a informação pleiteada.[69] Assim, também como corolário do princípio geral de direito internacional público da boa-fé, as autoridades devem tomar devida atenção às dificuldades enfrentadas pelas partes interessadas na obtenção da informação requerida.[70] Caso contrário, não poderão considerar a parte interessada como não-cooperadora.

Com isso em mente, o Órgão de Apelação reviu o conjunto probatório e concluiu que a empresa investigada havia realizado tentativas concretas para tentar obter a informação desejada de suas revendedoras, que se recusaram a dar tal tipo de informação (custos de produção).[71] O Órgão de Apelação ainda notou a falta de consideração do DOC em relação a tais dificuldades, mesmo tendo sido notificado a respeito pela empresa investigada.[72] Dessa forma, entendeu o Órgão de Apelação que o DOC não poderia classificar a empresa investigada como não-cooperadora, não sendo sua interpretação desse termo "permissível".[73]

Parece-nos que essa situação envolve mais uma questão de abuso de discricionariedade conferida às autoridades norte-americanas, do que uma questão de restrição dos instrumentos *antidumping* norte-americanos. Para as autoridades norte-americanas, a empresa investigada (KSC) deveria ter feito uso de suas prerrogativas de sócia de sua revendedora (a empresa California Steel Industries Inc.), de quem detinha 50% de seu capital. Ou mesmo, fazer se valer de determinados poderes conferidos pelo Acordo de Acionistas assinado com sua sócia, a Companhia Vale do Rio Doce ("CVRD"), que detinha os 50% restantes do capital social da

[69] *US – Hot-Rolled Steel*, § 101.

[70] *US – Hot-Rolled Steel*, § 102.

[71] *US – Hot-Rolled Steel*, § 105.

[72] *US – Hot-Rolled Steel*, § 106.

[73] *US – Hot-Rolled Steel*, § 109.

revendedora. Isso tudo para obter informações a respeito de custos de produção, o cerne da atividade empresarial, que a California Steel Industries Inc. havia se recusado a fornecer, embora já tivesse fornecido outros tipos de informação. Como ressaltou o Órgão de Apelação, o DOC não se preocupou em achar meios alternativos para esse impasse, não tendo sequer requerido tais informações diretamente à revendedora. Assim, parece-nos que o Órgão de Apelação buscou somente conferir maior equilíbrio à relação autoridade-investigado, para se evitar abusos indevidos sob o pretexto de se obter informações necessárias à resolução da investigação. Aliás, pelo extremismo da interpretação aplicada pelo DOC ao parágrafo 7 do Anexo II, parece-nos ter sido acertada a decisão do Órgão de Apelação (e do Painel) em não aceitá-la como "permissível".

O *terceiro pedido apelado* ao Órgão de Apelação envolve a interpretação do Artigo 9.4 do *AAD*, que regula o cálculo da margem de *dumping* em casos em que o número de exportadores seja muito elevado (Artigo 6.10) ("margem de *dumping* geral"). O Artigo 9.4 estabelece os critérios para tal cálculo,[74] mas determina que "as autoridades desconsiderarão, para os fins deste parágrafo, qualquer margem zero ou *de minimis* de *dumping* estabelecida sob as circunstâncias referidos no parágrafo 8 do Artigo 6". Como mencionado antes, o Artigo 6.8 se refere aos casos de aplicação da regra da "melhor informação disponível". A lei norte-americana contestada (*Section 735(c)(5)* do *Tariff Act of* 1930[75]) é uma versão adaptada do Artigo 9.4, mas acrescenta a palavra "inteiramente" (*entirely*) antes da referência à norma norte-americana correlata ao Artigo 6.8.[76] Assim, o DOC poderia incluir no cálculo da margem de *dumping* geral margens que tenham sido calculadas mesmo que *parcialmente* mediante o uso

[74] Em geral, trata-se da média ponderada da margem de *dumping* dos exportadores escolhidos para responder questionários – Artigo 9.4(i).

[75] Vide nota 45 *supra*.

[76] *US – Hot-Rolled Steel*, § 127.

de "melhor informação disponível". O Órgão de Apelação afastou a pretensão dos Estados Unidos, por entender não ser possível interpretar o Artigo 9.4 como que incorporando o termo "inteiramente", até porque tal procedimento teria o efeito de fazer com que a margem de *dumping* geral ultrapasse o limite estabelecido pelo Artigo 9.4.[77] Parece-nos óbvio o acerto do Órgão de Apelação neste caso, já que o Estados Unidos argumentavam contra a própria letra do *AAD*.

O *quarto pedido apelado* ao Órgão de Apelação se refere ao teste "*arm's lenght*" (ou o "teste dos 99,5%").[78] O Órgão de Apelação analisou se o Painel errou em concluir que a interpretação do Artigo 2.1 do *AAD* pelo DOC não era "permissível". Para o Órgão de Apelação, o Painel acertou em sua análise. Isso porque o teste dos 99,5% encerraria um desequilíbrio (*lack of even-handedness*)[79] em relação aos exportadores investigados, por eliminar *automaticamente* as vendas no mercado de origem que levariam a uma redução do valor normal, ao contrário das vendas que o elevariam, as quais são apenas excluídas em casos excepcionais (preços exorbitantemente ("*abhorretionally*") elevados).

Aqui, parece haver indícios de que o Painel e o Órgão de Apelação possam ter ido além do quanto poderiam no tocante à interpretação do Artigo 2.1 do *AAD*. Não há dúvidas acerca da correção da decisão do Órgão do Apelação no que se refere à necessidade de se ter um processo *antidumping* conduzido de maneira equilibrada, evitando-se práticas que sistematicamente resultem em uma maior chance de condenação pela prática de *dumping*. O Órgão de Apelação procurou tratar disso por meio dessa decisão e enfatizou a obrigação de a autoridade investigadora fazer com que não somente as vendas fora do "curso normal de

[77] *US – Hot-Rolled Steel*, § 128-129.

[78] Vide nota 48 *supra*.

[79] *Hot-Rolled Steel*, § 154.

comércio" de preço baixo sejam excluídas do cálculo da margem de *dumping*, mas também, aquelas de preço elevado. Para o Órgão de Apelação, tal obrigação se refere aos dois citados tipos de vendas, não somente a um deles (no caso, as vendas de preços baixos, que teriam o condão de diminuir o valor normal e, conseqüentemente, a margem de *dumping*).[80]

Para os Estados Unidos, o Artigo 2.1 não obriga uma autoridade investigadora a utilizar o mesmo método para diferentes categorias de vendas (se de preço mais elevado ou mais baixo) que não estejam "no curso normal de comércio". Diante da ausência de uma norma clara sobre esse ponto específico, sua interpretação seria uma interpretação "permissível" do Artigo 2.1.[81]

O próprio Órgão de Apelação reconhece que o Artigo 2.1 não classifica o que vêm a ser vendas realizadas "no curso normal de comércio" (*in the ordinary course of trade*).[82] Não há no *AAD* disposição expressa exigindo que o método de verificação dos dois tipos de vendas seja igual, ou assemelhado.[83] Ademais, ressalte-se o fato de o Órgão de Apelação não ter, na análise deste pedido, se valido das leis consuetudinárias de interpretação de direito internacional público (a *Convenção de Viena sobre a Lei dos Tratados*, como já assentado na "jurisprudência" da OMC), para verificar se a interpretação dada pelos Estados Unidos seria "permissível" ou não. Também não se sabe como o faria, pela ausência de texto expresso do *AAD* a ser objeto de tal método hermenêutico.

---

[80] *Hot-Rolled Steel*, § 145.

[81] *Hot-Rolled Steel*, § 137.

[82] *Hot-Rolled Steel*, § 139.

[83] O Órgão de Apelação esclareceu não ser essa sua sugestão a respeito. Vide *Hot-Rolled Stainless Steel*, § 145, nota 113 ("We wish to emphasize that in finding that the application of the 99.5 percent test was not sufficiently *even-handed*, we do not suggest that the methods for verifying whether high and low-priced sales to affiliates are 'in the ordinary course of trade' must necessarily be *identical*").

Como mencionado antes, poder-se-ia sustentar que o Órgão de Apelação procurou enfatizar o elevado grau de desequilíbrio da regra norte-americana.[84] Ainda assim, parece-nos que a interpretação do Órgão de Apelação se fundamentou mais em questões de justiça, do que propriamente de interpretação legal.

O *quinto pedido apelado* envolve dois argumentos formulados pelo Japão, que levariam à violação do Artigo 3.5 do *AAD* pela ITC: (i) de que a ITC não teria adequadamente examinado os fatores, outros que as exportações a preço de *dumping*, que estariam causando dano à indústria doméstica,[85] e (ii) de que a ITC não teria assegurado que dano causado por "outros fatores" não fosse atribuído às exportações a preço de *dumping* (a chamada "regra da não-atribuição").[86]

O Painel havia entendido que a análise realizada pela ITC se coadunava com os requisitos do Artigo 3.5 do *AAD*. Com base no caso *US – Atlantic Salmon Anti-Dumping Duties* (disputa da era GATT),[87] o Painel entendeu não ser necessário que as autoridades demonstrem que as importações de *dumping*, por si só, tenham causado dano material, por meio da "subtração" do dano causado pelos "outros fatores" do dano total apurado. Para o Órgão de Apelação, no entanto, tal operação é sim necessária. A autoridade deve "separar" e "distinguir" os efeitos danosos dos "outros fatores" dos efeitos danosos decorrentes das importações

[84] *Hot-Rolled Steel*, § 152.

[85] Segundo o Japão, tais outros fatores, neste caso, seriam: o aumento da capacidade produtiva, os efeitos de uma greve na General Motors, em 1998, o declínio na demanda nos Estados Unidos pelo produto investigado, e os preços das importações sem prática de *dumping*. *Hot-Rolled Steel*, § 216.

[86] *Hot-Rolled Steel*, § 216.

[87] GATT Panel Report, *Imposition of anti-dumping duties on imports of fresh and chilled atlantic salmon from Norway*, adopted 27 April 1994, BISD 41S/I/229 ("*US – Atlantic Salmon Anti-Dumping Duties*").

a preços de *dumping*. Sem isso, não poderão as autoridades concluir pela existência ou não de dano material.[88]

O Órgão de Apelação foi ainda mais preciso e definiu que tal operação de "separação" e "distinção" inclui "uma explicação satisfatória da natureza e extensão dos efeitos danosos dos outros fatores, distinguidos dos efeitos danosos das importações a preço de *dumping*".[89] Assim, o Órgão de Apelação desautorizou expressamente o entendimento esposado no relatório do Painel na disputa *US – Atlantic Salmon Anti-Dumping Duties*.[90] O Órgão de Apelação ainda se baseou em decisões suas tomadas com base no *Acordo sobre Salvaguardas*.[91] Por fim, o Órgão de Apelação houve por bem reverter a decisão do Painel no tocante à interpretação do Artigo 3.5. Mas, não concluiu a análise referente à sua aplicação no caso, por insuficiência de provas para tanto.

Diante desse resultado, poder-se-ia então concluir que os Estados Unidos não foram prejudicados por essa decisão, em relação a este pedido (sua prática não foi afinal tida como inconsistente com o Artigo 3.5). No entanto, dado o impacto da decisão do Órgão de Apelação sobre a análise do dano, parece ser aconselhável prosseguir no exame deste pedido, para concluir sobre

---

[88] *Hot-Rolled Steel*, §§ 222-223.

[89] *Hot-Rolled Steel*, §§ 222-223.

[90] O Painel no caso *US – Atlantic Salmon Anti-Dumping Duties* disse exatamente o contrário: "[the non-attribution language] did *not* mean that, in addition to examining the effects of the imports under Article 3:1, 3:2 and 3:3, the USITC should somehow have *identified the extent of injury caused by these other factors* in order to *isolate* the injury caused by these factors from the injury caused bythe imports from Norway." *Hot-Rolled Stainless Steel*, § 225.

[91] O Acordo sobre Salvaguardas contém também uma disposição prevendo a regra da "não-atribuição" – vide Artigo 4.2(b). Os casos invocados pelo Órgão de Apelação foram *United States – Wheat Glutten Safeguard* e *United States – Lamb Safeguard*.

sua inclusão ou não no rol dos pedidos em que a decisão do Órgão de Apelação pode ter resultado em uma restrição da aplicação dos instrumentos *antidumping* norte-americanos.

A decisão do Órgão de Apelação aumenta consideravelmente o grau de análise a ser empregado pelas autoridades investigadoras, em uma área em que testes econômicos podem não ser necessariamente conclusivos. De fato, mesmo que as autoridades *antidumping* utilizem testes (econométricos) voltados a estabelecer a correlação estatística entre *um fator* e *um dano*, de forma a poder verificar sua extensão, esses testes em geral envolvem algum grau de interpretação (subjetiva) por parte da autoridade investigadora sobre seu significado. Como reza o conceito básico de estatística, correlação não se traduz necessariamente em uma relação de causa e efeito. Mas, por mais que procurem separar, distinguir e analisar a "natureza e extensão" dos efeitos danosos, não saberão as autoridades se sua análise (digamos, estatística) será classificada como uma "explicação satisfatória", como estabelecido pelo Órgão de Apelação.[92] Isso poderia significar, então, uma restrição à aplicação dos instrumentos *antidumping* dos Membros da OMC, incluindo, claro, os Estados Unidos.

Mas, antes de se verificar se se trata de uma restrição à prática *antidumping*, deve-se definir se a interpretação dada pelos Estados Unidos a esse respeito seria uma "interpretação permissível". Diante do Painel, os Estados Unidos defenderam a adoção dos critérios definidos no caso *US – Atlantic Salmon Anti-Dumping Duties*,[93] os quais foram rejeitados pelo Órgão de Ape-

---

[92] Ao assim decider, o Órgão de Apelação manteve a conduta de procurer estabelecer parâmetros, mas não os detalhes, para a atuação dos Membros. Todavia, deixou os Membros em um ambiente de insegurança considerável, no tocante à análise da regra da não-atribuição.

[93] *Hot-Rolled Steel*, § 7.222.

[94] Vide nota 90 *supra* e texto que a acompanha.

lação.[94] O Órgão de Apelação, no entanto, não decidiu explicitamente se a interpretação pretendida pelos Estados Unidos seria uma "interpretação permissível". Implicitamente, não resta dúvidas de que o Órgão de Apelação afastou tal possibilidade, diante da clareza do texto quanto à regra da não-atribuição. No entanto, tal clareza restringe-se à obrigação de não se atribuir, não sendo o *AAD* claro quanto às obrigações derivadas da interpretação do Órgão de Apelação, de "separar", "distinguir" e analisar a "natureza e extensão" dos efeitos danosos. O que resta duvidoso é se o Órgão de Apelação poderia ter ido tão longe ao definir (ou estender) as obrigações das autoridades no tocante à regra da não-atribuição. Como no pedido relativo ao teste do *arm's length*, a preferência do Órgão de Apelação por essa interpretação mais estrita das obrigações contidas no Artigo 3.5 parece decorrer mais de questões de preferências político-ideológicas (liberalizante) ou de lógica econômica, do que mesmo de interpretação legal.

Assim, esse pedido deve também ser incluído no rol dos pedidos acolhidos que podem ensejar uma restrição à prática *antidumping* norte-americana, por falta de deferência a uma interpretação permissível por parte das autoridades norte-americanas.

5. Derrotas Totais dos Estados Unidos

Todos os pedidos formulados nas disputas *US - 1916 Act* e *US – Offset Act (Byrd Amendment)* foram acolhidos pelos respectivos Paineis. Não houve apelação em relação à disputa *US – 1916 Act*. Mas, os Estados Unidos apelaram da decisão do Painel no caso *US – Offset Act (Byrd Amendment)*. Ao contrário da disputa *US – 1916 Act*, onde a administração norte-americana caminha para revogar essa lei,[95] há sinais de que a administração

[95] A *House of Representatives* norte-americana aprovou projeto de lei (H.R. 1073) revogando a *Lei de 1916*. Aguarda-se deliberação no Senado.

norte-americana não deverá se empenhar para revogar a chamada *US – Offset Act (Byrd Amendment).*[96]

A esse respeito, cumpre notar que tanto a *Lei de 1916* quanto a *Byrd Amendment* são leis de caráter ancilar à legislação *antidumping* básica norte-americana. A *Lei de 1916*, por exemplo, estabelece uma causa de pedir alternativa para entes privados combaterem a prática de *dumping*. Anterior à própria primeira lei *antidumping* norte-americana (de 1921), ela contém elementos diversos daqueles previstos na lei *antidumping* para que se condene uma empresa no pagamento de indenizações. Por exemplo, ao invés de dano à indústria doméstica, deve-se provar ter a empresa atuado com a "intenção" de causar prejuízo à demandante. Há decisões de tribunais norte-americanos classificando tal lei como de natureza híbrida, entre defesa comercial e defesa da concorrência. De qualquer forma, claro é que tal legislação não compõe o corpo de leis (consolidados no *Tariff Act of 1930*) *antidumping* dos Estados Unidos. Uma decisão portanto considerando a *Lei de 1916* como inconsistente com o *AAD* não afeta a operação das normas *antidumping* norte-americandas, tampouco seus instrumentos. Por fim, vale mencionar se tratar de uma lei raramente usada: o *Parquet* (*Department of Justice*) nunca conseguiu obter condenação criminal de qualquer ente com base nesta lei; mas, há notícia de uma recente ação civil ajuizada contra empresas japonesas, que resultou em sua condenação no pagamento de cerca de US$30 milhões a título de indenização em favor da empresa autora.

Como seu próprio apelido designa, a Emenda *Byrd* é uma emenda à lei básica *antidumping* norte-americana (o *Tariff Act of*

[96] Vide Communication from the Delegation of the United States, *Status Report By The United* States, wt/ds217/16/add.9, Wt/ds234/24/add.9, 8.10.2004. Para um comentarista, a *Byrd Amendment* não será modificada enquanto o Senador Byrd tiver assento no senado norte-americano. John Greenwald, WTO dispute settlement: an exercise on trade law legislation?, *6 Journal Of International Economic Law*, 1, 122, 2003.

1930), introduzida após a Rodada Uruguai, pelo Senador Byrd. Ela não regula nem altera a substância ou o procedimento a serem aplicados pelas autoridades *antidumping*. Não toca na estrutura nem na forma como os instrumentos *antidumping* são usados nos Estados. Seu efeito tem sido o de criar incentivo monetário para que a indústria doméstica norte-americana requeira maior número de investigações *antidumping*. Trata-se de uma legislação ancilar à legislação *antidumping* norte-americana. Logo, a derrota sofrida pelos Estados Unidos neste caso não afeta nem restringe a aplicação dos instrumentos *antidumping* norte-americanos, já que permanecem intactos como resultado de tais disputas.

6. Conclusão – O Resultado Líqüido das Disputas Pré-TPA

Como se verifica, ao contrário do quanto exposto na *TPA*, o conjunto dos casos pré-*TPA* não autoriza a conclusão de existência de uma "tendência" dos Paineis e do Órgão de Apelação em restringir a aplicação dos instrumentos *antidumping* norte-americanos. Somente dois pedidos (teste do *arm's length* e a regra da não-atribuição — ambos no caso *Hot-Rolled Steel*) podem ser classificados como potenciais a causar restrição aos instrumentos *antidumping* norte-americanos. Assim, é possível concluir que o resultado líqüido (tanto sob o aspecto quantitativo quanto qualitativo) de tais casos é favorável aos Estados Unidos, mormente se se considerar o elevado número de pedidos julgados pelos Paineis e pelo Órgão de Apelação a favor dos Estados Unidos.

V. A "Prova dos Nove" – As Negociações sobre o *AAD*

A premissa desta Seção é a seguinte: se os Estados Unidos apresentaram proposta ao Grupo Negociador de Regras (responsável pela administração das negociações do *AAD*) visando a "corrigir" a interpretação dada pelo Órgão de Apelação nos dois únicos casos em que se poderia discutir ter havido restrição aos instrumentos *antidumping,* em decorrência de uma falta de "deferência" pelo Órgão de Apelação à interpretação usada pelas autoridades norte-americanas a um determinado dispositivo do *AAD*, então deve-se dar alguma consideração para tais casos. Se não, a restrição, na visão dos Estados Unidos, é irrelevante.

1. Artigo 2.1 – O Teste do Arm's Length

O Grupo Negociador de Regras tem recebido inúmeras propostas por parte dos Membros da OMC, em relação a diversos artigos e questões relacionados ao *AAD*.[97] Várias propostas foram apresentadas em relação ao Artigo 2.1 do *AAD*, e até mesmo envolvendo a questão do que seriam vendas no "curso normal de comércio".[98] Todavia, não há qualquer proposta por parte dos Estados Unidos visando a confirmar a legalidade – com base em sua "interpretação permissível" do Artigo 2.1 – do teste *arm's length.*

2. Artigo 3.5 – A Regra da Não-Atribuição

Os Estados Unidos apresentaram proposta específica em relação à decisão do Órgão de Apelação sobre a regra da

---

[97] O documento TN/RL/W/143, 22.8.2003 é uma compilação das propostas apresentadas até aquela data. Este artigo também considera as propostas apresentadas após tal data, até o dia 16.11.2004.

[98] Os *Friends of Antidumping* (FANs) apresentaram proposta visando a definir os tipos de vendas que não deverão ser considerados como sendo realizados dentro do "curso normal do comércio". Vide TN/RL/GEN/9 e TN/RL/W/150. Os FANs são um grupo informal formado por países, em geral, em desenvolvimento, que ao longo do tempo vêm utilizando com mais freqüência a legislação *antidumping*. O Brasil é um dos líderes do grupo, mas não assina, necessariamente, todas as propostas apresentadas pelo grupo, como é o caso da proposta mencionada nesta nota.

não-atribuição no caso *Hot-Rolled Steel*.[99] Em tom crítico, diante da adição de uma "obrigação positiva" por parte do Órgão Apelação nas disposições daquele artigo, os Estados Unidos propõem que o Grupo Negociador considere "se o *AAD* precisa ser esclarecido para prover direções às autoridades investigadoras na implementação das obrigações negativas de não-atribuição e em como essa obrigação deveria se relacionar com o exame dos efeitos das importações a preço de *dumping*". A proposta termina concluindo que tais considerações devem ser acopladas à neces-

[99] Vide TN/RL/W/98, 06.05.2003, transcrita a seguir:

"Pursuant to Article 3.5 of the ADA, when making a determination of injury, investigating authorities must demonstrate whether there is a causal relationship between the dumped imports and the injury to the domestic industry by conducting an examination of the effects of dumped imports through application of Articles 3.2 and 3.4 of the ADA. As part of that examination, in accordance with Article 3.5 of the ADA, investigating authorities must consider other known causes of injury in order to ensure that they are not attributing that injury to the dumped imports. The third sentence of Article 3.5 of the ADA regarding the negative obligation of non-attribution thus helps to clarify the analysis previously articulated in the first two sentences of Article 3.5. However, in United States - Hot-Rolled Steel, WT/DS184/AB/R (adopted 23 August 2001), the Appellate Body found that the non-attribution language of Article 3.5 imposes an affirmative obligation that an investigating authority separate and distinguish the injurious effects of different causal factors, despite the fact that Article 3.5 makes no reference at all to separating or distinguishing the effects of such factors. Moreover, the Appellate Body explicitly recognized that, as a practical matter, it may not be easy for an authority to conduct the analysis required by the affirmative obligation it fashioned.

This Group should consider whether the ADA needs to be clarified to provide authorities practical guidance in implementing the negative obligation of non-attribution and on how this obligation should relate to the examination of the effect of dumped imports, while ensuring that any affirmative obligations are clearly set forth in the Agreement and are workable for authorities to implement. Likewise, consideration should be given to clarifying Article 15.5 of the ASCM with respect to the same issue."

sidade de se assegurar "que quaisquer obrigações afirmativas estejam claramente estabelecidas no Acordo e que sejam capazes de serem implementadas pelas autoridades".[100]

Em outro documento (TN/RL/W/130, de 20.6.2003), os Estados Unidos propuseram reforçar as disposições do Artigo 17.6 para assegurar que os Paineis e o Órgão de Apelação apliquem o padrão de revisão (*standard of review*) especial. Sintomaticamente, os Estados Unidos mencionaram expressamente o relatório do Órgão de Apelação na disputa *US - Hot-Rolled Steel*, e, em especial, este pedido acolhido.[101]

VI. Conclusão

O pedido acolhido referente à regra da não-atribuição (Artigo 3.5) é o único caso em que de fato pode-se ponderar ter havido restrição à aplicação da legislação *antidumping* em decorrência de o Órgão de Apelação não ter aceito uma interpretação permissível adotada pelas autoridades norte-americanas.

Voltando ao ponto inicial: seria esse único caso suficiente para corroborar a premissa, inserta na *TPA*, de que haveria uma conduta ("*recent pattern of decisions*") por parte do Órgão de Apelação tendente a impor obrigações ou a restringir a aplicação dos instrumentos *antidumping* norte-americanos? A resposta somente pode ser negativa. O conceito do termo "*pattern*"[102] mais

[100] A Índia apresentou proposta também relacionada à decisão do Órgão de Apelação no caso *US - Hot-Rolled Steel*. Todavia, a Índia não critica a decisão, mas elabora sobre ela. Propõe a introdução no *AAD* de diretrizes (*guidance*) ou metodologias para se assegurar que a obrigação de não-atribuição seja atendida. TN/RL/W/26, 17.10.2002.

[101] TN/RL/W130, 20.6.2003, nota 6.

[102] O dicionário Merriam-Webster define *pattern* como sendo um "*frequent or widespread incidence*" ("uma incidência frequente e disseminada"). O dicionário também define *pattern* como sendo "*a*

se assemelha, no português, ao termo "conduta", que reflete a prática reiterada de determinadas atitudes. Ora, a prática de apenas uma atitude não faz uma conduta.

Meu argumento está agora completo: *o Órgão de Apelação da OMC respeita sim a legislação e a prática antidumping dos Estados Unidos.*[103] Isso torna as premissas do *TPA* em relação às negociações deste instrumento de defesa comercial infundadas.

Antes de encerrar, cabem algumas breves ponderações e sugestões às negociações em andamento.

Como bom documento político (já que resultado de um trabalho bipartidário), o *TPA* se mostra como um excelente exercício de retórica. Retórica, alguém já disse, deve ser tratada com retórica. Nesse sentido, é interessante notar que os Membros vêm se utilizando de retórica para justificar a introdução de uma série de modificações no *AAD*. Tanto as propostas mais audaciosas quanto as menos arrojadas asseveram terem o objetivo de "esclarecer e aprimorar" as disciplinas do *AAD*. Isso parece lógico, na medida em que o conceito de "esclarecer e aprimorar" depende do ponto de vista do propositor.

Nesse sentido, não é demais lembrar que, nos Estados Unidos, o ponto-de-referência é a indústria siderúrgica, maior usuária dos instrumentos *antidumping* norte-americanos (cerca de 40% das investigações).[104] Não é de causar espécie então o

discernible coherent system based on the intended interrelationship of component parts" (um sistema coerente discernível baseado no inter-relacionamento intencional de suas partes componentes – tradução livre). Disponível em: <<http:/ www.m-w.com/cgi-bin/dictionary?book=Dictionary&va=pattern&x=16&y=18>>.

[103] Para que se tenha uma conclusão definitiva a respeito, análises em relação às disputas *antidumping* pós-*TPA* e envolvendo medidas compensatórias e de salvaguardas precisam ser realizadas.

[104] Vide nota 4 *supra* e texto que a acompanha.

fato de tal indústria ter causado tamanho estrondo com apenas dois casos de pedidos acolhidos (ambos relacionados a disputas na OMC envolvendo o setor siderúrgico).

Por fim, a conclusão deste artigo indica que o Brasil deve dar ênfase à questão do dano nas negociações. A uma, pois, de acordo com estudos empíricos, trata-se da fase do processo *antidumping* nos Estados Unidos que mais oferece chances de sucesso às empresas investigadas.[105] Então, deve-se reforçar tais chances. A oportunidade já foi dada, por meio da decisão do Órgão de Apelação no caso *US – Hot-Rolled Steel.* Os Estados Unidos não propuseram – ainda – a adoção de uma norma invalidando tal decisão. Se de fato pretendem prosseguir nesse ponto, é mais provável que os Estados Unidos proponham "diretrizes" ou "metodologias"[106] que, no detalhe, *neutralizarão* tal decisão. Em processos *antidumping*, "*the devil is on the details*".[107] Deve-se, então, prestar atenção às propostas a serem apresentadas, ou se antecipar a elas, submetendo proposta que, inserindo expressamente a decisão do Órgão de Apelação no *AAD*, regule-a com metodologias práticas.

[105] Vide Aluisio de Lima-Campos e Adriana Vito, "Abuse & Discretion: The Impact of Antidumping and Countervailing Duty Proceedings on Brazilian Exports to the United States", *Journal of World Trade,* 38(1), p. 54, 2004. Segundo os autores, as chances de se ganhar um caso no DOC são "praticamente zero".

[106] Vide nota 99 *supra*, terceiro parágrafo.

[107] "O diabo está nos detalhes" (tradução livre). Trata-se de uma velha expressão utilizada entre estudiosos e militantes da legislação *antidumping*. Para maiores detalhes sobre os "detalhes diabólicos" da legislação *antidumping* norte-americana, vide Brink Lindsey e Dan Ikenson, The devilish details of 'unfair trade' law, *Trade Policy Analysis* nº. 20, November 21, 2002. Disponível em: <<http://www.freetrade.org/pubs/pas/tpa-020.pdf>>, para quem "[T]he antidumping law is notoriously complicated, and its inner workings are known only to a select handful of users, targets, bureaucrats and lawyers."

Isso não significa que se deva excluir os esforços na parte do cálculo do *dumping*, onde a administração norte-americana tem utilizado diferentes "metodologias" visando a aumentar a margem de *dumping*. Como alguns comentaristas já apontaram:

> "[I]n the typical antidumping investigation, the Commerce Department compares home-market and U.S. prices of physically different goods, in different kinds of packaging, sold at differnt times, in different and fluctuating currencies, to different customers at different levels of trade, in different quantities, with different freight and other movement costs, different credit terms, and other differences in directly associated selling expenses (e.g., commission, warranties, royalties, and advertising). Is it any wonder that the prices aren't identical?"[108]

Referências bibliográficas

DURLING, James P., "Deference, but only when due: WTO review of anti-dumping measures". *6 Journal of International Economic Law*, 1.

GREENWALD, John, "WTO dispute settlement: an exercise on trade law legislation?", *6 Journal of International Economic Law* 1, 2003, 113-124.

LIMA-CAMPOS, Aluisio e VITO, Adriana. "Abuse & discretion". *Journal of World Trade* 38(1) 2004.

LIMA-CAMPOS, Aluisio, "Nineteen proposals to curb abuse in antidumping and countervailing duty proceedings". *Journal of World Trade* 39(2) (no prelo)

[108] Brink Lindsey, *The US.* Antidumping Law Rhetoric versus Reality, *Trade Policy Analysis*, nº. 7. Acesso em: 16 ago. 1999, disponível em <<http://www.freetrade.org/pubs/pas/tpa-007es.html>>.

LINDSEY, Brink e IKENSON Dan, "The devilish details of 'unfair trade' law", *Trade Policy Analysis* nº. 20, acesso em: 21 nov. 2002. Disponível em: <<http://www.freetrade.org/pubs/pas/tpa-020.pdf>>

LINDSEY, Brink, "The US. antidumping law rhetoric versus reality", *Trade Policy Analysis* nº. 7, acesso em: 16 ago. 1999. Disponível em: <<http://www.freetrade.org/pubs/pas/tpa-007es.html>>

MESSERLIN, Patrick, "Antidumping and safeguards", *in* Schott, Jeffrey J. (Ed.) *The WTO After Seattle* 159, 159 (Jeffrey J. Schott ed., 2000)

ANEXO

Resumo dos Casos da OMC Envolvendo Legislação e Medidas *Antidumping* norte-Americanas

Pré-*TPA*

Disputa	Decisão		Resultado Líqüido	Apelação	Situação Atual
	Pró EUA	Contra EUA			
US – DRAMS (DS99)	1) Revogação automática 2) *Certification requirement* 3) Escopo do produto 4) Dados sobre custos 5) Informações não verificáveis 6) Padrão *de minimis*	1) Teste "Not likely"	EUA	Não	Solução mutualmente satisfatória.
US - 1916 Act (DS162)	Nenhum	1) Artigo VI:1 *GATT 1994* ("*intent*" x "*actual injury*") 2) Artigo 4 ("*on behalf of domestic industry*") 3) Artigo 5 (notificação aos governos) 4) Artigo VI:2 (direitos *antidumping* como únicas medidas permissíveis para neutralizar a prática de *dumping*) 5) Artigo 18.1	Demandante. Mas, além de não ser a legislação *antidumping* básica, essa lei é raramente usada nos EUA.	Não	Já há projeto de lei tramitando no Congresso norte-americano visando à revogação desta lei.
US - Stainless Steel (DS179)	1) Conversão monetária (Investigação *Plate*) 2) Médias múltiplas ("como tal" –2.4.2) 3) Médias múltiplas ("como tal" – 2.4.1) 4) Médias múltiplas (prática – 2.4.1)	1) Conversão monetária (prática – Investigação *Sheet*) 2) Classificação de "Maus pagamentos" (prática –2.4) 3) "Maus pagamentos" – empresas não-afiliadas (prática – 2.4) 4) Médias múltiplas (prática– 2.4.2)	Equilibrado. Legislação considerada consistente com o AA, mas prática precisa melhorar.	Não	Período de prazo razoável para implementação expirou. Direitos *antidumping* ainda em vigor.

DISPUTA	DECISÃO		RESULTADO LÍQÜIDO	APELAÇÃO	SITUAÇÃO ATUAL
	PRÓ EUA	CONTRA EUA			
US - Hot-Rolled Steel (DS184)	1) Rejeição de prova nova (17.6) 2) Rejeição de uma análise *de novo* (17.6) 3) "Circunstâncias críticas" (10 e 17.6) 4) Produção cativa ("como tal" - 3.1 e 3.4) 5) Administração das leis antidumping (X:3(a), *GATT 1994*) 6) Substituição de vendas a partes afiliadas (2.1)	1) *Section 735(c)(5)* (9.4, AD) 2) "Melhor informação disponível" (6.8, AD) 3) Teste do"Arms' Length" (teste "99.5%") (prática - 2.1) 4) Separação e distinção de fatores de dano (prática - 3.5) 5) Produção cativa (prática, 3.1 e 3.4)	Equilíbrado, mas tendente aos EUA. Decisões demonstraram considerável deferência às autoridades norte-americanas.	Sim	O DOC emitiu nova determinação final na investigação *antidumping* (cálculo das margens de *dumping*). Os Estados Unidos comunicou estar tomando providências quanto à alteração da legislação *antidumping*.
US - Steel Plate (DS206)	1) "Melhor informação disponível" – *Sections 776(a), 782(d)* e *782(e)* do *Tariff Act of 1930* ("como tal" -- 6.8 e Anexo II(3)) 2) Tratamento especial a países em desenvolvimento	1) Desconsideração de *toda* informação (práctica – Anexo II.3)	EUA	Não	As partes chegaram a um acordo quanto aos procedimentos relativos a um possível pedido pela Índia de uma arbitragem visando a verificar a consistência da implementação da decisão do painel pelos Estados Unidos.
US - Section 129(c)(1) (DS221)	1) "Mercadorias não liqüidadas" ("como tal")	Nenhum	EUA	Não	Nenhuma outra ação tomada por qualquer das partes após adoção do relatório do painel pelo OSC.
US – Offset Act (Byrd Amendment) (DS217-234)	Nenhum	1) *Section 754* do *Title VII* do *Tariff Act of 1930* (*Continued Dumping and Subsidy Offset*)	Demandante. Mas, decisão não afeta insrtumentos *antidumping*. Somente impossibilita o uso de incentivo econômico para a apresentação de novas petições requerendo a abertura de investigações *antidumping*)	Sim	O Árbitro já determinou o valor da retaliação a ser eventualmente imposta pelos demandantes contra os Estados Unidos, haja vista sua falta em implementar as recomendações do OSC neste caso.

UMA PROPOSTA PARA A ALCA EM ANTIDUMPING, MEDIDAS COMPENSATÓRIAS E SALVAGUARDAS: REVISÃO POR PAINEL BINACIONAL[1] EM ALTERNATIVA À REVISÃO JUDICIAL

Angela T. Gobbi Estrella

I. Introdução

Brasil e Estados Unidos da América (EUA) são inquestionavelmente os dois mais importantes atores nas negociações para a constituição da Área de Livre Comércio das Américas (ALCA).[2] Por esta razão, a ausência de uma solução de consenso conciliando os interesses conflitantes destes dois países tem afetado o progresso das negociações da ALCA como um todo desde o final de 2002.[3]

O Brasil tem fortes interesses ofensivos no estabelecimento de regras disciplinando a imposição de antidumping e

---

[1] O termo "painel" (do inglês "panel") tem sido utilizado para designar um comitê de especialistas encarregado de julgar ou emitir um parecer sobre contenciosos comerciais internacionais.

[2] *Vide* Peter Hakin, "The reluctant partner", *83 Foreign Affairs* p. 114.

[3] *Vide* FTAA - ALCA - ZLEA - Antecedents of the FTAA Process. Disponível em: http://www.ftaa-alca.org/, para uma visão geral sobre o desenvolvimento das negociações para a constituição da ALCA. *Vide Inter-American Dialogue Conference Report, Bridging the Divide: Toward Consensus on Free Trade in the Americas*, p. 2, 4 (Dezembro 2003), para uma discussão sobre os impasses nas negociações da ALCA. *Vide* Peter Hakin, p. 117, para uma análise do relacionamento entre Brasil e EUA.

medidas compensatórias ("anti-subsídios"),[4] bem como a outorga de subsídios agrícolas, áreas que são o foco dos mais fortes interesses defensivos dos EUA.[5] Os EUA, por outro lado, têm maior interesse ofensivo em investimentos, propriedade intelectual, compras governamentais e acesso a mercados, áreas nas quais o interesse defensivo brasileiro é médio, no caso dos três primeiros, e forte no último.[6] Dado este quadro, assume-se que o Brasil poderia fazer concessões aos pleitos norte-americanos, especialmente nas áreas em que seus interesses defensivos são médios, se obtivesse a devida contrapartida nas áreas em que seus interesses ofensivos são fortes. A contrapartida norte-americana tem sido, porém, problemática, por esbarrar, de um lado, na impossibilidade prática de disciplinar subsídios agrícolas apenas no plano regional,[7] e, de outro, na resistência do Congresso a alterar a legislação sobre aplicação de antidumping (AD) e medidas compensatórias (MC).[8]

---

[4] O termo "medidas compensatórias" designa a sobretaxa imposta sobre importações de produtos beneficiados por subsídios concedidos pelo governo do país exportador, ou seja, é um direito "anti-subsídios".

[5] *Vide* José M. Salazar-Xirinachs, *Trade, Integration and the Free Trade of the Americas in Early 2004*, slide 27 (Janeiro, 2004) (apresentação em sessão de seminário, no Georgetown Univesity Law Center) (em arquivo no Georgetown University Law Center).

[6] *Id.*

[7] Os EUA concedem subsídios agrícolas predominantemente por meio de medidas de apoio interno (i.e., não vinculadas à exportação), cuja redução é atualmente objeto de negociação no âmbito da Rodada Doha na Organização Mundial do Comércio (OMC). Caso os EUA limitassem a concessão destes subsídios para atender ao pleito brasileiro na ALCA, estariam, ao mesmo tempo, fazendo uma concessão unilateral a todos os países que têm apresentado o mesmo pedido na OMC, perdendo, assim, moeda de troca. *Vide,* a propósito, Peter Hakin, op. cit.

[8] A resistência do Congresso norte-americano a quaisquer acordos internacionais que impliquem alteração na legislação norte-americana sobre antidumping e medidas compensatórias é claramente expressa no

O presente trabalho objetiva contribuir para a solução deste impasse por meio da análise do sistema de revisão, por painel binacional ("*binational panel*"), de decisões administrativas definitivas sobre AD e MC, em substituição ao reexame judicial, o qual foi a chave para superar conflito de interesses bastante similar nas negociações da área de livre comércio entre EUA e Canadá (Canada – United States Free Trade Area – CFTA).[9] Nas negociações da CFTA, o principal objetivo do Canadá era restringir as ações norte-americanas em matéria de AD/MC, enquanto os EUA, que tinham fortes interesses ofensivos na área de investimentos,[10] resistiam a efetuar alterações na sua

Bipartisan Trade Promotion Authority Act of 2002, pelo qual o Congresso conferiu ao Presidente autoridade para negociar acordos internacionais de comércio (*Trade Promotion Authority* – TPA). O TPA prescreve que os acordos celebrados pelos EUA devem preservar a capacidade do país de executar rigorosamente sua legislação de defesa comercial ("*preserve the ability of the United States to enforce rigorously its trade laws*"), e que os EUA devem evitar acordos internacionais que reduzam a efetividade das disciplinas domésticas ou internacionais em matéria de defesa comercial ("*avoid agreements that lessen the effectiveness of domestic and international disciplines on unfair trade, especially dumping or subsidies, or that lessen the effectiveness of domestic and international safeguard provisions*". *Vide* Bipartisan Trade Promotion Authority Act of 2002, Sec. 2102(b)(14)(A). Além disso, a introdução de disciplinas adicionais sobre antidumping e medidas compensatórias é também objeto de negociação no plano multilateral, onde os EUA podem obter mais benefícios em outras áreas, os quais poderiam melhor justificar eventuais concessões perante os olhos do Congresso. *Vide*, a propósito, Peter Hakin, op. cit. *Vide também* Welber Barral, nesta coletânea.

9 *Vide* Gabrielle Marceau, *Anti-dumping and anti-trust in free trade areas*, New York: Oxford, 1994, p. 234-5. Para uma visão geral sobre a CFTA, *vide* Ralph H. Folsom, *NAFTA in a nutshell*, St. Paul, Minnesota: West Group: 1999, p. 18-66.

10 Os EUA buscavam maior grau de segurança juridical e previsibilidade sobre a as condições aplicáveis aos investimentos norte-americanos no Canadá. *Vide* Tim Kennish, *NAFTA and investment – a Canadian perspective, NAFTA and Investment*, 1 (Seymour J. Rubin & Dean C.

legislação sobre AD/MC.[11] Neste contexto, a proposta para a adoção do sistema de revisão de determinações administrativas sobre AD/MC por painel binacional foi introduzida precisamente como um meio de responder às demandas canadenses por restrições ao uso "indevido" das leis norte-americanas sobre AD/MC, sem exigir as alterações nesta legislação, as quais os EUA se recusavam a efetuar.[12] Em troca, o Canadá aceitou fazer concessões aos EUA na área de investimentos.

As similaridades entre as circunstâncias e interesses de Brasil e EUA nas negociações da ALCA com aquelas de Canadá e EUA nas negociações da CFTA sugerem que uma proposta para a adoção de um sistema de painel binacional para revisão de medidas de defesa comercial poderia contribuir para resolver os impasses das negociações da ALCA, assim como ocorreu na CFTA. O propósito deste artigo é determinar, em primeiro lugar, se tal proposta seria desejável sob o ponto de vista do atendimento dos interesses ofensivos brasileiros em matéria de AD/MC (i.e., restringir o uso indevido de AD/MC pelos EUA). Em segundo lugar, este artigo busca determinar se a proposta de adoção de um sistema de revisão de medidas de defesa comercial por painel binacional é juridicamente viável. O artigo é dividido em duas partes, cada uma dedicada a responder uma destas questões.

A primeira parte deste artigo compara o sistema de revisão por painel binacional na CFTA e no *North American Free Trade Agreement* (NAFTA)[13] à revisão judicial pelas cortes

---

Alexander ed.). The Hague, London, Boston: Kluwer Law, 1995. *Vide também* William J. Davey, Pine & Swine: *Canada-United States trade disputes settlement – the FTA experience and NAFTA prospects.* (The Centre for Trade Policy and Law, 1996, p. 1.

[11] *Vide* Gabrielle Marceau, op. cit., p. 236.

[12] *Id.*

[13] O sistema de revisão de AD/MC por painel binacional estabelecido no

norte-americanas, para verificar se, e em que grau, ele oferece melhores meios para impedir o uso abusivo de AD/MC nos EUA,[14] e se alterações seriam necessárias ou recomendáveis para seu aprimoramento ou adequação ao quadro jurídico da ALCA. A Parte I contém três seções, a primeira, apresentando o funcionamento da revisão judicial de determinações sobre AD/MC nos EUA, a segunda, apresentando o sistema de revisão por painel binacional, e a terceira, analisando comparativamente os dois sistemas.

A segunda parte deste artigo examina possíveis impedimentos jurídicos à adoção de um sistema de revisão de AD/

Capítulo 19 da CFTA foi sucedido pelo sistema de painel binacional estabelecido no capítulo 19 do NAFTA, o qual, basicamente, duplica, em base trilateral, os procedimentos de revisão por painel binacional anteriormente em vigor para Canadá e EUA na CFTA. *Vide* John M. Mercury, *Chapter 19 of the United States-Canada Free Trade Agreement 1989-95: a check on administered protection? 15 North Western Journal of International Law & Business, p.* 525 e 597, 1995.

[14] É importante ressaltar que o sistema de revisão de AD/MC por painel binacional é analisado neste artigo como uma *alternativa à revisão judicial pelas cortes norte-americanas*. Como é explicado em maior detalhe mais adiante, o escopo deste sistema é a revisão da *compatibilidade* das determinações feitas pelas autoridades administrativas norte-americanas *com a própria legislação norte-americana* em matéria de AD/MC, aplicando os parâmetros do sistema norte-americano para revisão de decisões administrativas. Este sistema não tem por objetivo a revisão da legitimidade das leis norte-americanas em si. Por estas razões, *não* se trata de uma alternativa, mas de um *complemento* ao sistema de solução de controvérsias da Organização Mundial do Comércio (OMC), sob o qual é possível questionar a compatibilidade da legislação norte-americana com os acordos da OMC sobre antidumping (*Acordo sobre a Implementação do Artigo VI do Acordo Geral sobre Tarifas e Comércio 1994* – Acordo Antidumping – AAD), subsídios e medidas compensatórias (*Acordo sobre Subsídios e Medidas Compensatórias* – ASMC) e salvaguardas (*Acordo sobre Salvaguardas* – AS).

MC por painel binacional na ALCA, os quais poderiam advir do próprio quadro jurídico da ALCA, de limitações aos poderes negociadores do Executivo norte-americano nesta área, ou de incompatibilidade do sistema de painel binacional com a Constituição brasileira.[15] A Parte II é dividida em três seções. A primeira seção analisa o quadro jurídico da ALCA, para determinar se ele permite o estabelecimento de um sistema de painel binacional para revisão de decisões administrativas sobre medidas de defesa comercial. A segunda examina os termos do ato congressual sob o qual o Executivo norte-americano está atualmente autorizado a negociar acordos internacionais de comércio, isto é, o *Bipartisan Trade Promotion Authority Act of 2002* (TPA), para verificar se este impõe restrições significativas à negociação de uma proposta para adoção de um sistema de painel binacional na ALCA. A terceira seção discute se existe conflito entre o sistema de painel binacional e a garantia de acesso ao Judiciário, prescrita no Artigo V, XXXV, da Constituição brasileira, o qual figura entre as cláusu-

[15] Este artigo assume que, pelo lado norte-americano, não existem óbices constitucionais à adoção do sistema de painel binacional. Embora haja registro de argumentos de que a eliminação da revisão judicial seria inconstitucional por violar o direito das partes ao devido processo legal (*vide United States-Canada Free Trade Agreement Implementation Act of 1988*, House Report n. 100-816, pt. 4, p. 3 (1988); *vide* também Gilad Y. Ohana, Note, "The Constitucionality of Chapter 19 of the United States-Canada Free Trade Agreement: Article III and the Minimum Scope of Judicial Review", *89 Columbia Law Review* p. 897, 1989, nenhum questionamento sério da constitucionalidade do sistema de revisão por painel binacional teve seguimento desde a sua adoção e funcionamento em 1988 (o CFTA foi implementada nos EUA pelo *United States-Canada Free-Trade Agreement Implementation Act of 1988*). (O presente artigo concentra-se nos dois principais atores nas negociações da ALCA, dos quais têm partido a maior parte dos óbices relevantes ao progresso destas negociações até o momento. Por esta razão, a discussão aqui apresentada excusa-se de examinar a perspectiva constitucional dos demais países participando das negociações da ALCA relativamente ao sistema do painel binacional.

las pétreas da Carta (isto é, não pode ser abolido ou modificado por emenda constitucional).[16]

O artigo conclui que o sistema de painel binacional de fato oferece meios de controle adicionais para combater o uso abusivo das leis norte-americanas sobre AD e MC, em comparação com a revisão judicial pelas cortes norte-americanas, e que o Brasil poderia beneficiar-se significativamente do acesso a esse recurso, especialmente com a introdução de aprimoramentos e adaptações ao modelo adotado na CFTA e no NAFTA. Conclui também que a adoção de um sistema de painel binacional na ALCA é juridicamente viável, não existindo conflitos substanciais de natureza legal entre o sistema de painel binacional e o quadro jurídico da própria ALCA, o TPA ou a Constituição brasileira. Por estas razões, o presente artigo sugere que a adoção de um sistema de painel binacional para a revisão da imposição de medidas de defesa comercial seja discutida como alternativa para a construção de uma solução de consenso entre Brasil e EUA nas negociações da ALCA.[17]

---

[16] *Vide* artigo 60, parágrafo 4.º, inciso IV, da Constituição ("Não será objeto de deliberação a proposta de emenda tendente a abolir os direitos e garantias fundamentais".) A proibição abrange qualquer pretensão de modificar ou restringir, mesmo indiretamente, qualquer elemento conceitual dos direitos e garantias fundamentais inscritos no artigo 5º da Constituição. *Vide* José Afonso da Silva, *Curso de direito constitucional positivo*, 1997 p. 69, esclarecendo que "[para ser abrangida pela proibição,] basta que a proposta de emenda se encaminhe ainda que remotamente, 'tenda' (emendas *tendentes*, diz o texto) para a sua abolição".

[17] Vale observar que, embora o presente artigo enfatize as negociações da ALCA, as conclusões que sustentam a validade da alternativa do painel binacional na ALCA aplicam-se, igualmente, no caso de negociação bilateral entre Brasil e EUA, ou no formato "quatro mais um", MERCOSUL-EUA.

II. Análise comparativa – Revisão por painel binacional e revisão judicial nos EUA

2.1. Revisão judicial em questões de antidumping e medidas compensatórias nos EUA

2.1.1. Competência

A competência originária para a revisão judicial da legalidade das determinações provisórias ou definitivas sobre antidumping (AD) e medidas compensatórias (MC) cabe exclusivamente à *United States Court of International Trade* (CIT), uma corte especializada em matéria aduaneira e de comércio internacional, com posição e poderes de corte federal.[18] A CIT é composta por sete Juízes, os quais sempre decidem os casos individualmente, e cujas decisões não constituem precedente obrigatório para os demais Juízes da Corte.[19]

A competência da CIT compreende o exame da legalidade das ações executadas pelo *United States Department of Commerce* (DOC) e pela *International Trade Commission*

[18] *Vide* Stephen M. De Luca, Esq., "Historical retrospective and the future role and jurisdiction of the U.S. Court of International Trade in the new millenium", *26 Brooklyn Journal of International Law* 2001 p. 801, 803. *Vide* também *A proposal to expand the jurisdiction of the Court of International Trade and related materials*, Paper Distributed at the International Trade Update, 1 (October 2003).

[19] *Vide* Eric J. Pan, "Assessing the NAFTA Chapter 19 binational panel system: an experiment in international adjudication", *40 Harvard International Law Journal* p. 379, 407-8. Esta não obrigatoriedade dos precedents judiciais para os demais juízes que atuam no mesmo âmbito de jurisdição é bastante atípica no sistema jurídico norte-americano, que se baseia exatamente na construção da lei por meio dos precedentes judiciais (*Common Law*).

(ITC),[20] que são as duas autoridades administrativas responsáveis pela aplicação da legislação de defesa comercial nos EUA,[21] abrangendo as determinações preliminares e definitivas de dumping e de dano.[22] No âmbito de sua competência residual, a CIT também pode examinar a legalidade das decisões determinando a abertura de investigações, e conceder liminares suspendendo procedimentos e taxas.[23]

As decisões da CIT são sujeitas a revisão pela *United States Court of Appeals for the Federal Circuit* (CAFC).[24] Diferentemente da CIT, a CAFC não é especializada em questões aduaneiras ou de comércio internacional.[25] Não

[20] *Vide A proposal to expand the jurisdiction of the Court of International Trade and related materials*, cit.

[21] O DOC é responsável pela investigação da prática de dumping ou subsídios, enquanto a ITC é responsável por determinar se há dano ou ameaça de dano à indústria nacional norte-americana causado pela alegada prática de dumping ou subsídios. *Vide* Antidumping(AD)/Countervailing Duty(CVD) Petition Counseling and Analysis Unit, Overview of Trade Remedies, disponível em: http://ia.ita.doc.gov/pcp/pcp-overview.html. A ITC é também responsável por determinar se há dano grave ou ameaça de dano grave à indústria nacional em decorrência de aumento substancial das importações nas investigações para a aplicação de salvaguardas. *Vide* General Information about the USITC and its Commissioners, What the USITC Does, disponível em: http://www.usitc.gov/geninfo.htm#ITC_does.

[22] *Vide* Elizabeth C. Seastrum e Myles S. Getlan, *"The globalization of international trade litigation: AD/CVD litigations – which forum and which law?" 26 Brooklyn Journal of International Law* 2001, p. 893 e 897.

[23] No âmbito da competência residual o Juiz tem discricionariedade para decidir se aprecia, ou não, a questão. *Vide* Elizabeth C. Seastrum e Myles S. Getlan, op. cit., p. 897.

[24] *Vide A proposal to expand the jurisdiction of the Court of International Trade and related materials*, cit.

[25] *Id.*

obstante, as decisões da CAFC constituem precedente obrigatório para a própria CAFC e também para a CIT.[26]

2.1.2. Parâmetros da revisão judicial ("*standards of review*")

No sistema jurídico norte-americano o âmbito de atuação do Juiz na revisão de decisões administrativas é limitado de forma explícita pela legislação, que estabelece os parâmetros da revisão ("*standards of review*"), isto é, as situações nas quais o Juiz pode reverter uma decisão administrativa. No caso das determinações do DOC e da ITC, os parâmetros da revisão judicial estabelecem que as decisões administrativas somente podem ser revertidas judicialmente se seus entendimentos ou conclusões não tiverem base em prova substancial existente nos autos, ou se, de outra forma, estiverem em desacordo com a lei.[27] A primeira parte dos parâmetros de revisão (prova substancial) define a deferência devida à interpretação das autoridades administrativas sobre os fatos, bem como ao raciocínio fundamentando sua decisão, enquanto a segunda parte (em desacordo com a lei) define a deferência devida à interpretação das autoridades administrativas sobre a legislação aplicável.[28]

O parâmetro "prova substancial" ("*substantial evidence*") foi definido pela Suprema Corte norte-americana no precedente *Universal Camera*[29] como sendo "*more than a mere scintilla*", significando "*such reasonable evidence as a reasonable mind might accept as adequate to support a*

[26] *Id.*

[27] *Vide U.S. Tariff Act of 1930*, parágrafos 516A(b)(1)(A) e (B) (reafirmado no *Customs Courts Act of 1980*), que, no original, reza "[u]nsupported by substantial evidence on the record, or otherwise not in accordance with the law."

[28] *Vide* Eric J. Pan op. cit., p. 403.

[29] *Universal Camera v. NLBR*, 340 U.S. 474, 477 (1951).

conclusion".[30] Posteriormente, no precedente *Consolo*,[31] a Suprema Corte assinalou que "*the possibility of drawing two inconsistent conclusions from the evidence does not prevent an administrative agency's finding from being supported by substantial evidence*.[32] Em outras palavras, o entendimento manifesto na jurisprudência é que a lei *não* requer que a prova sobre a qual se fundamenta a conclusão da autoridade administrativa seja preponderante sobre provas que podem fundamentar conclusão contrária à adotada pela autoridade.[33] A interpretação jurisprudencial é que a lei exige tão somente que a decisão da autoridade administrativa tenha fundamento em provas existentes nos autos,[34] e que a autoridade administrativa articule uma explicação razoável para sua decisão.[35]

O parâmetro "em desacordo com a lei" ("*not in accordance with the law*"), por sua vez, exige, conforme entendimento da Suprema Corte estabelecido no precedente *Chevron*,[36] que o juiz a quem couber apreciar a interpretação dada por autoridade administrativa a lei cuja aplicação compete a tal autoridade, empregue, em seu julgamento, um "teste" em duas etapas.[37] Primeiro, o juiz deve determinar se a legisla-

[30] *Vide* Eric J. Pan op. cit., p. 403. *Vide também Matsushita Elec. Ind. Co.* v. *United States*, 750 F.2d 927, 933 (Fed. Cir. 1984), no qual a CAFC reiterou a construção da Suprema Corte em *Universal Camera* (precedente citado por William J. Davey, op. cit., p. 109.

[31] *Consolo* v. *Federal Maritime Comm'n*, 383 U.S. 607, 619-620 (1966).

[32] *Vide Consolo* v. *Federal Maritime Comm'n*, citado por William J. Davey, op. cit., p. 109.

[33] *Vide* William J. Davey, op. cit., p. 109.

[34] *Id.*

[35] *Vide* Eric J. Pan op. cit., p. 403.

[36] *Chevron, U.S.A., Inc.* v. *Natural Resources Defense Council*, 467 U.S. 837 (1984), par. 842.

[37] *Id.*

ção trata da precisa questão em discussão naquele caso específico, estando clara, na lei, a intenção do legislador.[38] Se a resposta a essa questão for positiva, então o Juiz deve assegurar que a intenção do legislador seja observada pela autoridade administrativa;[39] caso contrário, o magistrado deve aplicar o segundo "teste", perguntando-se se a interpretação que a autoridade administrativa fez da lei é "razoável".[40] Se a interpretação da lei adotada pela autoridade administrativa for "razoável", o Juiz não pode reverter a decisão administrativa, ainda que sua própria interpretação do texto legal seja diferente do entendimento do administrador.[41]

À primeira vista, ambos os parâmetros de revisão são excessivamente deferentes à discricionariedade das autoridades administrativas.[42] Na prática, porém, o efeito "deferencial" dependerá muito do entendimento do julgador sobre o que seja "fundamentado", no primeiro caso, e "razoável", em ambos. Além disso, no caso do parâmetro "em desacordo com a lei", se, ao aplicar o primeiro "teste" prescrito em *Chevron*, o julgador concluir que o legislador foi claro sobre a questão em discussão no caso específico, o resultado pode ser o oposto, isto é, "anti-deferencial", pois a intenção clara do legislador prevalece sobre eventual interpretação do administrador incompatível com aquela intenção.[43] Mais, também nos casos em que

[38] *Id.*

[39] *Vide* William J. Davey, op. cit., p. 108.

[40] *Vide Chevron,* cita na nota 36, para. 844.

[41] *Id.*

[42] *Chevron,* em particular, tem sido alvo de muitas críticas neste sentido, *vide, por exemplo,* Gabrielle Marceau, op. cit., p. 237, assinalando que o teste da razoabilidade não é muito rigoroso ("[*t*]*he reasonable test is not very stringent*") e que, notoriamente, nos EUA as decisões administrativas são objeto de modificação por força de decisão judicial com pouca freqüência ("*decisions are known to be rather frequently reviewed*").

[43] Se o Juiz entender que a intenção do legislador é clara, o efeito do precedente *Chevron* será assegurar que o entendimento do legislador

o Juiz entender que o legislador não foi claro sobre a questão em discussão no caso específico existe uma porta aberta para a não deferência judicial à discricionariedade da autoridade administrativa, quando a matéria for objeto de compromisso internacional dos EUA.[44]

No precedente *Charming Betsy*,[45] a Suprema Corte estabeleceu que, quando uma lei admite mais de uma interpretação possível (isto é, o legislador não foi claro), sendo uma compatível com obrigações assumidas pelos EUA no plano internacional, e outra(s) não, o Juiz deve adotar a interpretação compatível com os compromissos internacionais.[46] Isto significa que, mesmo nos casos de legislação ambígua, nos quais, conforme *Chevron*, o Juiz normalmente teria de acatar uma interpretação razoável adotada pela autoridade administrativa, a discricionariedade do administrador deve ser preterida, se incompatível com as obrigações internacionais dos EUA.[47]

---

seja observado pelo administrador, ao invés de enfatizar a discricionariedade do administrador. *Vide* William J. Davey, op. cit., p. 109.

[44] Como ocorre no caso da aplicação de medidas de defesa commercial, as quais são objeto do Acordo Antidumping (AAD), do *Acordo sobre Subsídios e Medidas Compensatórias* (ASMC) e do *Acordo sobre Salvaguardas* (AS). *Vide* John Jackson, William J. Davey & Alan O. Sykes, *Legal problems of tnternational economic relations*. St. Paul, Minn.: West Group, 2002, p. 102.

[45] *Alexander Murray, Esq*. v. *Schooner Charming Betsy*, 6 U.S. 64; 2 L. Ed. 208; 1804 U.S. Lexis 252; 2 Cranch 64.

[46] *Vide* John Jackson, William J. Davey & Alan O. Sykes, op. cit.

[47] Por outro lado, se for clara uma intenção do legislador de estabelecer regra contrária aos compromissos internacionais em matéria comercial a lei interna prevalece.

2.2. Revisão de questões antidumping e medidas compensatórias por painel binacional

2.2.1. Competência

O painel binacional estabelecido nos termos do sistema disciplinado pelo Capítulo 19 do NAFTA é composto por cinco integrantes indicados pelos dois Estados Partes do NAFTA envolvidos na disputa,[48] geralmente a partir de suas listas nacionais.[49] Cada Estado Parte indica dois integrantes (obrigatoriamente nacionais daquele Estado Parte), sendo o quinto integrante escolhido por acordo entre as Partes, ou pela Parte definida, por sorteio, para escolhê-lo a partir de sua lista nacional.[50] Os integrantes do painel devem ter familiaridade geral com direito do comércio internacional, e em cada painel deve haver um número predominante de integrantes que sejam advogados.[51] Cada Parte pode questionar até quatro indicações

---

[48] Os procedimentos no Capítulo 19 do NAFTA são sempre binacionais (isto é, não há um painel "trilateral"). Se um Estado Parte do NAFTA impõe AD ou MC contra produtos dos outros dois (i.e., México e Canadá), dois painéis binacionais independentes têm de ser estabelecidos. *Vide* Gabrielle Marceau, op. cit., p. 236. No entanto, se decisões similares e relacionadas de dois diferentes Estados Partes do NAFTA forem remetidas à revisão por painéis binacionais ao mesmo tempo, a Comissão do NAFTA pode propor um procedimento cumulado *ad hoc*, sob seus poderes gerais previstos no Capítulo 20 do NAFTA (vide Artigo 2001 do NAFTA). *Id.*

[49] Cada Estado Parte deve apresentar uma lista com no mínimo 75 candidatos a figurar no rol de integrantes do painel e, em consultas com os demais Estados Partes, definir um rol contendo o nome de 25 possíveis integrantes do painel, todos nacionais daquele Estado Parte. *Vide* Artigo 1901.2 do NAFTA.

[50] *Vide* Artigo 1901.2-3 do NAFTA.

[51] *Id.*

da outra Parte, devendo a outra Parte fazer nova indicação em 45 dias, ou, na falta desta, um novo integrante ser escolhido por sorteio a partir do rol nacional correspondente.[52]

[52] *Vide* Artigo 1901.2 do NAFTA. Na prática, o processo de composição do painel tem sido o grande gargalo das revisões binacionais no NAFTA. *Vide* Beatriz Leycegui e Mario Ruiz Cornejo, "Trading Remedies to Remedy Trade: The NAFTA Experience", *10 Sw. Journal of Law & Trade Am.* 1, 32 2003/2004 (notando que a composição do painel tem levado, em média, 256 dias, ou seja, 196 dias a mais que o prazo limite de 60 dias estabelecido no NAFTA). A demora na composição do painel se deve principalmente às rígidas normas do NAFTA sobre conflito de interesses (*vide* "NAFTA: Code of Conduct for Proceedings Under Chapters Nineteen and Twenty", 59 Federal Register, p. 8720, 1994, as quais tornam impedidos de compor o painel candidatos que tenham qualquer interesse relacionado não apenas às Partes, mas, também, indiretamente, à questão objeto da disputa (por exemplo, um advogado sócio de escritório que esteja atuando em caso no qual questão relacionada ao objeto da revisão binacional esteja sendo discutida). *Vide* John M. Mercury, op. cit., p. 547 (observando que integrantes de um determinado painel foram acusados de terem deixado de revelar, tempestivamente, os relacionamentos de seus escritórios de advocacia com empresas que poderiam estar interessadas no resultado da disputa na qual eles atuaram como painelistas). Este sistema de composição tem levado a longas dilações no prazo original previsto para a instauração do painel, refletindo no tempo de duração do procedimento como um todo. *Vide* Richard O. Cunningham, *"The management and resolution of cross border disputes as Canada/U.S. enter the 21st Century: Chapter 19 – Private party appeals from government rulings: a dispute settlement procedure in Operation, how effective is it in the resolution of disputes? Are changes needed or Possible?", 26 Canada-U.S. Law Journal 79* (2000), p. 89. *Vide também* Simon V. Potter, "The management and resolution of cross border disputes as Canada/U.S. enter the 21st Century: Chapter 19 – Private party appeals from government rulings: A dispute settlement procedure in operation, how effective is it in the resolution of disputes? are changes needed or possible?", *26 Canada-U.S. Law Journal,* 2000, p. 91 e 95 (criticando o que classifica como "*thoroughly nasty use of conflict rules*").

O painel binacional tem competência para rever determinações finais do DOC e da ITC,[53] em substituição à revisão judicial doméstica.[54] Não foi estendida ao painel binacional a competência para examinar determinações preliminares ou decisões de abertura de investigação, nem tampouco o poder de conceder liminares suspendendo procedimentos ou cobranças.[55] O painel binacional também não tem competência para rever decisões administrativas relacionadas à imposição de salvaguardas (mas o emprego destas medidas no comércio intra-NAFTA é proibido, exceto se presentes certas condições especiais).[56]

As decisões do painel binacional podem afirmar, ou reverter a determinação final das autoridades nacionais, e, neste caso, referem a determinação final novamente à autoridade ad

---

[53] Bem como das correspondentes autoridades administrativas mexicana e canadense.

[54] *Vide* Artigo 1904:19-3 do NAFTA. Vale notar que o Artigo 1901.1 do NAFTA dispõe que o rol de painelistas deve incluir também juízes e ex-juízes, na melhor medida possível, mas não há, em contrapartida, nenhuma exigência de que juízes ou ex-juízes efetivamente integrem os painéis.

[55] *Id.*

[56] O Artigo 802, 8-3, do Capítulo 8 do NAFTA estabelece que quando um Estado Parte do NAFTA pretende impor uma medida de salvaguarda nos termos do Artigo XIX do GATT (e, por extensão, sob o Acordo sobre Salvaguardas da OMC), cada parceiro do NAFTA deve ser excluído da aplicação da medida, a menos que suas importações respondam por uma proporção substancial das importações totais do produto em questão, e, por esta razão, contribuam importantemente para o grave prejuízo ou ameaça de grave prejuízo à indústria nacional. *Vide* Leslie Alan Glick, *Understanding the North American free trade agreement: legal and business consequences of NAFTA 75*, Deventer, Boston: Kluwer Law & Taxation Publishers, 1993. O Acordo também estabelece que um país membro do NAFTA não será considerado responsável por fatia substancial das importações, a menos que esteja entre os principais fornecedores do produto objeto das salvaguardas. *Vide* Gabrielle Marceau, op. cit., p. 236.

ministrativa, competindo a esta adotar a ação apropriada para adequar seu procedimento à decisão do painel.[57] Se a autoridade administrativa nacional não torna seu procedimento compatível com a decisão do painel binacional, uma segunda revisão pelo painel pode ocorrer.[58] Este processo pode se estender sucessivamente, por quantas revisões sejam necessárias para que a autoridade administrativa cumpra a determinação do painel.[59]

2.2.2. Parâmetros da revisão ("*standards of review*")

O painel binacional deve aplicar a legislação e a jurisprudência do país importador, isto é, os fundamentos para a revisão pelo painel são aqueles aplicáveis no sistema jurídico do país importador (cujas autoridades administrativas são responsáveis pela determinação final questionada).[60] Isto significa que os painéis binacionais do NAFTA (como os do CFTA antes deles) devem, ao apreciarem decisões do DOC ou da ITC,

---

[57] *Vide* Ralph H. Folsom, op. cit. A CIT, em contraste, pode reverter uma decisão administrativa (*vide* Eric J. Pan, *supra* nota 19, 401), ainda que, na prática, a maioria de suas decisões resulte em repetidas referências do processo de volta ao DOC (*id.*, p. 408).

[58] *Vide* Ralph H. Folsom, op. cit.

[59] Tipicamente, em casos nos quais um segundo painel teve lugar, o painel apresentou orientações bastante precisas às autoridades administrativas nacionais, instruindo-as a não agirem de maneira incompatível com estas instruções. *Vide* Ralph H. Folsom, op. cit. Desta maneira, o painel pode "forçar" o mesmo resultado que seria obtido, na CIT, por meio de uma explícita reversão da decisão da autoridade administrativa. *Vide* Eric J. Pan, op. cit., p. 387.

[60] *Vide* Gabrielle Marceau, op. cit., p. 236, referindo-se ao Artigo 1904.3 do NAFTA, o qual reza: "The panel shall apply the standard of review described in Article 1909 and the general legal principles that a court of the exporting country otherwise would apply to a review of a determination of the competent investigating authority".

seguir os parâmetros de revisão prescritos no *U.S. Tariff Act of 1930*, parágrafos 516A(b)(1)(A) e (B), nos termos em que estes têm sido interpretados pela jurisprudência norte-americana, tal como a CIT e a CAFC.[61] Mais que isso, as decisões da CAFC configuram precedente obrigatório para os painéis binacionais revisando decisões administrativas norte-americanas.[62] As decisões dos painéis, porém, não tem efeito de precedente, embora seus argumentos, se persuasivos, possam ser considerados por painéis subseqüentes e, até mesmo, pela CIT.[63]

2.2.3. Características especiais

O sistema de revisão de determinações de decisões em questões de antidumping (AD) e medidas compensatórias (MC) criado no capítulo 19 da CFTA e continuado no capítulo 19 do NAFTA é um sistema de solução de controvérsias *sui generis*, existente apenas no NAFTA/CFTA.[64] As principais características deste sistema, além da substituição da revisão judicial doméstica pela revisão do painel binacional, mantendo a aplicação da legislação e jurisprudência nacionais, são: atuação obrigatória dos Estados Parte mediante iniciativa privada, não sujeição da decisão do painel a revisão judicial, pos-

[61] *Vide* Ralph H. Folsom, op. cit., p. 61.

[62] *Id.* As decisões da CIT não configuram precedente obrigatório para os painéis porque tampouco constituem precedente obrigatório para os próprios Juízes da CIT, conforme já observado acima. (Vale lembrar que, no sistema jurídico norte-americano, o fato de o precedente não ser obrigatório não impede sua adoção por outros Juízes, se estes considerarem a argumentação persuasiva – e não estiverem obrigados por outros precedentes a decidirem de forma diversa).

[63] *Vide* Eric J. Pan, op. cit., p. 406, referindo assertiva do próprio Congresso norte-americano neste sentido (*vide Senate Report* N. 103-189, 45 (1993).

[64] *Vide* Ralph H. Folsom, op. cit., p. 59-60.

sibilidade de questionar legislação doméstica que impeça ou prejudique o funcionamento do sistema de painel binacional, e controle das alterações na legislação doméstica sobre AD/MC.

As partes privadas que teriam direito de solicitar a revisão judicial da decisão administrativa perante autoridades judiciais domésticas têm o direito de *requisitar* ao Estado Parte do qual são nacionais que solicite a instauração de um painel binacional.[65] As partes privadas têm até 30 dias contados da determinação definitiva da autoridade administrativa para requisitar a instauração do painel, e, havendo tal requisição privada, a solicitação de instauração do procedimento pelo Estado Parte é obrigatória.[66] As partes privadas interessadas podem participar nas audiências conduzidas pelo painel, apresentar seus próprios argumentos e responder a questões dos painelistas.[67]

A decisão do painel binacional é obrigatória para os Estados Partes do NAFTA envolvidos no procedimento, e não está sujeita a revisão judicial.[68] O único reexame possível para a decisão do painel binacional é o recurso ao *Extraordinary Challenge Committee* (ECC), um procedimento absolutamente excepcional, que somente pode ter lugar em circunstâncias muito limitadas.[69] Além disso, a instauração de um ECC é uma

---

[65] *Vide* Artigo 1904:5 do NAFTA. O Estado Parte pode fazer a solicitação de instauração do painel respondendo à iniciativa de uma parte privada, ou por sua própria iniciativa. *Id.*

[66] Esta obrigatoriedade de atuação dos Estados Partes é natural no sistema do NAFTA, uma vez que o painel está substituindo a revisão judicial, à qual as partes privadas teriam o direito de recorrer de mote próprio, sem necessidade de recurso prévio ao seus Estados nacionais.

[67] *Vide* William J. Davey, op. cit., p. 91, observando que, em alguns casos, partes privadas apresentaram moções levantando questões preliminares, tais como a definição do que seriam os autos do procedimento administrativo.

[68] Cada Estado Parte deve tomar as devidas providências para que sua legislação interna implemente estas regras. *Vide* Artigo 1904:19-5 do NAFTA.

decisão discricionária dos Estados Partes do NAFTA (diferentemente da instauração de um painel, que é obrigatória se houver solicitação de parte privada interessada).

Os Estados Partes do NAFTA podem questionar, no âmbito de um Comitê Especial (*Special Committee*) a legislação nacional de outro Estado Parte, quando sua aplicação resulte em falha na instauração do painel binacional ou na implementação de suas determinações positivas em matéria de AD ou MC.[70] Se o Comitê Especial fizer uma determinação positiva, as Partes envolvidas devem iniciar consultas, nas quais devem procurar alcançar uma solução mutuamente satisfatória.[71] Passados 60 dias do relatório do Comitê Especial, se as partes ainda não tiverem alcançado solução mutuamente satisfatória, a parte reclamante pode suspender a aplicação do sistema à Parte reclamada, ou

[69] Um EEC somente pode ser iniciado se "*a panel member engages in gross misconduct, was biased, or had a serious conflict of interest*", ou se "*the panel departed seriously from a fundamental rule of procedure or it manifestly exceeded its powers, authority or jurisdiction [], for example by failing to apply the appropriate standard of review*", devendo o Estado Parte solicitando a sua implementação provar que alguma destas ações influenciou substancialmente a decisão do painel e ameaçou a integridade do processo de revisão. *Vide* Artigo 1904:13 do NAFTA. Na prática, a revisão pelo EEC não tem fornecido oportunidades para alívio em relação aos painéis mais "intrusivos", nem no NAFTA, nem em seu antecessor CFTA: somente cinco EECs foram iniciados até hoje (três na CFTA) e (02 no NAFTA), e nenhum deles resultou na reversão da decisão do painel. *Vide*, no site da Secretaria do NAFTA (http://www.nafta-sec-alena.org/DefaultSite/index_e.aspx?ArticleID=76), as decisões proferidas nos EECs. *Vide também* John M. Mercury, op. cit., bem como os exemplos ilustrativos mencionados na seção 2.3.2 *infra*.

[70] *Vide* Anexo 1905.7:19-29 do NAFTA. A possibilidade de estabelecimento do Comitê Especial foi a maior inovação do NAFTA em relação ao sistema de painel binacional da CFTA. *Vide* Leslie Alan Glick, op. cit., p. 79.

[71] *Vide* Artigo 1904:19-8 do NAFTA.

suspender concessões no âmbito do NAFTA, da forma que for apropriada ("*as may be appropriate*").[72]

Modificações introduzidas na legislação nacional dos Estados Partes precisam preencher determinadas condições para serem compatíveis com o Capítulo 19 do NAFTA.[73] Além dis-

[72] Artigo 1904:19-9 do NAFTA. O curioso é que, no caso de suspensão de concessões no âmbito do NAFTA, a Parte reclamada, atingida pela retaliação, pode também suspender concessões em relação à Parte reclamante. O Comitê Especial pode decidir recomendar, subsequentemente, que a suspensão de benfícios foi manifestamente excessiva, ou que o problema objeto da reclamação foi corrigido, portanto a suspensão de benefícios deve ser encerrada. *Vide* Artigo 1904:19-9. Caso não haja correção do problema, a suspensão dos benefícios pode continuar em efeito indefinidamente.

[73] *Vide* Artigo 1902(2) do NAFTA:

"Each Party reserves the right to change or modify its antidumping law or countervailing duty law, provided that in the case of an amendment to a Party's antidumping or countervailing duty statute: "(b) the amending Party notifies in writing the Parties to which the amendment applies of the amending statute as far in advance as possible of the date of enactment of such statute; (c) following notification, the amending Party, on request of any Party to which the amendment applies, consults with that Party prior to the enactment of the amending statute; and (d) such amendment, as applicable to that other Party, is not inconsistent with (i) the General Agreement on Tariffs and Trade (GATT), the Agreement on Implementation of Article VI of the General Agreement on Tariffs and Trade (the Antidumping Code) or the Agreement on the Interpretation and Application of Articles VI, XVI and XXIII of the General Agreement on Tariffs and Trade (the Subsidies Code), or any successor agreement to which all the original signatories to this Agreement are party, or (ii) the object and purpose of this Agreement and this Chapter, which is to establish fair and predictable conditions for the progressive liberalization of trade between the Parties to this Agreement while maintaining effective and fair disciplines on unfair trade practices, such object and purpose to be ascertained from the provisions of this Agreement, its preamble and objectives, and the practices of the Parties."

so, qualquer modificação na legislação nacional de AD ou MC dos Estados Partes do NAFTA está sujeita a controle via arbitragem obrigatória. [74]

2.3. *Análise Comparada*

2.3.1. Competência

A competência dos painéis binacionais limita-se à revisão de determinações definitivas em matéria de antidumping e medidas compensatórias, não incluindo salvaguardas. A exclusão da análise de salvaguardas não chega a ser uma desvantagem no NAFTA, tendo em vista que, conforme já mencionado acima, o acordo restringe a possibilidade de aplicação destas medidas às importações intra-bloco.[75] No caso de adoção de sistema similar na ALCA, porém, este é um importante ponto no qual é preciso desviar-se do modelo NAFTA, para que a competência do painel binacional abranja, também, a imposição de salvaguardas. Com efeito, considerando que a ALCA compreenderá 34 países, parece improvável que um sistema restringindo a imposição de salvaguardas intra-ALCA seja posto

---

[74] *Vide* Artigo 1903 do NAFTA. "Review of Statutory Amendments:

1. A Party to which an amendment of another Party's antidumping or countervailing duty statute applies may request in writing that such amendment be referred to a binational panel for a declaratory opinion as to whether: (a) the amendment does not conform to the provisions of Article 1902(2)(d)(i) or (ii); or (b) such amendment has the function and effect of overturning a prior decision of a panel made pursuant to Article 1904 and does not conform to the provisions of Article 1902(2)(d)(i) or (ii)."

[75] Sem mencionar que a decisão final sobre imposição de salvaguardas é uma decisão do Presidente dos EUA, o que as cortes norte-americanas tem grandes reservas em questionar. *Vide*, a propósito, John Jackson, William J. Davey e Alan O. Sykes, op. cit.

em funcionamento em um futuro próximo.[76]

Outro ponto a destacar em matéria de competência é a diferença entre os poderes do painel e os poderes da CIT, sob sua competência residual. A revisão da decisão determinando a abertura de investigações ou fixando direitos provisórios, e a concessão de liminares suspendendo procedimentos e taxas não estão disponíveis ao painel binacional, limitado a rever determinações definitivas. Aparentemente, aqui haveria vantagem na opção pela revisão judicial. No entanto, na prática, a CIT exercita muito raramente sua competência residual, e, mesmo quando decide fazê-lo, pode ter de enfrentar objeções da indústria nacional, levando eventual liminar a ser cancelada.[77] Além disso, eventual recurso à CIT durante a fase preliminar não impede uma revisão posterior da determinação final pelo painel binacional.[78] Finalmente, o NAFTA permite que, na presença de medidas provisórias, seja iniciado antecipadamente o processo de instauração do painel binacional, o que reduz o tempo para início da revisão (o painel já estará estabelecido, ou próximo de, à época da determinação definitiva, a qual tem competência para rever).[79]

2.3.2. Parâmetros da revisão

Os painéis binacionais revisando determinações das autoridades administrativas norte-americanas em matéria de

---

[76] Em termos práticos, seriam possivelmente exportações demais para excluir da aplicação da medida. Além disso, a eliminação de salvaguardas seria mais intrusiva na legislação interna norte-americana, requerendo negociações adicionais com o Congresso, devido aos limites estabelecidos na TPA, como discutido adiante em maior detalhe.

[77] *Vide* Elizabeth C. Seastrum e Myles S. Getlan, op. cit., p. 897.

[78] *Id.*

[79] *Vide* Artigo 1904.4 do NAFTA.

antidumping e medidas compensatórias estão vinculados à aplicação dos mesmos parâmetros de revisão que vinculam as cortes norte-americanas, e, efetivamente, têm decidido em conformidade a esses parâmetros.[80] No entanto, conforme já destacado anteriormente, o resultado da aplicação dos parâmetros de revisão no caso concreto depende do entendimento do julgador sobre a clareza da lei no que respeita à questão específica objeto da controvérsia, bem como sobre a razoabilidade da interpretação adotada e da fundamentação apresentada pelo DOC e pela ITC.

As decisões da CIT em matéria de AD/MC têm variado muito dentro de uma larga faixa de possíveis interpretações, com maior ou menor grau de deferência ao entendimento das autoridades administrativas,[81] mas concentrando o número mais expressivo de decisões na ponta mais "deferente" deste espectro.[82] CIT e CAFC tendem a entender que o legislador não expressou claramente sua intenção, e também a considerar a interpretação adotada pelas autoridades administrativas "razoável", acatando, em conseqüência, as decisões do DOC e da ITC.[83] Por esta razão, a revisão judicial de AD/MC nos EUA tem permitido às autoridades administrativas norte-americanas manter grande

---

[80] *Vide* John M. Mercury, op. cit., p. 409.

[81] *Vide* Eric J. Pan, op. cit., p. 385, 407-8. *Vide também* John M. Mercury, op. cit., p. 596.

[82] *Vide* Eric J. Pan, op. cit., p.384, fazendo referência a críticas à CIT e à CAFC por acatarem excessivamente o entedimento das autoridades administrativas.

[83] *Vide* análise a esse respeito feita por John M. Mercury, op. cit. *Vide também* William J. Davey, op. cit., p. 230 (observando que "*[g]enerally ITC decisions have not been reversed, even if remanded*", e citando James A. Toupin, "Siblings before the bench: the International Trade Commission and the Department of Commerce before the Court of International Trade", 25(1) Law and Policy in International Business, p. 147, 1993.

margem de discricionariedade na elaboração de suas determinações. Em contraste, nas revisões por painéis binacionais do NAFTA (e, anteriormente, da CFTA), os julgadores têm com bem mais freqüência entendido que a interpretação adotada pela autoridade administrativa não é permissível.[84]

Possivelmente, a discrepância entre os resultados da revisão pelo painel e a revisão judicial se deva à diferença no nível de conhecimento técnico em matéria de defesa comercial entre os de integrantes do painel binacional, de um lado, e os Juízes da CIT e da CAFC, de outro.[85] Os integrantes do painel são necessariamente profissionais familiarizados com direito do comércio internacional, conhecimento técnico que não é requerido dos profissionais que integram a CAFC e a CIT.[86] O alto grau de conhecimento técnico em direito do comércio in

[84] *Vide* Ralph H. Folsom, op. cit., p. 61. *Vide também* Eric J. Pan, op. cit., p. 442.

[85] *Vide* Ralph H. Folsom, op. cit., p. 596-7. *Vide também* Eric J. Pan, op. cit., p. 391, observando que "*NAFTA binational panelists [] have greater expertise than U.S. Judges in international trade issues[, and [t]his] higher level of expertise affects the amount o deference that a binational panel might give to the Department of Commerce and ITC*".

[86] A CIT, embora especializada em questões comerciais e aduaneiras, examina poucos casos envolvendo a aplicação de medidas de defesa comercial. *Vide* Eric J. Pan, op. cit., Nota 79. (A CIT também aprecia questões de classificação tarifária e valoração aduaneira, entre outras. *Vide id* , p. 384). A CAFC sequer é especializada em questões aduaneiras e de comércio internacional, e, efetivamente, não tem sido capaz de prover orientação consistente em matéria de AD/MC. Por exemplo, a CAFC prolatou uma série de decisões anunciando diferentes padrões de deferência em dois diferentes recursos impetrados no mesmo procedimento. Em *Smith-Corona* (713 F.2d, p.1568), a CAFC acatou o entendimento do DOC, afirmando que era razoável que o órgão fizesse uma comparação "maçãs com maçãs", ao passo que, em *Silver Reed* (753 F.2d., p. 1033), a Corte novamente acatou o entendimento do DOC, desta vez afirmando que não era razoável que o órgão fizesse uma comparação "maçãs com maçãs".

ternacional e a familiaridade com os intrincados detalhes da legislação e dos regulamentos de comércio internacional torna os painelistas mais aptos a avaliar os procedimentos adotados pelas autoridades administrativas norte-americanas no âmbito das investigações de AD/MC.[87] Por esta razão, os painéis têm menor probabilidade de acatarem interpretações e práticas administrativas mal fundamentadas, as quais eles são bem mais habilitados a reconhecer e criticar do que os Juízes, os quais tendem a acatar o entendimento "especializado" do DOC/ITC.

Mesmo sendo mais rigorosas na avaliação das ações das autoridades administrativas, as decisões dos painéis observam os parâmetros de revisão norte-americanos, e mantém-se dentro da mesma faixa de resultados de decisões judiciais, apenas concentrando-se na ponta menos deferente deste espectro.[88] Os painéis têm examinado e debatido meticulosamente proposições conflitantes existentes na jurisprudência administrativa norte-americana sobre parâmetros de revisão, e usado afirmações conflitantes de precedentes para construir um parâmetro de revisão mais estrito, aplicado no exame da determinação da ITC ou DOC objeto da disputa.[89] A aplicação dos parâmetros de revi-

[87] *Vide* Eric J. Pan, op. cit., p. 405. Pelas mesmas razões, cortes judiciais norte-americanas e painéis binacionais também tendem a aplicar *Charming Betsy* diferentemente. *Id.*, p. 446. Os membros dos painéis são especialistas em direito do comércio internacional, que tendem a conhecer não apenas a legislação norte-americana de comércio internacional, mas também a conhecer e respeitar os acordos internacionais do comércio e sua intepretação. *Id.* Desta forma, painelistas têm maior capacidade de idenficar conflitos entre a interpretação adotada pelas autoridades administrativas e as normas internacionais do que Juízes da CIT ou da CAFC, tendo interpretações adotadas pelo DOC ou ITC que sejam incompatíveis com os acordos internacionais menor probabilidade de sobreviver ao escrutínio do painel do que ao escrutínio judicial.

[88] *Vide.* John M. Mercury, op. cit., p. 596.

[89] *Id.*, p. 553.

são com esse viés mais rigoroso tem resultado na efetiva reversão de vários entendimentos das autoridades administrativas norte-americanas,[90] como ilustram os cinco casos mais controvertidos ocorridos durante o funcionamento deste sistema na CFTA/NAFTA. Estes casos (os únicos levados a revisão pelo *Extraordinary Challenge Committee* (ECC) em um período total de quase 15 anos) são *Pork*,[91] *Live Swine*,[92] *Softwood Lumber*,[93] *Grey Portland Cement*[94] e *Pure Magnesium*.[95]

2.3.2.1. *Pork*

Em *Pork*, com base no fato de que a produção de carne de porco havia aumentado de 2.0 bilhões de *pounds* em 1986 para 2.6 bilhões de *pounds* em 1988, a ITC inferiu que o excesso de produção acima do consumo no Canadá (600 milhões de *pounds*) seria exportado para os EUA, e fez uma determinação final positiva de ameaça de dano.[96] O painel binacional articu-

[90] *Id.*

[91] *Fresh, Chilled and Frozen Pork from Canada*, ECC-91-1904-01USA (14 de Junho de 1991). Disponível em: http://www.nafta-sec-alena.org/DefaultSite/index_e.aspx?DetailID=442.

[92] *Live Swine from Canada*, ECC-93-1904-01USA (08 de Abril de 1993). Disponível em: http://www.nafta-sec-alena.org/DefaultSite/index_e.aspx?DetailID=442.

[93] *Certain Softwood Lumber Products from Canada*, ECC-94-1904-01USA (03 de Agosto de 1994). Disponível em: http://www.nafta-sec-alena.org/DefaultSite/index_e.aspx?DetailID=442.

[94] *Gray Portland Cement and Clinker from Mexico*, ECC-2000-1904-01USA (30 de Outubro de 2003). Diponível em: http://www.nafta-sec-alena.org/DefaultSite/index_e.aspx?DetailID=796.

[95] *Pure Magnesium From Canada*, ECC-2003-1904-01USA (07 de Outubro de 2004). Diponível em: http://www.nafta-sec-alena.org/DefaultSite/index_e.aspx?DetailID=796.

[96] *Vide* John M. Mercury, op. cit., p. 576.

lou critérios rigorosos com base na jurisprudência norte-americana sobre o parâmetro "*substantial evidence on the record*", e, com base neste, afirmou que o entendimento da ITC sobre "ameaça de dano" não era sustentável por carecer de fundamentação com base nas provas existentes nos autos, reenviando a questão para nova determinação.[97]

Baseada em reconsiderações, a ITC apresentou nova determinação positiva de ameaça de dano à indústria norte-americana de carne de porco.[98] Desta vez, a agência fundamentou sua decisão na teoria de que um aumento no valor dos subsídios canadenses ao porco de corte levaria à imposição de MC mais elevadas sobre as importações de suínos vivos canadenses.[99] O aumento no montante das MCs incidentes sobre as exportações de suínos vivos teria o efeito de estimular os produtores de porco de corte a venderem mais seus produtos aos produtores canadenses de carne de porco.[100] Estes, por sua vez, responderiam produzindo mais carne de porco, parte do qual seria exportada para os EUA, implicando "ameaça de dano substancial" à correspondente indústria norte-americana.[101]

O caso voltou ao painel binacional que, desta vez, emitiu instruções específicas sobre prova à ITC.[102] A ITC finalmente implementou a decisão, emitindo determinação negativa de ameaça de dano, embora criticando o que qualificou de "egrégios erros de direito" na segunda decisão do painel.[103] O caso foi então levado a revisão pelo ECC, o qual, embora

[97] *Id.*

[98] *Id.*, p. 577.

[99] *Id.*

[100] *Id.*

[101] *Id.*

[102] *Vide* Ralph H. Folsom, op. cit., p. 164.

[103] *Id.*

tenha notado que as determinações do painel *podem* não ter seguido as normas norte-americanas sobre prova, decidiu por unanimidade que não havia erro egrégio na decisão.[104]

2.3.2.2. *Live Swine* e *Softwood Lumber*

No caso *Live Swine*, o DOC havia determinado que um subsídio era específico à indústria de suíno vivo canadense porque, embora disponível em termos gerais, beneficiava apenas dez tipos de *commodities* agrícolas (tendo o DOC estimado o universo de beneficiários potenciais em torno de cem produtos). Utilizando o teste "*substantial evidence*",[105] o painel decidiu que a conclusão do DOC não era "razoável", pois o órgão deveria ter analisado todos os quatro fatores relevantes mencionados em suas próprias Propostas de Regulamento ("*Proposed Regulations*") sobre determinação de especificidade, e, não, apenas um único fator (no caso, o número estimado de potenciais beneficiários).[106]

Após nova determinação do DOC, que tentou chegar à mesma conclusão de especificidade por outros meios, e nova revisão pelo painel, mantendo a decisão sobre a ilegitimidade do procedimento, a questão foi à revisão do ECC.[107] O ECC em *Live Swine*, repetindo *Pork*, disse que o painel podia ter cometido erros de direito,[108] mas confirmou a decisão.[109] A mesma situação se repetiu em *Softwood Lumber*, com o painel condenando,

[104] *Id.*, p. 64.

[105] Nos termos do precedente *Matsushita Elec. Ind. Co.* v. *United States* ("*such reasonable evidence as a reasonable mind might accept as adequate to support a conclusion*"). Cit. na nota 30.

[106] *Vide* John M. Mercury, op. cit., p. 582.

[107] *Vide* John M. Mercury, op. cit., p. 582.

[108] Não "erros graves".

[109] *Vide* John M. Mercury, op. cit., p. 582.

como "não razoável", conclusão do DOC sobre a especificidade de subsídio, baseada em apenas um fator,[110] a decisão seguindo para revisão pelo ECC, e sendo mantida por este.[111]

2.3.2.3. *Gray Portland Cement*

Em *Gray Portland Cement*, já sob a égide do NAFTA, o DOC, em seus Resultados Finais ("*Final Results*") para propósitos de calcular o montante do antidumping para o período da revisão, adotou uma definição de "produto similar estrangeiro" diferente daquela adotada em procedimento anterior, embora a prova existente nos autos fosse substancialmente similar à prova presente no procedimento anterior, não havendo provas novas no procedimento atual.[112] O painel rejeitou a definição de "produto similar estrangeiro" feita pelo DOC por

[110] O DOC havia concluído que: (a) os "programas de selo" canadenses ("*stumpage programs*") constituíam subsídio *de facto* porque a taxa do selo ("*stumpage fee*") (que era o preço pago para remover uma árvore) era artificialmente baixa; e (b) que os produtores de softwood lumber beneficiavam-se especificamente do subsídio porque o número de usuários deste subsídio era limitado. *Vide* John M. Mercury, op. cit., p. 587-96.

[111] *Vide* John M. Mercury, op. cit., p. 587-96. O caso *Softwood Lumber* também demonstra, porém, os limites práticos do procedimento de revisão por painel binacional, pois, a despeito do fato de ter ganho juridicamente, o Canadá aceitou entrar em um acordo com os EUA, e passou a impôr taxas sobre as exportações de softwood lumber destinadas ao mercado norte-americano que excedessem certos limites, com os EUA se comprometendo, em troca, a não iniciar novas investigações de subsídios durante o prazo em que vigorasse o acordo. *Vide* Ralph H. Folsom, *op. cit.*, p. 65. Mesmo assim, é razoável afirmar que os níveis de exportação de softwood lumber canadense para os EUA provavelmente seriam bem mais baixos se os EUA tivessem podido aplicar medidas compensatórias sem maiores restrições, nos termos da determinação de suas autoridades administrativas.

[112] *Vide Gray Portland Cement and Clinker from Mexico*, cit. na nota 94.

entender que este não havia aplicado todos os critérios estabelecidos no dispositivo legal aplicável, e que a determinação carecia de prova substancial nos autos.[113]

Os EUA levaram o caso ao exame do ECC, alegando que o painel não teria seguido os parâmetros de revisão conforme *Consolo* e *Chevron*, os quais exigiriam deferência ao conhecimento técnico do DOC.[114] Seguindo o padrão dos procedimentos transcorridos sob a CFTA, o ECC manteve a decisão do painel, por entender que este havia entendido e aplicado, em sua análise, o parâmetro de "prova substancial" e o precedente *Chevron* sobre grande deferência às decisões administrativas, mesmo que a perspectiva sob a qual os tivesse aplicado parecesse errônea sob a perspectiva dos EUA, e não fosse o enfoque mais bem arrazoado.[115]

2.3.2.4. *Pure Magnesium*

No caso *Pure Magnesium*, o DOC, em decisão definitiva sobre revisão qüinqüenal ("*sunset review*") de direitos antidumping, decidiu manter os direitos em vigor por entender que a drástica redução das importações do produto objeto da revisão, ocorrida após o início da aplicação dos direitos antidumping, indicava que a revogação das medidas resultaria na recorrência do dumping.[116] O painel rejeitou as razões apre-

[113] *Id.*

[114] *Id.*

[115] *Id.*

[116] *Vide Pure Magnesium From Canada*, cit. na nota 95, par. 1-2. As medidas em questão haviam sido impostas em 1992, tendo a revisão qüinqüenal sido concluída em 2000. *Id.* A margem original de dumping era de 21%, contudo as quatro revisões administrativas subseqüentes à imposição não encontraram nenhuma margem. *Id.* As importações virtualmente cessaram logo após a imposição do antidumping, tendo sido retomadas posteriormente, mas em volumes muito inferiores aos do período que antecedeu as medidas (nunca atingiram mais do que 10% do volume original). *Id.*

sentadas pelo DOC para não considerar, em sua decisão, outros fatores além da redução nas importações, tendo reenviado a questão ao órgão para que este considerasse pleitos do Governo de Québec (GQ) relativamente à existência de "boa causa" ("*good cause*") para o exame de outros fatores.[117]

Em reenvio, o DOC emitiu determinação rejeitando o argumento de que uma margem zero de dumping em quatro revisões administrativas consecutivas configurasse "boa causa" para o exame de outros fatores, e afirmando que o exportador não havia oferecido prova de sua alegação de "outro fator".[118] O painel, em segunda revisão, reenviou mais uma vez a questão ao DOC para consideração mais aprofundada da prova existente nos autos, e determinou que o órgão consultasse as partes sobre suplementação dos autos.[119]

---

[117] *Vide* 19 U.S.C. par. 1675(c)(1) e (2), o qual estabelece que, na revisão, o DOC deve considerar outros fatores além do volume de importações antes e depois da revisão, se for demonstrada a existência de "boa causa" para tanto. *Vide Pure Magnesium From Canada*, cit. na nota 95, par. 3.

[118] Durante o procedimento de revisão, o exportador havia alegado como "outro fator", a ser considerado pelo DOC, a ocorrência de mudança na sua carteira de produtos, de *pure magnesium* (objeto das medidas) para *alloy magnesium*, mudança esta que demonstraria não ser comercialmente viável um retorno à produção da mercadoria objeto das medidas. *Vide Pure Magnesium From Canada*, *supra* note 95, para. 4. A fim de comprovar a alegada mudança na carteira de produtos, o exportador havia juntado aos autos cópias de contratos de longo-prazo para fornecimento de *alloy magnesium*, os quais haviam sido, porém, rejeitados pelo DOC, por terem sido juntados fora do prazo previsto nas regulamentações do órgão. *Id.* No exame em reenvio, o exportador reiterou as alegações referentes à mudança na carteira de produtos, que seria comprovada pelos contratos de longo prazo, mas não mais juntou cópias destes aos autos. *Id.* O DOC, em conseqüência, afirmou que o exportador não havia oferecido prova da alegação de "outro fator". *Id.*

[119] O painel notou que funcionários do exportador haviam certificado depoimentos acurados de consumidores relativos a compromissos, e

Na sua segunda determinação em reenvio, o DOC afirmou que não considerava adequada a suplementação dos autos (pois o exportador devia ter conhecimento dos prazos impostos pela regulamentação),[120] e que, de todo modo, tais documentos não alterariam sua conclusão de retomada de dumping.[121] O painel, em terceira revisão, considerou a ausência de explicação sobre a não suplementação dos autos e o pré-julgamento da questão relativa aos contratos de longo prazo como sendo manifestamente incompatíveis com o dever de conduzir uma revisão completa baseada nas provas existentes nos autos, e afirmou, ainda, que os depoimentos sobre a existência dos contratos eram provas que o DOC também deveria ter considerado.[122] O painel revisou as provas existentes nos autos e, tendo concluído que estas não sustentavam a conclusão de retomada de dumping, reenviou o procedimento ao DOC instruindo este a *revogar* as medidas antidumping, com fundamento em decisão da CIT que reenviava questão ao DOC com instruções de revogação.[123] O caso foi então levado pelos EUA à revisão pelo ECC.

O ECC aceitou moção de que os documentos rejeitados pelo DOC por protocolo intempestivo não faziam parte dos autos e, portanto, não podiam ser considerados pelo painel.[124] Embora reconhecendo que grande parte da avaliação do

determinou ao DOC que solicitasse as opiniões das partes sobre a abertura dos autos para juntada das cópias dos contratos de longo-prazo (*Vide Pure Magnesium From Canada*, cit. na nota 95, par. 5).

[120] *Vide* 19 C.F.R. par. 351.218(d)(4), o qual estabelece que o DOC "normalmente" não aceitará informação submetida pelas partes após certos limites de prazo.

[121] *Vide Pure Magnesium From Canada*, cit. na nota 95, par. 6.

[122] *Id.*, par. 7.

[123] *Id.* O precedente da CIT que fundamentou essa decisão é *Nippon Steel vs. United States* 233 F.Supp.2.d. 1349 (CIT 2002).

[124] *Vide Pure Magnesium From Canada*, cit. na nota 95, par. 11.

painel sobre questões de fato constituíra legítima aplicação do parâmetro de revisão "prova substancial", o ECC, apontou, também, que as conclusões baseadas nos contratos de longo-prazo e em argumentos deles derivados constituíram extrapolação dos poderes do painel (por incorreta aplicação do parâmetro de revisão).[125] O ECC também concluiu que, devido à freqüência e extensão das várias assunções e especulações relacionadas aos contratos de longo-prazo, era impossível avaliar em que medida conclusões baseadas nestes elementos haviam afetado a decisão final do painel, sendo destarte forçoso concluir que a decisão havia sido substancialmente afetada.[126]

Não obstante ter reconhecido que o painel havia cometido erros graves, os quais haviam afetado sua decisão, o ECC, ao final, manteve a decisão do painel, pois considerou ausente o elemento "ameaça à integridade do sistema de revisão por painel".[127] O ECC entendeu que a decisão do painel de reenviar a questão ao DOC com instruções para que o órgão revogasse os direitos antidumping não configurava falha na aplicação do direito norte-americano, pois se baseava em precedente da CIT, uma fonte legítima do direito conforme o Artigo 1904(2) do NAFTA, à época em que a decisão do painel foi prolatada.[128]

Finalmente, indo além do exame da existência, ou não, de violação às regras do NAFTA que autorizasse a revisão da decisão do painel, o ECC observou que: (1) o painel tinha competência para determinar ao DOC que solicitasse a juntada dos

---

[125] *Id.*, par. 19-26.

[126] *Id.*, par. 27.

[127] *Id.*, par. 28-37.

[128] *Id.*, par. 35-36. Esta decisão da CIT havia sido reformada pela CAFC após o painel ter proferido sua decisão; o ECC afirmou que tal reforma *a posteriori* não era relevante, importando, sim, o fato de que a decisão estava em vigor à época em que o painel nela fundamentou seu próprio julgamento. *Id.*

contratos de longo prazo aos autos, e deveria tê-lo feito, ao invés de decidir com base em documentos ausentes;[129] (2) o DOC deveria olhar a história dos reenvios neste caso como um todo e conduzir a revisão total e completa que o painel solicitara desde o início (isto é, incluindo os documentos ausentes), pois *seria um exercício de futilidade o DOC implementar um decisão que sabe ser errada.*[130]

2.3.2.5. Comentário

Os casos mencionados acima ilustram bem o quão longe as revisões dos painéis têm ido – e sido mantidas, mesmo passando pelo escrutínio do ECC – na tarefa de trazer um mínimo de previsibilidade e coerência às ações das autoridades administrativas norte-americanas. Disto resulta, em primeiro lugar, limitação às ações arbitrárias e abusivas, possibilitando a eliminação de direitos aplicados indevidamente e significativas reduções no valor dos direitos pagos.[131] Além disso, os casos referidos demonstram que, mesmo não tendo formalmente efeito de precedente, as decisões dos painéis têm formado uma jurisprudência coerente, bem mais uniforme e previsível que a jurisprudência da CIT e da CAFC em matéria de comércio internacional.[132] Este elementos de coerência, uniformidade e previsibilidade induzem a uma maior contenção e coerência no

[129] *Vide Pure Magnesium From Canada*, cit. na nota 95, par. 38-40.

[130] *Id.*, par. 40-41.

[131] A título ilustrativo, vale mencionar que, na CFTA, em 9 casos (de um total de 14) nos quais os direitos foram eliminados ou reduzidos, a redução média foi de 28.20% a menos do que o valor percentual dos direitos originalmente aplicados. *Vide* John M. Mercury, op. cit., p. 529.

[132] Um exemplo dos efeitos da imprevisibilidade da CIT sobre a segurança jurídica foi a situação em que, baseando-se no fato de que as decisões da CIT não configuram precedente obrigatório, uma das autoridades administrativas norte-americanas recusou-se a aceitar a orientação

curso das investigações de prática de dumping ou subsídios, a qual traduziu-se em redução substancial na abertura de investigações intra-NAFTA após a adoção do acordo de liberalização comercial.[133]

2.3.3. Elementos procedimentais

O procedimento de substituir a revisão judicial pela revisão por painel binacional, a ser instaurado mediante iniciativa privada de caráter obrigatório para os Estados Partes, permite a despolitização da revisão de procedimentos AD/MC, comum no plano interno dos EUA.[134] Ao mesmo tempo, a manutenção da iniciativa das disputas nas mãos das partes priva-

---

dada por uma decisão da Corte até que esta fosse afirmada pela CAFC. *Vide* Eric J. Pan, op. cit., p. 407-8. *Vide* John M. Mercury, op. cit., p. 603, destacando que as decisões de painéis anteriores têm sido persuasivas, sendo, inclusive, citadas por outros painéis.

[133] *Vide* Beatriz Leycegui e Mario Ruiz Cornejo, op. cit., p. 19. Os autores analisam o impacto do NAFTA na abertura de investigações AD/MC, e observam que, em comparação ao número de investigações abertas no período entre 1987 e 1993, o número de investigações abertas entre 1994 e 1999 caiu quase 60%, a despeito de um crescimento de 142% no comércio intra-NAFTA no mesmo período. *Id.* Este dado é surpreendente e bastante significativo, considerando que o esperado seria que, devido à redução das barreiras tarifárias, inerente à implantação da zona de livre comércio, houvesse uma tendência de aumento do recurso às medidas de defesa comercial, por parte dos setores afetados pelo aumento de competição trazido pela liberalização comercial.

[134] *Vide* M. Stein, *Injury determination at the US International Trade Commission*, antidumping and countervailing conference, 30 (Toronto, March 24 1993) (citado por Gabrielle Marceau, op. cit., p. 240), que observa ter a adoção do sistema de painel binacional despolitizado os casos de AD/MC, correspondendo, assim, à expectativa canadense de que os painéis iriam resultar na remoção de direitos antidumping e medidas compensatórias politicamente sensíveis, as quais teriam sido afirmadas em revisões judiciais nos EUA.

das evita que o processo de instauração e o julgamento do procedimento sejam afetados por questões políticas externas.

A não sujeição da decisão do painel a revisão judicial permite decisões mais uniformes (fugindo da instabilidade da CIT e CAFC, já discutida acima), e conseqüentemente, maior segurança jurídica e previsibilidade para os agentes econômicos afetados por procedimentos AD/MC nos EUA. Além disso, as limitadas oportunidades de recurso contribuem para reduzir o prazo para a revisão pelo painel binacional, em comparação com a revisão judicial. Na CFTA, a maioria das decisões de painéis binacionais (cinqüenta no total, dois terços revendo determinações da ITC ou DOC) foram tomadas em menos de um ano.[135] No NAFTA o prazo médio aumentou significativamente, para 533 dias, mas ainda fica abaixo do prazo médio para encerramento dos procedimentos judiciais envolvendo AD/MC nos EUA, que leva de 540 a 900 dias perante a CIT, e de dois a cinco anos se houver recurso à CAFC.[136] A redução da celeridade dos procedimentos dos painéis binacionais no NAFTA em comparação com a CFTA se deve, sobretudo, à demora na instauração do painel causada por dificuldades na seleção de painelistas.[137] A fim de evitar este problema, é recomendável que, ao projetar um sistema similar para a ALCA, sejam adotadas duas alterações fundamentais em relação ao sistema do NAFTA. A primeira seria estabelecer que, na ausência de acordo entre as Partes sobre os integrantes do painel a serem indicados por cada uma, a indicação seja feita pela

---

[135] *Vide* Ralph H. Folsom, op. cit., p. 61.

[136] *Vide* Beatriz Leycegui e Mario Ruiz Cornejo, op. cit., p. 33 e nota 92.

[137] Vide explicação na nota 52 acima. Sucessivas revisões pelo painel não chegam a ser um problema tão significativo, pois podem ser (e têm sido) administradas pelos próprios painéis, por meio da adoção de instruções expressas às autoridades administrativas nacionais resistentes ao cumprimento da decisão.

Secretaria da ALCA.[138] A segunda seria estabelecer que os membros do painel devem ser indicados *preferencialmente* a partir das listas nacionais dos Estados Partes envolvidos, mas podem também ser indicados a partir das listas dos demais Estados Partes. Alternativamente, poderia ser proposto o estabelecimento de um painel com composição fixa e mandato temporário, o qual ficaria responsável pelo julgamento de todos os casos, independente de nacionalidade.

A possibilidade de questionar legislação doméstica que impeça ou prejudique o funcionamento do sistema de revisão por painel é ferramenta muito importante para garantir a manutenção das vantagens conquistadas por meio da sua adoção. Este recurso impede os Estados Partes de utilizarem-se da legislação nacional para frustrar o sistema de revisão por painel. Outro elemento positivo desta regra é o lapso temporal entre a decisão do Comitê Especial que analisa a questão e a autorização para a Parte reclamante retaliar, bastante reduzido para o padrão das disputas comerciais internacionais (apenas 60 dias).[139] O ponto negativo é a possibilidade de a Parte reclamada também suspender a concessão de benefícios, elemento

---

[138] Similarmente ao que ocorre no sistema de solução de controvérsias da OMC. *Vide* Entendimento sobre Solução de Controvérsias, Artigo 8.7, que dispõe:

"Se não houver acordo quanto aos integrantes do painel dentro de 20 dias após seu estabelecimento, o Diretor-Geral, a pedido de qualquer das partes, em consulta com o Presidente do OSC e o Presidente do Conselho ou Comitê pertinente, determinará a composição do painel, e nomeará os integrantes mais apropriados segundo as normas e procedimentos especiais ou adicionais do acordo abrangido ou dos acordos abrangidos de que trate a controvérsia, após consulta com as partes em controvérsia."

[139] Na OMC, por exemplo, em contraste, o período médio considerado razoável para implementação de decisões é de 18 meses, antes que medidas retaliatórias possam ser impostas.

que deve ser modificado em uma proposta para a ALCA, porque, de outra forma, a suspensão de benefícios não faz sentido e não tem efeito constritor.

O controle sobre as alterações na legislação nacional de AD/MC é mais uma ferramenta bastante interessante do sistema de painel binacional do NAFTA, evitando, em particular, que os Estados Partes venham a lançar mão de alterações na sua legislação nacional de AD/MC para fechar "furos" detectados em seu arsenal protecionista.[140] O problema fica por conta do remédio previsto no NAFTA para tais situações, no caso de não implementação de legislação corretiva, que é a adoção de legislação comparável, ou o rompimento do acordo (NAFTA) mediante aviso prévio de 60 dias.[141] Sugere-se que, no desenho de um sistema similar para a ALCA, estas alternativas sejam substituídas pela possibilidade de suspensão de benefícios no âmbito da ALCA ("retaliação").

III. Viabilidade jurídica do sistema de painel binacional na ALCA

3.1. Compatibilidade com o quadro jurídico da ALCA

Os objetivos negociadores estabelecidos na ALCA para a área de subsídios, antidumping e medidas compensatórias são silentes com respeito ao sistema de revisão por painel binacional. O primeiro parágrafo do mandato negociador conclama o grupo negociador a "*examine ways to deepen ... existing disciplines ... in the WTO Agreement on Subsidies and*

[140] O que é muito importante tendo em conta que, conforme já observado anteriormente, os resultados dos painéis binacionais têm se concentrado na ponta menos deferencial da faixa de possíveis interpretações compatíveis com os padrões de revisão norte-americanos.

[141] *Vide* Artigo 1903.3(b) do NAFTA.

Countervailing Measures and enhance compliance with the terms of the WTO Agreement on Subsidies and countervailing Measure".[142] O segundo parágrafo refere o objetivo de "*achiev[ing] a common understanding with a view to improving ... the rules and procedures for the operation and enforcement of trade remedy laws*".[143]

Os objetivos negociadores da ALCA para a área de solução de controvérsias também não fazem referência a um sistema de solução de controvérsias especial para a área de defesa comercial. O primeiro parágrafo do mandato negociador para solução de controvérsias refere o objetivo de "*[e]stablish[ing] a ... mechanism for dispute settlement among FTAA countries, taking into account inter alia the WTO Understanding on Rules and Procedures Governing the Settlement of Disputes*".[144] O segundo parágrafo estabelece o objetivo de "*[d]esign[ing] ways to facilitate and promote the use of arbitration and other alternative dispute settlement mechanisms, to solve private trade controversies in the framework of the FTAA*".[145]

A referência a um mecanismo de solução de controvérsias seguindo o padrão do sistema de solução de controvérsias da OMC (OSC/OMC), e a meios alternativos de solução de disputas para controvérsias entre partes privadas, à primeira

---

[142] Vide Negotiating Group on Subsidies, Antidumping and Countervailing Measures, Objectives by Issue Area, Anexo II da *IV Trade Ministerial Declaration*, feita em São José, Costa Rica, em 19 de Março de 1998 ("Declaração de São José"). Disponível em: http://www.ftaa-alca.org.

[143] *Id.*

[144] *Vide* Dispute Settlement, Objectives by Issue Area, Anexo II da Declaração de São José. Disponível em: http://www.ftaa-alca.org/.

[145] *Id.*

vista, excluiriria a possibilidade de um mecanismo de solução de disputas diferente do padrão do OSC/OMC para controvérsias entre Estados Partes da ALCA.[146] Não obstante, propostas para a adoção de mecanismos especiais de solução de disputas envolvendo Estados Partes da ALCA não apenas têm sido apresentadas, como também posteriormente receberam endosso oficial, inscrito nas instruções aos grupos negociadores.

As instruções gerais aos grupos negociadores contêm recomendação expressamente dirigida àqueles grupos que estejam "redigindo dispositivos especiais sobre solução de controvérsias"[147]. O endosso da possibilidade de elaboração de regras especiais sobre solução de controvérsias para certas áreas, a despeito da ausência de qualquer referência a esse procedimento no mandato negociador, sugere fortemente que o quadro jurídico da ALCA permite uma proposta para o estabelecimento de um sistema para revisão de medidas de defesa comercial por painel binacional.

A evolução das negociações da ALCA na área de investimentos fornece suporte adicional à conclusão de que um sistema especial de solução de controvérsias do tipo de um painel binacional não é excluído do quadro jurídico da ALCA. O mandato negociador para investimentos estabelece o objetivo de "*establish[ing] a fair and transparent legal framework to*

---

[146] Embora o painel binacional substitua o recurso ao Judiciário pelas partes privadas, e este sistema deposite nas mãos destas o poder de provocar a instauração do procedimento, as ações são promovidas pelos Estados Partes. Por essa razão, este sistema não poderia, a rigor, ser incluído no conceito de mecanismo de solução de controvérsias entre partes privadas.

[147] *Vide* Artigo 3, General Instructions, Instructions to the Negotiating Groups, Anexo I da *VI Declaração Ministerial Declaration*, feira em Buenos Aires, Argentina, em 07 de Abril de 2001 (Declaração de Buenos Aires Declaration). Disponível em: http://www.ftaa-alca.org.

promote investments through the creation of a stable and predictable environment that protects the investor, his investment and related flows".[148] A partir deste vago mandato, o grupo negociador de investimentos elaborou um acordo prevendo proposta para um sistema especial de solução de controvérsias que inclui até mesmo solução de controvérsias investidor-Estado.[149]

Poder-se-ia argumentar que a construção de propostas para sistemas de solução de controvérsias especiais na área de investimentos foi possível no âmbito do acordo de investimentos precisamente porque o objetivo estabelecido no mandato negociador é tão amplo. Nesta linha, se poderia concluir que o mandato negociador em matéria de subsídios, antidumping e medidas compensatórias, por ser comparativamente mais específico, não deixaria espaço para sistemas especiais de solução de controvérsias.

O contra-argumento a este raciocínio é que, embora não redigido em termos tão amplos quanto o mandato negociador para a área de investimentos, o texto do mandato negociador na área de subsídios, antidumping e medidas compensatórias tampouco é tão preciso a ponto de ser um obstáculo à inclusão de um sistema de painel binacional no quadro jurídico da ALCA. Este entendimento é confirmado pelo fato de que o capítulo dedicado a subsídios, antidumping e medidas compensatórias de fato continha, na primeira e segunda versões da minuta do Acordo da ALCA, dispositivo determinando que

> *"[w]ithin three years of the entry into force of this Agreement, the Parties shall review the feasibility of*

[148] *Vide* Investment, Objectives by Issue Area, Anexo II of the *Declaração de São José*. Disponível em: http://www.ftaa-alca.org/.

[149] *Vide* Artigo 29, Capítulo XVII, *Minuta do Acordo da ALCA* (*FTAA Draft Agreement*). Disponível em: http://www.ftaa-alca.org/FTAADraft03/ChapterXVII_e.asp.

establishing a binational and/or inter-subregional mechanism to replace judicial, arbitral or administrative tribunals and proceedings for the purpose, inter alia, of the prompt review of administrative actions relating to the final determinations within the meaning of Article _ of this Chapter.[150]

Em outras palavras, o capítulo da minuta do Acordo da ALCA dedicado a subsídios, antidumping e medidas compensatórias já previa, em suas primeira e segunda versões, a possibilidade de introdução, no quadro jurídico da ALCA, de um sistema de revisão por painel binacional para determinações em matéria de AD/MC. [151]

---

[150] *Vide* Artigo 17.2, Capítulo XV, *Minuta do Acordo da ALCA* (*FTAA Draft Agreement*)(FTAA.TNC/w/133/Rev.1 and Rev.2). Disponíveis em: http://www.ftaa-alca.org/).

[151] Este dispositivo foi removido da terceira versão da minuta do Acordo da ALCA. *Vide* Capítulo XV, *Minuta do Acordo da ALCA* (FTAA.TNC/w/133/Rev.3). Disponível em: http://www.ftaa-alca.org/. Não foram apresentadas razões oficiais para a eliminação deste dispositivo. Em termos factuais, é razoável assumir que o fator mais relevante determinando a exclusão do antigo Artigo 17.2 do texto do Capítulo XV da Minuta do Acordo da ALCA foi a pressão de certos setores da indústria norte-americana, os quais têm instado o governo daquele país a responder a qualquer país negociando com os EUA na ALCA que "*[t]here will be no extension of the NAFTA's Chapter 19 binational panel AD/CVD appellate process to other FTAA countries*". *Vide, por exemplo*, Letter from the American Iron and Steel Institute to Gloria Blue, Executive Secretary, Trade Policy Staff Committee, Office of the United States Trade Representative (31 de Janeiro de 2003). Disponível em: www.ustr.gov. *Vide também* Letter from the American Iron and Steel Institute to Gloria Blue, Executive Secretary, Trade Policy Staff Committee, Office of the United States Trade Representative (22 de Agosto de 2001). Disponível em: www.ustr.gov. A oposição de certos setores da sociedade norte-americana não impede, porém, que uma proposta pra introdução de um sistema de painel binacional seja considerada pelo governo norte-americano, na medida em que o atendimento a interesses ofensivos dos EUA

À luz do exposto acima, pode-se concluir que uma proposta para o estabelecimento de um sistema de painel para revisão de medidas de defesa comercial é compatível com os objetivos negociadores da ALCA. Conseqüentemente, o quadro jurídico da ALCA não impõe restrições significativas à adoção do sistema de revisão por painel binacional no âmbito da zona de livre comércio continental.[152]

3.2. Compatibilidade com a Trade Promotion Authority - TPA

Os poderes do executivo norte-americano para negociar a ALCA e aceitar qualquer acordo celebrado dentro do seu quadro jurídico como obrigação vinculante no plano internacional derivam da autorização para negociar - *Trade Promotion Authority* (TPA)[153] concedida pelo Congresso.[154] Por esta razão, os objetivos

---

possa contrabalançar as concessões nos interesses defensivos. *Vide, por exemplo*, Press Release, National Association of Manufacturers (NAM), NAM Urges FTAA Focus on High Levels of Ambition (18 de Novembro de 2003). Disponível em: www.insidetrade.com. Além disso, considerando a experiência na CFTA e no NAFTA, este artigo sustenta que, como o sistema de revisão por painel binacional não implica modificações na legislação norte-americana de defesa comercial, ele é uma concessão menos dolorosa e, assim, mais factível, em troca de concessões brasileiras aos interesses ofensivos norte-americanos, do que seriam as alterações na legislação de defesa comercial norte-americana que têm sido buscadas pelo Brasil nas negociações da ALCA.

[152] A presente conclusão revê entendimento anteriormente esboçado pela autora em análise preliminar da mesma questão. *Vide* Angela Teresa Gobbi Estrella, "Capítulo 19 do NAFTA e Cláusula de Reciprocidade: Opções para a Defesa Comercial na ALCA" in *O Brazil e a ALCA, Desafios da Integração,* 2003, p. 405 (Alberto do Amaral, Jr. & Michelle R. Sanchez eds.

[153] *Bipartisan Trade Promotion Authority Act of 2002*, Sec. 2102, 2103, 2104, & 2105. (19 USC 3803, 3804, & 3805).

[154] A Constituição norte-americana investe no Congresso o poder de "regular o comércio com nações estrangeiras" (*vide* U.S. CONST., art. I, sec.

negociadores que o Executivo deve perseguir nas negociações, e os limites do mandato negociador, como estabelecidos no TPA, são muito relevantes para determinar a existência de eventuais constrições jurídicas a uma proposta para introdução de um sistema de revisão por painel binacional na ALCA. [155]

Os principais objetivos negociadores dos EUA na área de defesa comercial, conforme estabelecidos no TPA, são, sobretudo, defensivos.[156] O TPA prescreve que os acordos cele-

---

8), conseqüentemente, os acordos internacionais de comércio negociados pelo Executivo norte-americano requerem aprovação congressual para ingressarem no sistema jurídico norte-americano, e estão sujeitos a emendas pelo Congresso. *Vide* John H. Jackson, *The World Trading System: Law and Policy of International Economic Relations*, 2. ed., p. 81-7 (Cambridge, Massachusetts/London: England, The MIT Press 2002). O TPA (novo nome do procedimento previamente chamado "fast track") concilia a divisão de poderes nos EUA com a necessidade de investir o Executivo com credibilidade para negociar com suas contrapartes acordos que não serão posteriormente desfigurados pelas mudanças feitas pelo Congresso. *Vide id.*, p. 92-9. Assim, o TPA autoriza o Executivo norte-americano a negociar acordos internacionais de comércio, os quais apenas podem ser aprovados ou rejeitados como um todo, mas não são sujeitos a modificação pelo Congresso. *Vide id.* Mesmo assim, o TPA estabelece os objetivos que o Executivo norte-americano deve perseguir nas negociações, os limites de seu mandato negociador, e procedimentos para acompanhamento das negociações pelo Congresso, os quais geralmente espelham os procedimentos aplicáveis para a elaboração e aprovação de uma lei. *Vide id.*

[155] Os objetivos negociadores a serem perseguidos pelo Executivo norte-americano e os limites ao seu mandato negociador estabelecidos no TPA estabelecem os critérios tomados em conta pelo Congresso no momento de conceder sua aprovação aos acordos internacionais negociados pelo Executivo. Ainda mais importante, estes critérios indicam as questões nas quais o Congresso norte-americano foca durante o todo o processo de negociação do acordo, o qual é, em si, sujeito a cuidadosa supervisão congressual. *Vide* John Jackson, William J. Davey & Alan O. Sykes, op. cit., p. 82-5.

[156] Mesmo assim, o TPA também indica um objetivo "ofensivo" no que

brados pelos EUA devem preservar sua capacidade de executar rigorosamente sua legislação de defesa comercial ("preserve the ability of the United States to enforce rigorously its trade laws").[157] Mais ainda, os EUA devem evitar acordos internacionais que reduzam a efetividade das disciplinas domésticas ou internacionais em matéria de defesa comercial ("*avoid agreements that lessen the effectiveness of domestic and international disciplines on unfair trade, especially dumping or subsidies, or that lessen the effectiveness of domestic and international safeguard provisions.*")[158]

Estes objetivos negociadores claramente impõem restrições à capacidade do Executivo norte-americano de negociar *regras sobre AD/MC*, como o Brasil tem buscado. A negociação de regras sobre AD/MC, sob a perspectiva brasileira, tem por objetivo estabelecer parâmetros mais rígidos para a aplicação destes direitos.[159] Tais parâmetros mais elevados certamente

---

respeita à legislação de defesa comercial, o qual é "*to address and remedy market distortions that lead to dumping and subsidization, including overcapacity, cartelization, and market-access barriers.*" *Vide* Bipartisan Trade Promotion Authority Act of 2002 Sec. 2102(b)(14)(B). Este é um chamado por acordos de restrições voluntárias a exportações.

[157] *Vide* Bipartisan Trade Promotion Authority Act of 2002 Sec. 2102(b)(14)(A).

[158] *Id.*

[159] O Capítulo XV da *Minuta do Acordo da ALCA* estabelece disciplinas mais rígidas para a aplicação de AD/MC, se comparadas com aquelas prescritas nos Acordos da OMC. *Vide, por exemplo*, o Artigo 5.4, o qual eleva a margem *de minimis* de dumping (a partir da qual é possível aplicar medidas antidumping). *Vide* Capítulo XV, *Minuta do Acordo da ALCA* (FTAA.TNC/w/133/Rev.3). Disponível em: http://www.ftaa-alca.org/. *Vide* também os Artigos 7.1 e Article 9, ambos impondo obrigações não previstas no Acordo Antidumping da OMC. *Vide id.* O Artigo 7.1 requer um "forte *prima facie case*" para que uma determinação preliminary possa ser feita, e proíbe a imposição de medidas provisórias, "*unless the authority judges that the consequent injury to a domestic industry is not*

podem ser acusados de implicarem restrição à capacidade dos EUA de executar rigorosamente sua legislação de defesa comercial, bem como redução à efetividade da legislação norte-americana sobre AD/MC, *tal como atualmente estabelecida.*[160]

Em contraste, um sistema para revisão por painel binacional não pode ser acusado de afetar a capacidade dos EUA de executar rigorosamente sua legislação de defesa comercial ou de implicar redução à efetividade destas leis, uma vez que o sistema se *baseia na aplicação das leis norte-americanas tal como atualmente estabelecidas*. Pode-se até dizer que a revisão por um painel binacional resulta em uma verificação mais estrita da *conformidade* dos procedimentos do DOC e da ITC com os *requisitos estabelecidos na legislação norte-americana* de defesa comercial, daí beneficiando os exportadores. No entanto, como ainda é a lei norte-americana que está ditando os parâmetros, sua execução e efetividade nunca são postas em questão pelo sistema de revisão por painel binacional.

Relativamente a solução de controvérsias, não há orientação específica no TPA nem favorecendo, nem rejeitando um sistema de painel binacional ou outro meio alternativo de solução de disputas envolvendo a participação de partes privadas, exceto pela referência ao sistema de solução de controvérsias investidor-Estado.[161] Em outras palavras, embora o TPA não recomende a adoção do sistema de painel binacional, ele também não veda o seu estabelecimento.

---

adequately compensable unless interim relief is granted". *Vide id.* O Artigo 9 impõe uma regra de "menor direito" ("*lesser duty*"). *Vide id.*

[160] O Artigo 9 do Capítulo XV da *Minuta do Acordo da ALCA*, por exemplo, que requer o estabelecimento de uma obrigação de aplicação do menor direito (*lesser duty*), vai de encontro ao disposto na Seção 731(2) do *U.S. Tariff Act of 1930*, a qual requer que o direito antidumping seja imposto em montante igual à margem de dumping.

[161] *Vide* Bipartisan Trade Promotion Authority Act of 2002 Sec. 2102(a).

Considerando que um sistema de revisão por painel binacional não afeta a execução e a efetividade da legislação norte-americana de defesa comercial, e dada a ausência de qualquer reprovação a esse sistema no TPA, é legítimo inferir que ele pode ser estabelecido em conformidade com o TPA. Portanto, não há óbices jurídicos significativos afetando a adoção de um sistema de revisão por painel binacional derivadas do TPA.[162]

3.3. Compatibilidade com a Constituição brasileira

A Constituição brasileira estabelece, em seu Artigo 5º, inciso XXXV, que "a lei não excluirá da apreciação do Poder Judiciário lesão ou ameaça a direito."[163] Pode-se questionar se este dispositivo, que não pode ser alterado ou eliminado por meio de emenda constitucional,[164] não torna incompatível com o sistema jurídico brasileiro a revisão por painel binacional, cujo objetivo é exatamente retirar a revisão da imposição de AD/MC do escopo da apreciação judicial. Se confirmada, tal incompatibilidade afeta a possibilidade de recorrer-se a uma proposta para introdução de um sistema de painel binacional como alternativa para construir uma solução de consenso entre Brasil e EUA nas negociações da ALCA. Este artigo sustenta que essa incompatibilidade

---

[162] A presente conclusão revê entendimento anteriormente esboçado pela autora sobre o mesmo tema. *Vide* Angela Teresa Gobbi Estrella, op. cit.

[163] Constituição da Republica Federativa do Brasil, art. 5 (XXXV). O texto completo deste dispositivo reza:

"Todos são iguais perante a lei, sem distinção de qualquer natureza, garantindo-se aos brasileiros e aos estrangeiros residentes no País a inviolabilidade do direito à vida, à liberdade, à igualdade, à segurança e à propriedade, nos termos seguintes: (...)

XXXV – a lei não excluirá da apreciação do Poder Judiciário lesão ou ameaça a direito."

[164] *Vide supra* nota 16.

não se verifica, e que o mandamento inscrito no Artigo 5º, inciso XXXV da Constituição brasileira pode ser conciliado com um sistema de painel binacional para revisão de medidas de defesa comercial.

Em primeiro lugar, cumpre notar que o Artigo 5º, inciso XXXV insere-se no Capítulo da Constituição que trata de "direitos individuais e coletivos",[165] sob o título "direitos e garantias fundamentais",[166] isto é, este dispositivo é parte da "Carta de Direitos" da Constituição brasileira. Por esta razão, pode-se argumentar que o contexto no qual este dispositivo se insere demonstra que o objetivo primordial do mandamento nele inscrito é proteger os cidadãos contra medidas estatais arbitrárias. Este entendimento é confirmado pela história legislativa do referido dispositivo, cuja incorporação a um texto constitucional brasileiro ocorreu, pela primeira vez, na Constituição de 1946,[167] redigida em um momento no qual o Brasil passava por um período de renascimento da democracia.[168] O mandamento do Artigo 5º, inciso XXXV da Constituição não deveria, portanto, ser lido como um impedimento a sistemas alternativos de solução de disputas entre particulares.

---

[165] Capítulo I – Dos Direitos e Deveres Individuais e Coletivos. *Vide* Constituição da Republica Federativa do Brasil.

[166] Título I – Dos Direitos e Garantias Fundamentais. *Vide* Constituição da Republica Federativa do Brasil.

[167] *Vide* STF SE 5.206-Espanha (Ag.Rg.), rel. Min. Sepúlveda Pertence, 12.12.2001, onde às fls. 992, o Ministro Nelson Jobim pontua que "[em] 1946 a Constituição – seguida por todos os textos constitucionais subseqüentes – erigiu em garantia constitucional expressa que nenhuma lesão à direito pode ser subtraída à apreciação do Poder Judiciário." A Constituição de 1988 estendeu a proteção também à *ameaça* de lesão à direito.

[168] A Constituição de 1946 marcou o encerramento de um período de exceção, durante o qual estiveram em vigor as Constituições outorgadas de 1934 e 1937.

Não obstante a impropriedade contextual e histórica, o mandamento do Artigo 5º, XXXV, da Constituição já foi invocado para questionar sistemas alternativos de solução de disputas envolvendo direitos privados de natureza econômica, mais especificamente, a lei brasileira de arbitragem.[169] As razões apresentadas para o questionamento da lei de arbitragem, bem como a fundamentação usada pelo Supremo Tribunal Federal (STF) para considerá-la constitucional, fornecem indicações relevantes sobre os caminhos que, à luz do sistema jurídico brasileiro, podem ser trilhados por uma proposta para introdução, na ALCA, de um sistema de revisão por painel para decisões administrativas em matéria de defesa comercial.

O procedimento iniciado contra a lei de arbitragem questionava seus artigos 6º e 7º, os quais dispõem que, se uma das partes de um contrato no qual as partes tenham incluído uma cláusula arbitral posteriormente recusar-se a dar seu consentimento para a instauração do procedimento arbitral, a outra parte tem direito a requerer tal instauração por meio de ordem judicial.[170] O STF decidiu que os dispositivos questionados não eram inconstitucionais porque, na hipótese prevista na lei, as partes haviam expressado sua vontade de recorrer à arbitragem no momento em que incluíram a cláusula arbitral no contrato celebrado entre elas.[171]

À primeira vista, o raciocínio empregado pela Suprema Corte brasileira no caso da lei de arbitragem pode não apresentar uma resposta positiva para o caso da revisão de decisões administrativas em matéria de defesa comercial por painel binacional. O teste aplicado pelo STF no caso da legislação de arbitragem foi a existência de prévio consentimento de ambas as

[169] Lei 9307 de 1996.

[170] *Vide* STF SE 5.206-Espanha (Ag.Rg.), rel. Min. Sepúlveda Pertence, 12.12.2001.

[171] *Id.*

partes em recorrer à arbitragem. No caso das medidas de defesa comercial, no entanto, há, pelo menos, três partes envolvidas, isto é, a autoridade administrativa, a indústria nacional peticionária, e os importadores ou exportadores (estrangeiros) afetados pelas medidas. Destas, apenas a autoridade administrativa poderia ser considerada como tendo previamente consentido que controvérsias relativas às investigações de defesa comercial estejam sujeitas a revisão pelo painel binacional.[172]

Sob o sistema de revisão por painel binacional estabelecido no Capítulo 19 do NAFTA (e anteriormente na CFTA), qualquer uma das partes privadas envolvidas no caso tem o direito de levar questionamentos pertinentes àquela investigação para revisão judicial, ou revisão pelo painel binacional. No entanto, se uma das partes decide levar o caso à revisão pelo painel binacional, a(s) outra(s) ficaria(m) impedidas de levar a questão à revisão judicial, mesmo sem ter expressado vontade de substituir a revisão judicial por outro mecanismo. A solução deste imbróglio, de maneira positiva para a proposta de introdução de um sistema de revisão de painel binacional na ALCA, pode residir em um argumento fundamentado nos aspectos processuais do sistema.

O sistema de revisão por painel binacional na ALCA pode ser estabelecido de forma que transcorra, primeiro, o lapso temporal durante o qual as partes poderiam recorrer à revisão judicial, iniciando, após o transcurso deste período sem que nenhuma das partes tenha solicitado a revisão judicial, o prazo para levar a questão à revisão por painel binacional. Sendo o sistema desenhado para funcionar nesta ordem, é possível argumentar que as partes interessadas mantêm a oportunidade

[172] Como a autoridade adminstrativa integra a própria estrutura do governo brasileiro, por definição, a promulgação de uma lei estabelecendo que as decisões da autoridade administrativa podem ser questionadas perante um painel binacional implica o "consentimento" da autoridade administrativa em ter suas determinações revistas por meio deste procedimento.

de recorrer ao Judiciário durante aquela janela de tempo em que o recurso ao painel binacional não é possível. A ausência de recurso à via judicial durante aquele período expressaria o consentimento das partes envolvidas no procedimento de defesa comercial em resolver eventuais questões relativas a este pela via do painel binacional.

Este desenho precisa ser complementado por modificações na legislação processual civil, disciplinando as condições nas quais partes privadas têm direito de ação para questionar decisões administrativas em matéria de defesa comercial, a fim de evitar recursos abusivos ao Judiciário, perpetrados apenas para frustrar a possibilidade de recurso ao painel binacional. Sugere-se prevenir estas práticas estabelecendo que os exportadores e importadores só teriam legitimidade ativa para questionar decisões administrativas em matéria de defesa comercial nos casos em que a determinação provisória ou definitiva fosse positiva, e a indústria nacional, somente se fosse negativa. Nas hipóteses inversas, o direito de ação seria condicionado à comprovação de interesse processual específico, sendo decretada a carência de ação e extinto o processo com julgamento do mérito, sem possibilidade de recurso, nos casos em que a petição inicial não viesse acompanhada de prova substancial do interesse do autor.[173] Nestes casos de direito de ação condicionado, o prazo para a apresentação de pedido de revisão por painel binacional ficaria suspenso até a apreciação da presença, ou não, do direito de ação, voltando a contar se decretada a carência de ação.

[173] A exigência de demonstração de interesse processual específico para questionar judicialmente decisões das autoridades administrativas em matéria de defesa comercial é coerente com o sistema brasileiro de defesa comercial, no qual o interesse público é o elemento prevalente, permitindo, inclusive, o afastamento da imposição das medidas, mesmo na presença de dumping ou subsídios e de dano, por decisão discricionária das autoridades competentes. *Vide* Lei 9.019/95, art. 6.º e Decreto 4.735 de 10.06.2003.

Como se vê, é possível administrar eventual conflito entre o sistema de painel binacional e o Artigo V, XXXV, da Constituição brasileira por meio da correta elaboração dos aspectos processuais relacionados à sua introdução. O estabelecimento de uma janela temporal para recurso ao Judiciário antes de ser possível o recurso ao sistema do painel binacional oferece às partes oportunidade de, por ação ou omissão, expressarem sua discordância ou consentimento no recurso ao sistema alternativo de solução de disputas. A introdução de modificações na legislação processual, tornando mais rígida a apreciação da presença das condições para o direito de ação complementa o quadro, evitando que a possibilidade de recurso ao painel binacional seja frustrada pelo recurso abusivo ao Judiciário. Não obstante, dada a delicada natureza destas questões, sugere-se fortemente que, se o Brasil decidir promover uma proposta para o estabelecimento de um sistema de revisão de decisões administrativas em matéria de AD/MC na ALCA, o Executivo se dedique a discutir previamente estes instrumentos com o STF.

IV. Conclusão

O sistema de painel binacional tem oferecido recursos para controle do uso abusivo de direitos antidumping e medidas compensatórias nos EUA significativamente superiores àqueles disponíveis pela via judicial, embora, é claro, não seja panacéia universal para todos os problemas da prática norte-americana nesta área. A revisão no painel binacional permite análise mais técnica dos procedimentos realizados pelas autoridades administrativas e, por isso, tem resultado em decisões menos deferentes aos pareceres do DOC e da ITC, mais uniformes e previsíveis, e menos sujeitas a injunções políticas do que aquelas proferidas pelas cortes norte-americanas revisando questões de defesa comercial. Além disso, o procedimento de revisão pelo painel binacional é mais célere e eficaz que o procedimento de revisão judicial nos EUA, entregando o resultado final em um período de tempo menor, e orientando tecnicamente a execução da decisão.

As claras vantagens do sistema de revisão por painel binacional sobre a revisão judicial nos EUA sugerem que o Brasil beneficiar-se-ia significativamente do acesso a esse recurso no formato hoje existente no NAFTA, justificando a apresentação de proposta para sua adoção na ALCA. Os benefícios seriam, porém, melhor garantidos, mais abrangentes e adequados às particularidades da ALCA com a introdução de alterações pontuais em relação ao sistema hoje vigente no NAFTA, em especial no que se refere a competência, processo de composição do painel, e implementação.

A proposta de inclusão de um sistema de revisão por painel binacional de determinações administrativas em matéria de defesa comercial é compatível com o quadro jurídico da ALCA. Embora não mencionada especificamente nos objetivos negociadores, a possibilidade do estabelecimento de tal mecanismo não é excluída, e as instruções gerais aos grupos negociadores prevêem a possibilidade de "regras especiais sobre solução de controvérsias". Reforça a conclusão o exemplo da minuta do acordo de investimentos, que tem incluído propostas para o estabelecimento de sistemas especiais de solução de controvérsias naquela área, a despeito da ausência de menção expressa a respeito no correspondente mandato negociador.

A negociação de proposta para adoção de um sistema de painel binacional na ALCA é também compatível com os limites do mandato negociador concedido ao Executivo norte-americano no TPA. O TPA restringe a negociação de regras que afetem a execução e a efetividade da legislação norte-americana em matéria de antidumping, medidas compensatórias e salvaguardas. O sistema de painel binacional escapa a essas ressalvas por basear-se na aplicação da legislação e jurisprudência do país que impõe as medidas de defesa comercial.

Finalmente, o sistema de revisão de decisões administrativas em matéria de defesa comercial por painel binacional, em substituição à revisão judicial, também pode ser conciliado com a garantia de acesso ao Judiciário inscrita no artigo 5º, XXXV da Constituição brasileira. Na esteira da interpretação adotada pelo STF no julgamento da constitucionalidade da lei brasileira de arbitragem, sugere-se que a adequação do sistema de painel binacional às exigências da Constituição brasileira pode ser implementada por meio da introdução de uma janela temporal para o recurso judicial, antes de iniciado o prazo para o recurso ao painel binacional. Esta janela oferece às partes interessadas oportunidade de acesso à via judicial, e estas, omitindo-se nesse período, expressariam seu consentimento na substituição da revisão judicial pelo sistema alternativo de solução de disputas do painel binacional. A utilização da via judicial apenas para frustrar o sistema de revisão pelo painel binacional, por sua vez, pode ser evitada por meio de modificações na legislação processual, estabelecendo critérios mais rigorosos para exame do interesse processual das partes interpondo o recurso judicial.

V. Referências bibliográficas

A PROPOSAL TO EXPAND THE JURISDICTION OF THE COURT OF INTERNATIONAL TRADE AND RELATED MATERIALS, Paper Distributed at the International Trade Update, 1 (October 2003).

BARRAL, Welber, *Dumping e comércio internacional: A regulamentação antidumping após a Rodada Uruguai.* Rio de Janeiro: Forense, 2000.COES, Donald V., *NAFTA and Brazil's Trade Policy Options*, in *Beyond NAFTA: an economic, political and sociological perspective.* RIGGS, A.R.; VELK, Tom (Ed.).Vancouver, B.C: The Fraser Institute, 1993, p. 190.

CUNNINGHAM, Richard O. "The management and resolution of cross border disputes as Canada/U.S. enter the 21st Century: Chapter 19 – Private party appeals from government rulings: A dispute settlement procedure in operation, how effective is it in the resolution of disputes? Are changes needed or possible?", *26 Canada-U.S. Law Journal,* p. 79, 2000.

DA SILVA, José Afonso, *Curso de Direito Constitucional Positivo*, São Paulo. Malheiros, 1997.

DAVEY, William J., PINE; SWINE: *Canada-United States trade disputes settlement – the FTA experience and NAFTA prospects.* Ottawa: The Centre for Trade Policy and Law, 1996.

DE LUCA, Esq, Stephen M., "Historical Retrospective and the Future Role and Jurisdiction of the U.S. Court of International Trade in the New Millenium." *26 Brooklyn Journal of International Law, p.* 801 e 803, 2001.

ESTRELLA, Angela Teresa Gobbi. "Capítulo 19 do NAFTA e cláusula de reciprocidade: opções para a defesa comercial na ALCA." in *O Brazil e a ALCA, desafios da integração 405* . AMARAL, Jr., Alberto do; SANCHEZ Michelle R. (Ed.), 2003.

FOLSOM, Ralph H. *NAFTA in a nutshell.* St. Paul, Minnesota: West Group, 1999, p. 18-66 .

GLICK, Leslie Alan, *Understanding the north american free trade agreement: legal and business consequences of NAFTA 75.* Deventer, Boston: Kluwer Law & Taxation Publishers, 1993.

GRUBER, Lloyd. *Ruling the world: power politics and the rise of supranational institutions*. New Jersey: Princeton University Press, 2000.

HAKIN, Peter. "The Reluctant Partner". *83 Foreign Affairs*, p. 114.

JACKSON, John H. *The world trading system: law and policy of international economic relations.* 2. ed. Cambridge, Massachusetts/London: The MIT Press, 2002. 1. ed. 1997.

JACKSON, John; DAVEY, William J.; SYKES, Alan O.; *Legal problems of international economic relations.* St. Paul, Minn.: West Group, 2002.

KENNISH, Tim, "NAFTA and investment – a Canadian perspective", in *NAFTA and investment 1.* RUBIN, Seymour J.; ALEXANDER, Dean C. (Ed.). The Hague/London/Boston: Kluwer Law International, 1995.

LEON, Ignacio de, "The Dilemma of Regulating International Competition under the WTO System". *In International economic regulation 20.* KELSEY, Jane (Ed.). Burlington, VT: Ashgate Publishing Company, 2002.

LEYCEGUI, Beatriz; CORNEJO, Mario Ruiz. "Trading Remedies to Remedy Trade: The NAFTA Experience". *10 Sw. Journal of Law & Trade Am., 1,* 2003/2004.

LOWENFELD, Andreas F. *International economic law.* London/ New York: Oxford University Press, 2002.

MARCEAU, Gabrielle, *Anti-dumping and anti-trust in free trade areas.* New York: Oxford University Press, 1994.

MERCURY, John M. *Chapter 19 of the United States-Canada Free Trade Agreement 1989-95: a check on administered protection? 15 North Western Journal of International Law & Business,* p. 525 (1995).

MOYER Jr, Homer E. "Chapter 19 of the *NAFTA: binational panels as the Trade Courts of Last Resort." In NAFTA, The North American Free Trade Agreement: A new frontier in international trade and investment in the americas 291.* BELLO, J. H.; HOLMER Alan F.; NORTON, Joseph J. (Ed.).

Washington, DC: The Section of International Law of the American Bar Association & The International Lawyer, 1994.

OHANA, Gilad Y. Note. "The Constitutionality of Chapter 19 of the United States-Canada Free Trade Agreement: article III and the minimum scope of judicial review." *89 Columbia Law Review*, p. 897, 1989.

PAN, Eric J. "Assessing the NAFTA Chapter 19 Binational panel System: An Experiment in International Adjudication." *40 Harvard International Law Journal.* p. 379.

Policy Choices: Free Trade Among NAFTA Nations. ROBERTS, Karen; WILSON, Mark I. (Ed.). East Lansing, Michigan: Michigan State University Press, 1996.

POTTER, Simon V. "The management and resolution of cross border disputes as Canada/U.S. enter the 21st Century: Chapter 19 – Private Party Appeals from government rulings: a dispute settlement procedure in operation, how effective is it in the resolution of disputes? Are changes needed or possible?", *26 Canada-U.S. Law Journal* 91 (2000).

ROWAT, Malcom D. "Future Accession to NAFTA: The Cases of Chile and the MERCOSUR." In *Beyond NAFTA: an economic, political and sociological perspective.* RIGGS A.R.; VELK, Tom (Ed.). Vancouver, B.C: The Fraser Institute, 1993, p. 196.

SANTOS, Moacir Amaral, *Primeiras linhas de direito processual civil.* 20. ed. São Paulo: Saraiva, 1998.

SEASTRUM, Elizabeth C.; GETLAN, Myles S. "The globalization of international trade litigation: AD/CVD litigations – which forum and which law?" *26 Brooklyn Journal of International Law,* p. 893, 2001.

STEIN, M. *Injury determination at the US International Trade Commission*, antidumping and countervailing Conference. Toronto, March,1993 p. 30.

TOUPIN, James A. *Siblings before the Bench: the international trade commission and the Department of Commerce before the Court of International Trade, 25(1) Law and Policy in International Business,* p. 147, 1993.

UNITED STATES-CANADA FREE TRADE AGREEMENT IMPLEMENTATION ACT OF 1988, House Report n. 100-816 (1988).

IGUALDADE DE TRATAMENTO NA ORGANIZAÇÃO MUNDIAL DO COMÉRCIO: APORIA OU UTOPIA

Fabio Carneiro Cunha

1. Introdução

O processo de globalização, este fenômeno contemporâneo, complexo e mutante, que adquiriu variadas significações ao longo do tempo, estende suas conseqüências nas mais diversas áreas do conhecimento humano.[1] A dimensão econômica da globalização é a que traz as conseqüências mais imediatas e talvez as mais importantes no delineamento do Sistema Multilateral do Comércio (SMC). Ela integra mercados com uma celeridade jamais imaginada e propicia a circulação de bens e serviços em escala global através do avanço tecnológico e do desenvolvimento da logística integrada sem as tradicionais fronteiras nacionais.

Para que bens e dinheiro circulem no globo a fim de possibilitar este sistema globalizado de intercâmbio, é necessário que a maioria dos países dele participem e restrinjam antigos monopólios de poder, visando permitir a flexibilização de suas tradicionais fronteiras nacionais. Segundo José Eduardo de FARIA, esse processo "debilitou a capacidade de taxação e regulamentação dos governos. Abriu caminho para configurações geopolíticas novas e originais, com poder de balizar,

[1] Lizt Vieira identifica cinco dimensões da globalização: econômica, política, social, ambiental e cultural, mas sem se limitar a elas. (*Cidadania e globalização.* 2. ed. Rio de Janeiro: Record, 1997. p. 80-100).

abalar, mover e influenciar os fluxos produtivos, mercantis, monetários e migratórios".[2]

Com o objetivo de possibilitar a implantação do sistema de trocas comerciais em escala global é que o Sistema Multilateral de Comércio (SMC) foi criado. Era necessário convencer países, mesmo aqueles que não teriam muitos benefícios a auferir com a implantação deste novo sistema, a fazer parte dele, assim como era necessário monitorar a implementação e a observância de suas regras.

Pautados nesta lógica de convencimento é que os objetivos do SMC foram concebidos com o comprometimento de: "(...)assegurar o pleno emprego e o crescimento forte e estável dos volumes do comércio, (...) considerando as diferenças de desenvolvimento econômico dos Membros, (...) e que há uma necessidade de realização de esforços para assegurar aos países em desenvolvimento, e especialmente aos menos desenvolvidos entre eles, uma parcela de crescimento no comércio internacional comparáveis às suas necessidades de desenvolvimento econômico (...)[3]"

De acordo com estes objetivos acima transcritos, após sete rodadas de negociação que ocorreram desde a assinatura do Acordo do Geral sobre Tarifas e Comércio (GATT) em 1947, é que em 1995 a Organização Mundial do Comércio (OMC) foi criada. A criação deste sistema foi bradada como um grande avanço porque possibilitaria que as relações comerciais internacionais não mais se orientassem por relações de poder, mas sim por regras, o que favoreceria, em tese, os países com menor poder econômico.[4]

---

[2] *O direito na economia globalizada*. São Paulo: Malheiros, 2002. p.7.

[3] Preâmbulo do Acordo de Marraqueche constitutivo da Organização Mundial de Comércio (Anexo 1).

[4] Celso Lafer explica: "precisamente para conter o unilateralismo político e represálias comerciais é que o sistema de solução de controvérsias da

Neste contexto, o sistema de solução de controvérsias foi criado para conceder segurança ao novo sistema, adquirindo importância única para a sua manutenção. O Entendimento de Solução de Controvérsias (ESC) que regulamenta o sistema de solução de controvérsias da OMC define seus objetivos: "dar segurança e previsibilidade ao sistema multilateral de comércio; ser útil para a preservação dos direitos e obrigações dos Membros dentro dos parâmetros dos acordos abrangidos, bem como para o esclarecimento das disposições vigentes dos referidos acordos conforme as regras de interpretação do Direito Público Internacional.[5]"

O objetivo do presente estudo é verificar se o SMC efetivamente atingiu os fins para os quais foi criado: a divisão equânime do incremento do comércio internacional e desenvolvimento dos países periféricos. Em última análise, verificar se tais objetivos não se prestaram apenas como argumentos de convencimento, implantação e legitimação de um sistema que não somente manteve as antigas relações de desigualdade, como as recrudesceu.

Para tanto, se escolheu a análise do sistema de solução de controvérsias porque, como visto, ele é o sustentáculo do SMC,

---

OMC foi concebido, enquanto um mecanismo de *rule oriented*, na linha *grociana*, destinado a 'domesticar' as tendências unilaterais das 'razões de Estado' *power oriented*". (*O sistema de solução de controvérsias da Organização Mundial do Comércio*. Porto Alegre: Livraria do Advogado, 1998. p. 15).

[5] "3.2. *The dispute settlement system of the WTO is a central element in providing security and predictability to the multilateral trading system. The Members recognise that it serves to preserve the rights and obligations of Members under the covered agreements, and to clarify the existing provisions of those agreements in accordance with customary rules of interpretation of public international law.*" Entendimento sobre Solução de Controvérsias da OMC. THE LEGAL TEXTS: the results of the Uruguay Round of Multilateral Trade Negotiations. Cambridge: Cambridge University Press, 1999. p. 355.

concedendo-lhe segurança, previsibilidade e uma garantia mínima acerca de sua imparcialidade e eficiência. Além disso, o sistema de solução de controvérsias da OMC impede que os Membros ajam unilateralmente na defesa de seus interesses, impondo-lhes restrições legais.

O texto é dividido em três partes. A primeira aborda parte do processo de globalização que motivou a pulverização do sistema jurídico regulatório estatal, permitindo o surgimento de sistemas alternativos de solução de litígios, tal como o da OMC. O segundo capitulo faz breve analise do SMC a fim de se verificar se o sistema em si já não cria um quadro excludente que se reflete na regulamentação das soluções dos litígios na OMC. Por fim, segue análise do ESC a fim de se verificar se o sistema trata desigualmente países desenvolvidos e em desenvolvimento. Em caso afirmativo, busca-se identificar em quais artigos do ESC pode ser verificada tal inconformidade e de que forma poderia haver benefícios a alguns paises em detrimento de outros.

2. O processo de globalização e a pulverização do sistema jurídico regulatório estatal

Como o presente estudo analisa se a OMC tem cumprido seus objetivos de divisão equânime do incremento do comércio internacional através do estudo das diferenças de tratamento entre países desenvolvidos e em desenvolvimento no seu sistema de solução de controvérsias, importante abordar o processo de globalização que permitiu o surgimento do Organismo e a conseqüente pulverização de sistemas jurídicos de composição de litígios, além do Estatal monístico.

Assim, antes de se analisar o procedimento de solução de controvérsias com maior profundidade, far-se-á uma análise para verificar se o processo que permitiu esta nova regulamentação internacional já não possuiu um caráter excludente *per si*, o que, por razões lógicas, faria com que os mecanismos jurídicos dele decorrentes herdassem esta característica.

Os referenciais teóricos utilizados para este capítulo foram autores que analisam o processo de internacionalização sob perspectiva mais ampla do que a eminentemente jurídica. Esta seleção foi efetuada para se estabelecer um contraponto aos teóricos freqüentemente citados nos trabalhos de pesquisa na seara do direito internacional, o que, pelo confronto de opiniões, tem o fim de enriquecer as discussões a respeito do tema.

De acordo com essa visão mais ampla do direito, as conquistas jurídicas não podem ser separadas das conquistas de participação política no Estado por serem realidades que se inter-relacionam. Os avanços na obtenção de uma maior participação política somente se dão através da sua regulamentação pelo Estado e vice-versa. O Estado Moderno é ou deveria ser palco de decisões jurídicas pautadas na participação política dos cidadãos. O processo de globalização torna o centro de decisões políticas do Estado mais difuso pela delegação de parte de seus poderes a organismos internacionais (OMC, por exemplo) Ademais, a participação das grandes corporações mundiais nas decisões estatais aumenta, criando uma tendência ao esvanecimento da participação política dos cidadãos[6]. A política estatal cede espaço à política de mercado.

[6] Segundo Boaventura de Souza Santos, existe uma apatia dos cidadãos com relação às teorias neoliberalistas globalizantes de expansão do mercado que são hegemônicas e estão tão enraizadas na sociedade atual que se acredita que nada se pode fazer para mudar esta realidade excludente. Segundo ele, "na pegada de Marx e de Gramsci, a teoria crítica sempre entendeu por hegemonia a capacidade das classes dominantes em transformarem as suas idéias em idéias dominantes. Por via dessa transformação, as classes dominadas acreditam estar a ser governadas em nome do interesse geral, e com isso consentem na governação. A teoria crítica teve um papel central em denunciar o caráter repressivo deste consenso e a mistificação ideológica em que assentava. E, ao fazê-lo, suscitou maior conflitualidade social abriu

Existe então um questionamento se esse "esvaziamento" do cidadão gerado pela internacionalização de algumas decisões políticas do Estado não comprometeria direitos sociais e de participação política dos cidadãos que foram historicamente conquistados. Trata-se do que José Affonso Dallegrave Neto chama de *desuniversalização* dos direitos sociais.[7]

Para Faria, no plano econômico temos competitividade, produtividade e integração. No plano social, fragmentação, exclusão e marginalidade. A transnacionalização dos mercados gera tensões que se consubstanciam em subsistemas auto-regulados (como, por exemplo, o sistema de solução de controvérsias da OMC) que se coordenam horizontalmente por meio de diversas conexões, rompendo "as estruturas hierárquicas do Estado Moderno, levando a transformações institucionais profundas (como a despolitização e a autonomia dos sistemas produtivo e financeiro) e provocando o esvaziamento dos controles democráticos sobre o

campo para alternativas sociais e políticas para além do consenso hegemônico. O que é novo, no contexto atual, é que as classes dominantes se desinteressaram do consenso, tal é a confiança que têm em que não há alternativa às idéias e soluções que defendem. Por isso, não se preocupam com a vigência possível de idéias ou projetos que lhes são hostis, já que estão convictos da sua irrelevância e da inevitabilidade de seu fracasso. Com isto, a hegemonia transformou-se e passa a assentar na resignação. O que existe não tem de ser aceito por ser bom. Bom ou mau, é inevitável, e é nessa base que tem de se aceitar. A teoria crítica foi desenvolvida para lutar contra o consenso como forma de questionar a dominação e criar o impulso de lutar contra ela. Como proceder numa situação em que o consenso deixou de ser necessário e, portanto, a sua desmistificação deixou de ser a mola do inconformismo. É possível lutar contra a resignação com as mesmas armas teóricas, analíticas e políticas com que se lutou contra o consenso". *A crítica da razão indolente: contra o desperdício da experiência*. 3. ed. São Paulo: Cortez, 2001, p. 127).

[7] "O Estado neoliberal e seu impacto sócio-jurídico. " In: MACCALÓZ, Salete Maria et al. *Globalização, neoliberalismo e direitos sociais*. Rio de Janeiro: Destaque, 1997. p. 88-89.

jogo da acumulação (cujas conseqüências são bastante complexas em face de suas múltiplas dimensões não estritamente econômicas)[8]".

Segundo o raciocínio do autor, nesse contexto onde organizações passam a se auto-regular e interagir com o Estado, até mesmo valores democráticos ficam comprometidos na medida que estas instituições não tem o mesmo comprometimento de representação popular que o Estado. Outro questionamento seria o de que esta crescente fragmentação dos sistemas jurídicos em microsistemas normativos tais como o da OMC não refletiria os interesses de grupos econômicos e setores sociais com maior poder de articulação e mobilização.

Assim, deve-se verificar se esta difusão do poder estatal pela delegação de certos poderes decisórios a órgãos intergovernamentais ou supranacionais, tais como a OMC, pode ser positiva ou negativa para nações em desenvolvimento na medida em que este sistema tende a ser mais suscetível a pressões privadas. Para tanto, se fará uma análise do desempenho dos países em desenvolvimento no SMC por ser o sustentáculo dos demais mecanismos de institucionalização e liberalização do comércio internacional que possibilitou a criação da OMC e de seu sistema de solução de controvérsias.

3. O sistema multilateral de comércio e os países em desenvolvimento[9]

O SMC tem como pilar regulatório uma intricada rede de normativos de direito público internacional oriundo do GATT

[8] Op. cit. p. 284-285.

[9] A OMC não adota nenhum critério para a definição do que seria países "desenvolvidos" e "em desenvolvimento". Quando os membros passam

1947, GATT 1994, OMC e todos os demais acordos abrangidos. Este sistema sempre teve como um de seus principais objetivos o desenvolvimento das nações menos favorecidas para diminuição das desigualdades.

Desde o início do surgimento do SMC, nas rodadas de negociação que antecederam à criação da OMC, os Estados periféricos não tinham poder de influência na definição dos contornos do sistema que se definiria mais tarde. Como, à época, não eram obrigados a fazer concessões tarifárias, também não tinham como pressionar a liberalização de setores em que eram competitivos. Nas sete rodadas de negociação que antecederam a criação da OMC, os países industrializados diminuíam as alíquotas dos produtos de alto valor agregado, dos quais são produtores, enquanto setores como a agricultura e têxteis continuaram protegidos.

Os valores do SMC foram construídos, como se depreende da análise das rodadas de negociação que culminaram na criação da OMC, em um contexto onde preponderaram dois fatores: o desejo de diminuição dos conflitos em âmbito global e as oportunidades de expansão comercial norte-americana fora de seu território. Claro está que a consolidação e expansão do SMC atenderam às necessidades econômicas expansionistas dos EUA.

---

a fazer parte da Organização, estes auto declaram suas condições de desenvolvimento. Entretanto, outros membros podem questionar a utilização por determinado país dos benefícios concedidos às nações consideradas "em desenvolvimento". No caso dos países em desenvolvimento, tal declaração confere direitos para usufruir prazos maiores de transição para implementação de um Acordo e treinamento técnico. Entretanto, estes benefícios são questionáveis porque, após o surgimento da OMC em 1995, nenhum dos países que negociou o seu ingresso no Órgão, teve permissão para usufruir prazos mais longos na implementação dos Acordos. Já a assistência a esses países através da cooperação técnica vem sendo realizada com maior efetividade.

Para viabilizar um sistema que pudesse gerir as relações comerciais internacionais era necessário a criação de um órgão supranacional que teria como base de sua legitimação um plexo de normas fora do campo regulatório de cada Estado. Mas, para a implementação do sistema, era necessária a participação também das Nações periféricas. Assim, os objetivos norteadores da OMC visam um discurso legitimador de seus fins, nesta perspectiva de convencimento das nações em desenvolvimento de que a criação do SMC seria vantajosa para todos.[10]

Claro está que os objetivos do SMC buscam a elevação do nível de vida, o pleno emprego, dentre outras demandas, de acordo com os diferentes níveis de desenvolvimento econômico de seus membros, além de manifestar claramente que devem ser realizados esforços para que os países em desenvolvimento obtenham uma parte do incremento do comércio internacional que corresponda às necessidades de seu desenvolvimento econômico. Esta foi a retórica que justificou a acessão de países periféricos na OMC, representando hoje a maioria de seus membros.

Pregava-se que para que os Estados integrantes do SMC pudessem usufruir seus benefícios preconizados (distribuição equânime do incremento do comércio internacional e desenvolvimento de seus membros), era necessário adotarem o

[10] "The Parties to this Agreement, Recognizing that their relations in the field of trade and economic endeavour should be conducted with a view to raising standards of living, ensuring full employment and a large and steadily growing volume of real income and effective demand and ... preserve the environment and to enhance the means for doing so in a manner consistent with their respective needs and concerns at different levels of economic development. Recognizing further that there is need for positive efforts designed to ensure that developing countries, and especially the least developed among them, secure a share in the growth in international trade commensurate with the needs of their economic development [grifo meu],..." Preâmbulo do Acordo de Marraqueche.

ideário liberal de expansão econômica, retração do poder regulatório do Estado e abertura das fronteiras da Nação ao capital estrangeiro. Foi assim que, principalmente a partir da década de noventa, o governo brasileiro tem tomado uma série de medidas que seguem estritamente este ideário preconizado não somente pelo SMC, mas também pelo FMI e BIRD.

Os Acordos Internacionais no âmbito do SMC, que visam este desenvolvimento "igualitário" reforçam a influência de interesses externos na condução da política nacional. Quanto maior a amplitude dos acordos abrangidos pelo SMC (comércio internacional, serviços, investimentos estrangeiros, propriedade intelectual, dentre outros) maiores são as restrições jurídicas aos Estados nacionais para legislarem nessas matérias.

Neste quadro que segue estritamente o ideário liberal, os desiguais são tratados como iguais, com algumas exceções em aspectos formais menos importantes (prazos de implementação dos acordos, por exemplo). O sistema, apesar de tentar diminuir o poder do jogo político de forças através do tecnicismo, mantém-no no momento da confecção das leis. Neste momento, as Nações desenvolvidas fazem valer seu maior poder econômico quando exigem a liberalização de setores estratégicos aos países em desenvolvimento, tendo como justificativa a abertura de seus mercados em setores altamente industrializados; e, portanto, menos sensíveis à competição com outros países que não detém a tecnologia necessária para concorrer com eles. Em contrapartida, não admitem abaixar as alíquotas de importação dos produtos agrícolas (setor onde tradicionalmente as economias menos desenvolvidas são competitivas) com o fim de proteger agricultores locais.[11]

[11] Vide decisões recentes dos Paineis sobre açúcar (WT/266/R) e subsídios ao algodão (WT/DS267/R).

A reivindicação dos países em desenvolvimento por uma participação mais equânime no comércio internacional é antiga. O acordo do GATT 1947 já previa algumas disposições legais considerando a possibilidade de tratamento diferençado entre Nações desenvolvidas e em desenvolvimento.[12] Entretanto, pode-se afirmar que a situação de desigualdade no SMC ainda persiste.

Não obstante, algumas medidas foram tomadas para tentar impedir a perpetuação desse quadro no âmbito do GATT:

a) a inclusão da parte IV do GATT 1947 em 1964;[13]

b) a criação do já citado Sistema Geral de Preferências (SGP) que visa concessões tarifárias diferençadas a produtos de países em desenvolvimento;

c) a concessão de prazos mais dilatados aos países em desenvolvimento para implementação dos acordos;

d) a assistência técnica concedida aos países em desenvolvimento.

Com relação à inclusão da parte IV do GATT 1947 em 1964, verifica-se que são sugeridas várias medidas para diminuir as diferenças econômicas e de desenvolvimento entre países

[12] Art. XVIII, que se denominava *Auxílio do Estado em Favor do Desenvolvimento Econômico*. Ademais, em 1958 foi confeccionado um relatório chamado *The Harbeler Report* que identificou disparidades de equilíbrio entre paises desenvolvidos e em desenvolvimento principalmente no que diz respeito aos subsídios utilizados pelas nações ricas que aquela época na eram apontados como um problema do SMC.

[13] A parte IV do acordo do GATT 1947, com emendas de 1964, tem três artigos (XXXVI, XXXVII e XXXVIII) que tratam do tema *Comércio e Desenvolvimento* e abordam quase que exclusivamente formas de diminuir o profundo fosso que existe entre países em desenvolvimento e outras nações.

desenvolvidos e em desenvolvimento (flexibilização do princípio da reciprocidade corroborado mais tarde no SGP), bem como tentar impedir que estes dependam exclusivamente da exportação de produtos primários. Entretanto, são apenas disposições materiais que não obrigam ou vinculam os Membros. Assim, não surtiram efeito prático, a não ser o reconhecimento institucional de que existem divergências profundas de distribuição do incremento do comércio internacional.

Outra possibilidade de tratamento diferençado aos países em desenvolvimento é o SGP[14] que permite concessão de reduções tarifárias em importações de países com baixo índice de desenvolvimento.

Entretanto, como o SGP poder ser concedido por qualquer Nação desenvolvida a qualquer outra Nação em desenvolvimento, este foi utilizado para privilegiar determinados Estados em detrimento de outros. Existem algumas criticas que apontam que na realidade o SGP foi usado para revigorar antigos vínculos coloniais, além de servir como moeda de troca de vantagens. Em virtude disto, o SGP foi sendo preterido tendo diminuído a sua importância como uma alternativa para a diminuição das desigualdades do SMC.

Outra medida adotada pelo GATT para tentar equanimizar o problema foi o estabelecimento de prazos mais longos para os países em desenvolvimento implementarem Acordos, consoante com permissão legal embasada no preâmbulo do Acordo de Marraqueche que constituiu a OMC.

[14] Em 1979 o SGP foi prolongado indefinidamente através da adoção no sistema do GATT da chamada *Enabling Clause* que permitiu o tratamento diferencial e mais favorável aos países em desenvolvimento. A *Enabling Clause* dentro das regras da OMC possibilita às Nações em desenvolvimento oferecer tratamento preferencial não recíproco como baixas ou nenhuma taxa em importações de produtos originários de países em desenvolvimento.

Entretanto, a própria OMC informa em seu sítio eletrônico[15] que nenhum dos países que entraram no Órgão após 1995 foi autorizado a utilizar os períodos de transição mais longos. Evidenciado está que, pela dificuldade de se determinar a eficiência da aplicação destes prazos mais benéficos e de quem efetivamente necessitaria usufruir dele, a OMC não tem permitido a sua utilização, o que torna a permissão mera retórica do sistema.

Outra medida anunciada pela OMC que objetiva uma distribuição mais justa do incremento do comércio internacional que talvez tenha sido mais eficaz foi a assistência técnica concedida a países em desenvolvimento.[16]

A OMC tem despendido tempo e dinheiro nos programas de assistência técnica aos países em desenvolvimento. Tal iniciativa demonstra a intenção do Órgão em discutir o assunto, o que não significa dizer que elas têm sido eficazes. Tal

---

[15] www.wto.org.

[16] A OMC organiza em Genebra atividades de cooperação técnica que inclui seminários e encontros para países em desenvolvimento. Esta cooperação técnica pode se dar através de: a) atividades de assistência aos países que não detém conhecimento técnico para atuar no SMC; b) bem como através de treinamento oferecido pela OMC. O órgão ainda possui um Centro de Treinamento – *WTO Training Institute* – que realiza cursos para funcionários dos governos de Nações em desenvolvimento sobre negociações, políticas comerciais, solução de controvérsias e outros temas do SMC, dentre outros programas. Para os países que são Membros, mas não têm como manter missões permanentes em Genebra, são organizadas as semanas de Genebra *"Geneva Weeks"* com o fim de os informar acerca dos últimos acontecimentos da OMC. A OMC ainda organiza cursos regulares que ensinam os técnicos governamentais a cumprir os requisitos formais dos Acordos no âmbito do SMC. A OMC também desenvolve iniciativas em conjunto com outros Órgãos Internacionais tais como Banco Mundial, Fundo Monetário Internacional e UNCTAD através do chamado *"Integrated Framework"* que une estas instituições em prol de um desenvolvimento mais equânime entre as Nações.

efetividade se torna difícil sem o real engajamento dos países desenvolvidos na mudança de um sistema que lhes é favorável.

Uma das formas de se identificar as prioridades de negociação dos países em desenvolvimento é a através de uma verificação acurada das assimetrias existentes no sistema de solução de controvérsias da OMC, porque nele podem se identificar diferenças de tratamento que inviabilizem um desenvolvimento equânime de todos os membros do Órgão. Assim, passar-se-á a analisar as fases do procedimento de solução de controvérsias mais detalhadamente para, em um momento seguinte, se vislumbrar algumas possíveis medidas que poderiam ser implementadas no âmbito do SMC para alterar essa situação atual de desigualdade.

4. Solução de controvérsias na Organização Mundial de Comércio: diferenças de tratamento entre países desenvolvidos e em desenvolvimento

Vários são os artigos no ESC que prevêem um tratamento privilegiado aos países em desenvolvimento. São eles os artigos mais significativos: 4-20, 8-10, 12-10, 12-11, 21-02, 21-07, 21-08 e 24-01, mas vejamos através da análise de cada um deles se estes dispositivos têm cumprido seus fins de beneficiar ou equilibrar a balança dos litígios da OMC entre países desenvolvidos e em desenvolvimento.

O processo de consulta prevê diferença de tratamento em relação a países desenvolvidos e em desenvolvimento. O art. 4.10 do ESC determina que durante as consultas os Membros devem dar especial atenção aos problemas específicos e interesses dos Membros em desenvolvimento. Este dispositivo é apenas uma recomendação genérica que não obriga as partes, e, portanto, não traz resultados efetivos que realmente beneficiem as Nações que necessitam.

Quando as consultas não são suficientes para a composição da controvérsia, instaura-se o painel que inicia o procedimento formal e jurisdicionalizado de solução do conflito. Dos seis artigos, com várias dezenas de parágrafos, que tratam desta fase, existem três menções que visam,de alguma forma, compensar as desvantagens dos países em desenvolvimento. A disposição 8.10 determina que se a disputa for entre um país desenvolvido e outro em desenvolvimento, se este último requisitar, pode ser incluído na lista de árbitros uma pessoa que tenha como origem uma Nação periférica. O parágrafos 12.10 e 12.11 dispõem respectivamente que as partes do litígio podem chegar a um acordo sobre prazos mais elásticos para países em desenvolvimento durante o processo de solução de litígio. Há também a determinação de que o país desenvolvido deve demonstrar de que forma concede tratamento diferencial mais favorável ao país em desenvolvimento, parte no litígio.

Estas disposições demonstram que existe uma preocupação com respeito às dificuldades que um país em desenvolvimento enfrenta em processo litigioso na OMC. Entretanto, tais dispositivos não significam um tratamento diferençado que favoreça os países em desenvolvimento, como quer a OMC. O fato de que um dos painelistas tenha como origem um país em desenvolvimento não significa que ele irá beneficiá-lo (e nem poderia) na medida em que o requisito mais importante para a sua eleição é a imparcialidade. Ademais, normalmente, a maioria dos painelistas – quando não a sua totalidade – tem como origem um país desenvolvido. As outras duas medidas não são de caráter obrigatório e na maioria dos litígios não têm sido aplicadas.

No que diz respeito ao Órgão de Apelação, a sua composição, competência e prazos, não há qualquer previsão acerca de tratamento diferençado para beneficiar países em desenvolvimento. O que existe é uma convenção consuetudinária de nomear um número equilibrado de juizes permanentes de países desenvolvidos e em desenvolvimento para o Órgão de Apelação.[17] Tal prática talvez traga mais benefícios aos países em desenvolvimento do que disposições contidas no ESC de diferenças preferenciais sem cunho obrigatório, o que faz com que a sua aplicabilidade dependa do interesse dos países desenvolvidos.

O Órgão de Solução de Controvérsias (OSC) efetua um controle das recomendações feitas pelos juizes no relatório de Apelação, já que, para ele ser implementado, necessita da aprovação do OSC que tem como participantes os Membros da OMC. Este controle sobre as recomendações formuladas no relatório de Apelação não prevê qualquer medida diferençada que possa beneficiar os países em desenvolvimento.

O artigo 21 do ESC, que trata da implementação das recomendações do OSC, traz disposições (21.2, 21.7 e 21.8)[18]

---

[17] "Em 2001, quatro juízes eram de nacionalidade de países em desenvolvimento (Uruguai, Egito, Índia e Filipinas) e três de países desenvolvidos (Japão, USA e Alemanha), proporção que é defendida a duras penas pelos países em desenvolvimento. Em outubro de 2001, o Prof. Luiz Olavo Baptista (USP-SP) foi indicado e aceito para preencher a vaga destinada à América Latina". (PEREIRA, Ana Cristina Paulo (Org.). ***Direito internacional do comércio:*** *mecanismo de solução de controvérsias e casos concretos da OMC.* Rio de Janeiro: Lumen Juris, 2003, p. 48).

[18] "Article 21 Surveillance of Implementation of Recommendations and Rulings (...)

2. Particular attention should be paid to matters affecting the interests of developing country Members with respect to measures which have been subject to dispute settlement. (...)

7. If the matter is one which has been raised by a developing country Member, the DSB shall consider what further action it might take which would be appropriate to the circumstances.

8. If the case is one brought by a developing country Member, in considering what appropriate action might be taken, the DSB shall take into account not only the trade coverage of measures complained of, but also their impact on the economy of developing country Members concerned." Entendimento sobre Solução de Controvérsias da OMC.

acerca de tratamento diferençado que visem estudar o impacto de medidas retaliatórias contra países em desenvolvimento, antes de sua aplicação. Entretanto, não há disposição para regulamentar como esse tratamento particular (ESC Art. 21.2) deve ser levado em consideração. Não há disposição que preveja qual seria a medida mais adequada para os casos em que fosse identificado que a implementação das medidas sugeridas no relatório prejudicariam o desenvolvimento dos países menos favorecidos. O art. 21.7 do ESC apenas dispõe que deve haver uma ação futura para verificar o que seria apropriado nestas circunstâncias especiais, mas também não especifica o que seria essa "ação futura".

O OSC controla a implementação das recomendações feitas no relatório do Órgão de Apelação para verificar se o Estado para o qual as medidas foram recomendadas as está cumprindo de acordo com o estabelecido no relatório. Em caso negativo, a outra parte no litígio poderá requerer novamente a instalação de um painel a fim de verificar o cumprimento das recomendações pela outra parte e aplicar eventual retaliação.[19]

O artigo 22 do ESC regulamenta como deve ser feita a suspensão e concessão de compensações e aplicação de contramedidas às partes que não cumprirem as recomendações dos relatórios aprovados pelo OSC dentro de um período razoável de tempo. Estas são medidas temporárias e voluntárias e, se aplicadas, devem estar de acordo com os Acordos Cobertos.

A fase de imposição de medidas compensatórias é uma das mais importantes para os países membros da OMC porque elas podem ter um impacto de até bilhões de dólares nas economias dos países litigantes. Entretanto, também nesta fase, não existe qualquer

[19] No painel entre Brasil e Canadá sobre o financiamento brasileiro de aeronaves civis que foi condenado pelo OSC, o Canadá requereu a instalação de outros dois paineis por argumentar que os programas de financiamento do PROEX II e III continuavam contrariando as normas da OMC.

disposição no ESC que considere a situação desfavorável dos países em desenvolvimento quando não têm como implementar as medidas requeridas no relatório do painel ou do Órgão de Apelação.

Verifica-se que as disposições do ESC que prevêem tratamento diferençado entre países com graus de desenvolvimento diferentes, em sua maioria, são programáticas, sem poder coercitivo, e, por este motivo, não são aplicadas. Existe a adoção de termos vagos com definições imprecisas como *due restraint*[20] para se determinar algum tipo de auxílio a países em desenvolvimento. Há também menção de intervenções grandiloqüentes que envolvam o Diretor Geral da OMC ou o Presidente do OSC, mas que, na realidade, não significam benefício concreto às nações menos favorecidas.

O sistema de solução de controvérsias da OMC não intenta ser um verdadeiro sistema jurídico que estabeleça obrigações no âmbito do direito internacional, mas ele deve ajudar as partes de um litígio a estabelecer um equilíbrio entre direitos e obrigações econômicas quando esta relação estiver desigual. Muitas decisões acabam não sendo implementadas porque, no atual sistema, a parte reclamante precisa ter influência econômica para implementar as contramedidas sugeridas nos relatórios do painel e do Órgão de Apelação.

Existem ainda várias outras críticas com relação à diferença de tratamento entre países desenvolvidos e em desenvolvimento no sistema de solução de controvérsias da OMC.[21] Mas, pode-se afirmar que o SSC da OMC é o sustentá-

[20] Artigo 24 do ESC "Procedimentos Especiais envolvendo Membros Países menos Desenvolvidos".

[21] Alto custo do litígio na OMC para os países em desenvolvimento, financeiro, econômico e político, e que pode significar a não implementação das decisões em caso de vitória no contencioso; pouca efetividade tanto das decisões implementadas, quanto das normas a favor dos países em desenvolvimento, restrição a participação de ONG's, dentre outras criticas.

culo do SMC e, como visto, este pilar balizador trata desiguais com igualdade, mesmo que exista uma retórica que tente apontar o contrário. Tal tratamento faz com que o SMC, ao invés de cumprir seus objetivos de divisão equânime do incremento do comércio internacional entre as Nações, além do desenvolvimento de todos os seus membros, perpetue e recrudesça a desigualdade já bastante acentuada entre as Nações.

5. Conclusão

O Entendimento de Solução de Controvérsias, que regulamenta o sistema de solução de litígios comerciais internacionais, tem vários dispositivos que prevêem um tratamento diferençado mais benéfico para as Nações com índice de desenvolvimento menor. São os principais artigos: 4.10, 8.10, 12.10, 12.11, 21.02, 21.07, 21.08 e 24.01. Entretanto, a realidade é que depois que o SMC foi implementado, os países em desenvolvimento estabilizaram ou até mesmo diminuíram sua fatia de participação no comércio internacional,[22] que já era bastante reduzida.

Como visto da analise do ESC, esta situação pode ser imputada ao tratamento equânime que países desenvolvidos e em desenvolvimento recebem na OMC a julgar pelo seu sistema de solução de litígios. Surge então a dúvida quanto à possibilidade de se mudar este quadro e, em caso afirmativo, identificar quais seriam as iniciativas necessárias para desencadear uma real possibilidade de mudança.

Em relação ao primeiro questionamento, sabe-se que a possibilidade de alteração de um quadro excludente de uma forma célere é bastante difícil. Criticar o SMC sem contribuir para suas decisões mais importantes, pode ser uma postura política mais

[22] *International Trade Statistics from 1998 to 2004*. WTO annual publication.

cômoda para alguns governos que se sentem prejudicados por suas decisões, apesar de terem assinado o Tratado de Marraqueche, comprometendo-se com seus objetivos.

Entretanto, se os países que se sentem prejudicados com este sistema não tomarem iniciativas com o intuito de mudá-lo, a situação que hoje é bastante desfavorável para os países em desenvolvimento, tende a recrudescer-se. Por este motivo, é necessário que os países em desenvolvimento se conscientizem de que, para se modificar o sistema, é necessário participar ativamente dele de forma a pleitear a realização das mudanças que os favoreçam.

Dentro dessa perspectiva foi formado o *Grupo dos 20,*[23] sob a liderança do Brasil, cuja criação teve como finalidade alinhar concepções e esforços de negociação entre vários países em desenvolvimento e negociar em bloco interesses comuns na OMC, fazendo frente aos interesses dos países desenvolvidos.

Essa iniciativa viabilizou um acordo estrutural (*framework)* em 1 de Agosto de 2004 – denominado pelo Diretor Geral da OMC como uma verdadeira conquista histórica que permitira o término das negociações de DOHA – onde os paises desenvolvidos, dentre outros avanços, concordaram pela primeira vez em por um termo aos subsídios agrícolas.

O acordo não é definitivo, mas estabelece importantes avanços em áreas sensíveis de negociação entre países em desenvolvimento e desenvolvidos tais como: agricultura (o que

[23] O G 20 é um bloco dos países em desenvolvimento criado na quinta Conferencia Ministerial da OMC em Cancun, México, para negociar uma redução nos subsídios agrícolas. O grupo representa mais de 60% dos produtores agrícolas do mundo. O número exato dos países no bloco variou o que refletiu nas mudanças em seu nome (*G20, G21, G20 plus*), mas o grupo incluiu: Argentina, Brasil, Bolívia, Chile, China, Colômbia, Costa Rica, Cuba, Equador, Egito, El Salvador, Guatemala, Índia, México, Paquistão, Paraguai, Peru, Filipinas, África sul, Tailândia, Turquia e Venezuela.

envolve suporte no mercado doméstico, na exportação e acesso a mercados), modalidades de acesso a mercado para produtos não agrícolas, modalidades para comércio e serviços e modalidades de medidas para facilitação ao comércio.[24]

Indubitavelmente o acordo foi histórico mas não somente porque pode ter desbloqueado as negociações de DOHA como mencionou Supachai Panitchpakdi, mas porque, depois de muito tempo, conseguiu convergir interesses dos paises em desenvolvimento para um objetivo comum, fazendo frente aos interesses dos paises ricos.

Há muito tempo se discutiam os efeitos perniciosos dos subsídios agrícolas concedidos pelos paises ricos que contribuem para o agravamento das condições sociais de países extremamente pobres, mas nenhum resultado concreto havia sido conquistado antes deste acordo para se alterar esta situação. A história comprova que quando os países em desenvolvimento conseguem alinhar interesses e negociar em bloco fazendo frente aos países desenvolvidos, resultados importantes podem ser obtidos.

Foi a mobilização das ex-colônias recém libertas de suas Metrópoles na década de 50, que conjugou interesses e esforços para fazer valer seus interesses na Assembléia Geral da ONU, que possibilitou a formação da Nova Ordem Econômica Internacional (NOEI). Estes 77 países, por estarem em maior número na ONU, conseguiram aprovar uma série de Resoluções à época que possibilitaram, por exemplo, a criação da UNCTAD, órgão internacional da ONU que, atualmente, tem realizado importantes estudos a respeito das disparidades do SMC.

Estas Resoluções também foram responsáveis pelo início da conscientização e mobilização mundial, incluindo os países desenvolvidos, que permitiu e financiou uma série de programas

[24] Decision adopted by the General Council on 1 August 2004 concerning the Text of "July Package". Disponível em: http://www.wto.org/english/tratop_e/dda_e/draft_text_gc_dg_31july04_e.htm.

de desenvolvimento que visavam a auxiliar países pobres através de treinamento e auxílio financeiro. Se hoje a OMC subsidia alguns desses programas, muito se deve à mobilização e às iniciativas da NOEI na década de 50.

Entretanto o que se percebe é que esse alinhamento de interesses em prol de objetivos comuns não tem sido a regra, ao menos nas negociações na OMC. Ao contrário, o que se vê, na maioria das vezes, são países em desenvolvimento preferindo negociar unilateralmente com as grandes potencias no intuito de obter vantagens "no varejo" em troca de concessões unilaterais. Claro aqui o exemplo da Área de Livre Comércio das Américas. Cada vez que há um impasse nas negociações polarizadas entre Brasil e EUA, os americanos alardeiam que estão negociando acordos bilaterais com paises integrantes do bloco, o que enfraquece as negociações multilaterais.

Ainda que Celso Lafer afirme que a OMC "enseja coligações de geometria variável, em função da variedade dos temas tratados; por isso, no multilateralismo comercial não prevalecem alinhamentos automáticos",[25] países como o Brasil e a Índia, em desenvolvimento, porém com um grande potencial de mercado, podem ter grande influência nas decisões da OMC, desde que atuem conjuntamente. O sucesso da criação do *"G-20"* comprova isso.

Outra possibilidade de mudança desse quadro de perpetuação das desigualdades na OMC pode se dar através de litígios, como se depreende das decisões – ainda que não definitivas nos casos do açucar e do algodão – em que o Brasil contestou programas de subsídios da UE e dos EUA, que foram considerados ilegais pela OMC.

---

[25] *A OMC e a regulamentação do comércio internacional: uma visão brasileira*. Porto Alegre: Livraria do Advogado, 1998, p. 15.

A decisão do caso do algodão, por exemplo, foi histórica por vários motivos,[26] mas principalmente porque representou uma importante vitória, não somente para o Brasil, mas para muitos outros paises pobres, africanos por exemplo, que exportam algodão e também são prejudicados pelos subsídios concedidos aos fazendeiros americanos. O problema dos subsídios norte-americanos ao algodão tinha proporções mundiais[27], mas somente com a ação brasileira na OMC e que uma possível solução foi vislumbrada.

Talvez não tenha sido coincidência o fato de logo apos a decisão desses casos, os EUA terem entrado em acordo com alguns paises africanos no que diz respeito ao comércio de algodão e o *framework* que previu a extinção dos subsídios ter sido concluído. Por este motivo, países como Brasil, Índia, África do Sul, dentre outros que possuem situação intermediária de desenvolvimento, por assim dizer, tem um papel de liderança muito importante a ser desenvolvido na OMC.

Isto porque, dentre outros motivos, estes países são os únicos em desenvolvimento que tem condições técnicas e financeiras de litigar contra as grandes potências no sistema de solução de controvérsias da OMC. O sistema, como visto, trata desiguais com igualdade, o que impossibilita a participação da maioria dos países em desenvolvimento, sem mencionar os menos desen-

[26] Trata-se da primeira controvérsia da história da OMC a questionar: subsídios agrícolas domésticos; subsídios norte-americanos específicos a exportação; subsídios agrícolas sob a forma de garantias de créditos a exportação; a classificação, pelos Estados Unidos, de determinadas medidas como sendo de "caixa verde"; e subsídios agrícolas como causa de "prejuízo grave". Resumo para empresa da Embaixada do Brasil em Washington em (especificar data)

[27] "Rich country subsidies depress agricultural prices and stifle opportunities for exporters in the poorest countries... Poor roads, a scarcity of finance, lack of access to new technologies, and growing environmental degradation also threaten the livelihoods of poor farmers in many parts of the world." (World Development Report 2003 – World Bank).

volvidos (*least developed countries*) que nunca participaram de nenhum litígio na OMC.

Em um segundo momento, os países em desenvolvimento que começam a se alinhar na OMC através do *"G-20"* poderiam formar um bloco mais abrangente, coeso e estruturado de atuação para pressionar o Órgão a concretizar algumas mudanças necessárias à diminuição das desigualdades. Por exemplo, alterações legislativas aproveitando o momento de reforma do ESC que preconizassem: a) as cláusulas menos genéricas que dispusessem objetivamente qual seria o tratamento dispensado aos países em desenvolvimento quando em litígio com países desenvolvidos; e b) que preconizassem a imposição de requisitos menos rigorosos para que países em desenvolvimento pudessem usufruir do tratamento diferençado de determinadas regulamentações.

Não basta o reconhecimento de que existem desigualdades no SMC, tão pouco são úteis leis que considerem estas diferenças, mas não sejam aplicáveis faticamente. Atualmente, os países mais pobres devem conjugar interesses e esforços para que as conquistas do passado possam ser implementadas no presente para surtir seus devidos resultados.

Não se nutre a ingênua esperança de que qualquer uma dessas medidas possa ser implementada sem a concordância dos países desenvolvidos, que ditam as regras do SMC. Mas, se iniciativas não forem tomadas para ao menos tentar mudar a situação atual, eles não se sentirão pressionados a alterar qualquer sistema que lhes é extremamente favorável.

O bloco de países em desenvolvimento necessita tomar uma postura ativa e conjunta nas negociações no âmbito do SMC na defesa de seus interesses. Se na reforma do ESC novamente escolherem ter um posicionamento de rejeição ou retração em relação às mudanças, a situação de atual concentração de poder das nações mais ricas no SMC tende a recrudescer. Neste caso, os tão propalados ideais de justiça e igualdade do SMC poderiam também ser alcançados, mas o custo seria por demais elevado para as das nações periféricas:

> "Justice is the end of government. It is the end of civil society. It ever has been and will be pursued until it is obtained, or until liberty is lost in the pursuit."[28]

Referências bibliográficas

BARRAL, Welber; PRAZERES, Tatiana. "Solução de controvérsias". In: BARRAL, Welber (Org.). *O Brasil e a OMC*. 2. ed. Curitiba Juruá, 2002.

BECHARA, Carlos Henrique Tranjan; REDENSCHI, Ronaldo. *A solução de controvérsias no Mercosul e na OMC: o litígio Brasil X Argentina no Mercosul, o caso Embraer na OMC - Brasil X Canadá*. São Paulo: Aduaneiras, 2001.

BURDEAU, Geneviève. "Aspects juidiques de la mise en oeuvre des accords de Marrakech". In: COLLOQUE DE NICE. *La réorganisation mondiale des échanges*. Nice: Société Française pour le Droit International, p. 131.

CARREAU, Dominique; THIÉBAUT, Flory; PATRICK, Juillard. *Droit international économique*. 3. ed. Paris: LGDJ, 1990.

COSTA, Lígia Maura. *Manual prático da Rodada Uruguai*. São Paulo: Saraiva, 1996.

DALLEGRAVE NETO, José Affonso. "O Estado neoliberal e seu impacto sócio-jurídico". In: MACCALÓZ, Salete Maria

[28] MADISON, James. *"The Federalist (51) apud* ZAMPETTI, Americo Beviglia. Democratic Legitimacy in the World Trade Organization: The Justice Dimension. *Journal of World Trade Kluwer Law International* 37(1), p. 105-126, 2003.

et al. *Globalização, neoliberalismo e direitos sociais*. Rio de Janeiro: Destaque, 1997.

DUPUY, René-Jean. *O direito internacional*. Coimbra: Almedina, 1993.

FARIA, José Eduardo. *O direito na economia globalizada*. São Paulo: Malheiros, 2002.

GOMES, Manoel Eduardo Alves Camargo e. "Apontamentos sobre alguns impactos do projeto neoliberal no processo de formação de tutelas jurídico-políticas". In: MARQUES NETO, Agostinho Ramalho et al. *Direito e neoliberalismo: elementos para uma leitura interdisciplinar*. Curitiba: EDIBEJ, 1996. p. 127-129.

KANT, Immanuel. "Eternal peace". In: FRIEDERICH, Carl J. *The philosophy of Kant*. New York: Modern Library, 1977.

LAFER, Celso. *A OMC e a regulamentação do comércio internacional: uma visão brasileira*. Porto Alegre: Livraria do Advogado, 1998.

______________. *Comércio, desarmamento, direito humanos: reflexões sobre uma experiência diplomática*. São Paulo: Paz e Terra, 1999.

______________. *O sistema de solução de controvérsias da Organização Mundial do Comércio*. Porto Alegre: Livraria do Advogado, 1998.

MONTESQUIEU, (Charles Louis de Secondat). *De l'espirit des lois*. Paris: Flammarion, 1979. Paris: PUF, 1996, p. 2-xx.

NASSER, Rabih Ali. *A liberalização do comércio internacional nas normas do GATT- OMC*. São Paulo: LTr, 1999.

PEREIRA, Ana Cristina Paulo (Org.). *Direito internacional do comércio: mecanismo de solução de controvérsias e casos concretos da OMC*. Rio de Janeiro: Lumen Juris, 2003.

REZEK, José Francisco. *Direito internacional público: curso elementar*. 7. ed. São Paulo: Saraiva, 1998.

SANTOS, Boaventura de Souza. *A crítica da razão indolente: contra o desperdício da experiência*. 3. ed. São Paulo: Cortez, 2001.

THE LEGAL TEXTS: the results of the Uruguay Round of Multilateral Trade Negotiations. Cambridge: Cambridge University Press, 1999.

THORSTENSEN, Vera. *OMC: as regras do comércio internacional e a rodada do milênio*. 2. ed. São Paulo: Aduaneiras, 2001.

VIEIRA, Liszt. *Cidadania e globalização*. 2. ed. Rio de Janeiro: Record, 1997.

A DECISÃO DA OMC SOBRE SUBSÍDIOS À EXPORTAÇÃO DE AÇÚCAR: LIÇÕES PARA O BRASIL

Veronica D'Almeida

O comércio exterior é um dos vetores para o fortalecimento da economia, geração de empregos e conseqüente desenvolvimento social de qualquer país.

Nesse contexto, o Brasil vive um momento muito importante da história da sua política comercial e recentemente recebeu mais uma decisão favorável da Organização Mundial de Comércio (OMC) que examinou a pedido do Brasil, Austrália e Tailândia, a conformidade do regime açucareiro da União Européia com as normas multilaterais de comércio.[1]

Na área de comércio internacional, a OMC é hoje, de longe, o fórum mais importante para o Brasil, não somente pelo seu potencial de criação de regras, mas especialmente por ser a única instituição capaz de definir parâmetros mais justos em áreas sensíveis, como a concessão de subsídios agrícolas.

A política agrícola tem um papel fundamental na coesão territorial, econômica e social da maioria dos países. Tal política tem fortes implicações de ordem social e econômica. Na Europa, essa característica é conhecida como a "multi-funcionalidade" da agricultura.[2] É nesse sentido que a agricultura mundial, por sua

---

[1] Comunidades Européias – Subsídios à Exportação de Açúcar (DS 266)

[2] "O termo 'multifuncionalidade' é um neologismo que surge no contexto de busca de soluções para as disfunções do modelo produtivista e inova ao induzir uma visão integradora das esferas sociais na análise dos papéis da agricultura. O termo envolve a noção de que 'a agricultura

importância para a realidade de cada país, necessita promover ajustamentos para poder enfrentar as novas realidades e desafios que lhe são impostos com a globalização do comércio.

Entretanto, cumpre ressaltar que nenhum setor do comércio mundial sofre mais distorções do que a agricultura.[3] Para o agronegócio brasileiro, a abertura de novos mercados é condição para o crescimento do setor e desenvolvimento econômico do país. A atividade agrícola no Brasil vem se modernizando e é cada vez mais competitiva, necessitando ingressar em novos mercados, o que depende da eliminação ou diminuição das políticas protecionistas adotadas por países desenvolvidos.

Especificamente com relação a exportação de açúcar, segundo cálculos do setor privado, o Brasil deixa de exportar anualmente cerca de 400 milhões de dólares por causa das subvenções européias, que distorcem os preços internacionais e tiram o espaço das nações mais competitivas.[4]

O presente artigo trata de expor as conclusões do Painel da OMC que analisou a concessão de subsídios à exportação por parte da Comunidade Européia. O texto tem, ainda, o objetivo de analisar o impacto de tal decisão no cenário internacional do comércio açucareiro, oferecendo, por fim, uma conclusão sobre como tal contencioso proporcionou notáveis lições para o Brasil nas áreas de política e defesa comercial.

---

vai além de sua função primária de prover alimentos, como também oferecendo benefícios ao meio ambiente, o gerenciamento sustentável de recursos naturais, preservação da biodiversidade, e contribuir para a viabilidade socioeconômica de áreas rurais'". BHALA, R. (2003). *World agricultural trade in purgatory: the Uruguay Round Agriculture Agreement and its implications for the Doha Round*, 79 N. Dak. L. Rev. 691).

[3] Centre for International Economics – CIE, Targets for Sugar Market Liberalisation, 2003.

[4] "Brasil Vence Batalha Contra os Subsídios", *Hoje em dia*, 5 ago. 2004, Caderno Economia.

A. Comércio Mundial de Açúcar

O açúcar é conhecido como o produto agrícola mais protegido do mundo[5] e o mercado desse produto é um dos mais regulamentados a nível mundial. Certamente, a dimensão de tal mercado e a diversidade de parceiros comerciais são menores do que poderiam ser na ausência de uma proteção excessiva.

As principais conseqüências das políticas protecionistas no comércio açucareiro internacional têm sido a redução do consumo global, a restrição do comércio, preços baixos e a instabilidade do mercado. Ainda, sob uma perspectiva mais ampla, as políticas protecionistas prejudicam os fluxos normais de comércio e aumentam a instabilidade dos preços.

O relatório anual da OCDE[6] sobre política agrária aponta que políticas governamentais da União Européia, Estados Unidos e Japão, entre outros, têm enorme impacto sobre a produção, o consumo e o comércio de açúcar através do aumento artificial dos preços internos. Os efeitos dessas políticas resvalam no comércio mundial de açúcar, prejudicando produtores eficientes em todo o mundo, especialmente o Brasil, como se discutirá mais adiante.

Ainda de acordo com relatório da OCDE, um fator importante que impede os países em desenvolvimento de acessar uma maior parcela do comércio agrícola se refere ao alto nível de proteção e suporte encontrado nos países industrializados, proteção essa que tem impedido o crescimento das exportações de produtos agrícolas pelos países em desenvolvimento.[7]

[5] Centre for International Economics – CIE, Targets for Sugar Market Liberalisation, 2003.

[6] Centre for International Economics – CIE, Targets for Sugar Market Liberalisation, 2003, p. 1.

[7] OECD (2003). *Agricultural policies in OECD countries: monitoring*

O volume de suporte agrícola em países membros da OCDE monta em US$ 1 bilhão por dia, totalizando mais de duas vezes o valor das exportações de produtos agrícolas dos países em desenvolvimento.[8]

Vários instrumentos de comércio internacional são utilizados para que uma determinada economia seja considerada protecionista. Tais instrumentos podem se manifestar através de cotas e tarifas elevadas, que limitam o acesso a determinado mercado, apoio doméstico e subsídios à exportação.

A liberalização do mercado mundial de açúcar é um objetivo louvável, mas difícil de ser atingido na prática. Alcançar uma maior liberalização desse mercado talvez seja o maior desafio dos países exportadores de açúcar como o Brasil.

B. Brasil – Produtor mais Eficiente

Há 500 anos o Brasil vem colecionando experiências na produção de açúcar. Nos primórdios, como especiaria, e hoje, como *commodity*, esse é um produto que dispõe de um mercado internacional significativo, em que a produção brasileira corresponde a 25% da oferta global.[9]

A grandiosidade do setor canavieiro nacional, tanto na quantidade produzida, como na sua eficiência produtiva,

and evaluation 2003-highlights. Disponível em: www.oecd.org/document/58/0,2340,en_2649_201185_18453050_1_1_1_1,00.html. Acesso em: 21 nov. 2004.

[8] Centre for International Economics – CIE, Targets for Sugar Market Liberalisation, 2003, p. 1.

[9] Informação proferida pelo Ministro de Estado da Agricultura, Pecuária e Abastecimento, Roberto Rodrigues, por ocasião do Jantar Anual dos Produtores, Compradores e Operadores do Mercado de Açúcar, realizado em São Paulo em 24 de outubro de 2003.

tem assegurado sua sobrevivência aos entraves comerciais do produto brasileiro no mercado internacional.[10]

De sua parte, as exportações altamente subsidiadas da União Européia, em especial, contribuem diretamente para manter deprimidos os preços internacionais, além de caracterizarem prática desleal de comércio, já que retiram mercado dos produtores eficientes como o Brasil.

O agronegócio representa uma parcela considerável do PIB brasileiro. Para o Brasil, que é o maior produtor de cana-de-açúcar do mundo, a liberalização dos mercados de açúcar se traduzirá imediatamente em maiores oportunidades de mercado. A agricultura, não resta dúvida, desempenha um papel essencial na economia brasileira. A importância desse setor se relaciona com a própria estrutura econômica interna, a fatores sociais e políticos e ao equilíbrio da balança comercial brasileira. O agronegócio representa aproximadamente 28% do PIB total do Brasil, que em 2001 alcançou perto de R$ 1,3 trilhões e é responsável pelo emprego da maior parte da População Economicamente Ativa do país.[11]

Portanto, o dano causado pelas políticas da União Européia para o açúcar é sentido de forma mais aguda por produtores competitivos como Brasil, Austrália e Tailândia, e por muitos países em desenvolvimento que contam com o açúcar como um fator crucial à sua saúde econômica em geral. Nesses países, o açúcar poderia estar gerando valiosas divisas

[10] Vale ressaltar também a organização e eficiência da União da Agroindústria Canavieira de São Paulo, com entidade representativa da indústria canavieira no Brasil. Sem tal suporte organizacional o contencioso ora objeto de estudo estuda não teria sido possível.

[11] COELHO, Carlos N. *Os caminhos do agronegócio brasileiro.* Disponível em: http://www.mre.gov.br/cdbrasil/itamaraty/web/port/economia/agric/caminhos/apresent.htm. Acesso em: 21 nov. 2004.

e contribuindo de modo mais significativo ao crescimento econômico e ao desenvolvimento.

C. União Européia – Produtor menos Competitivo

A União Européia é o mais importante mercado comprador dos produtos agrícolas brasileiros. É, ainda, o maior bloco comercial do mundo, o maior importador e o segundo maior exportador na área agrícola.

A agricultura sempre foi um setor prioritário na formação da União Européia (UE). A estrutura de proteção e subsídios aos setores açucareiros na UE tem origem nos sistemas de apoio nacionais de cada país-membro, unificados a partir da Política Agrícola Comum (PAC). A principal forma de proteção aos produtos agrícolas na UE são as Organizações Comuns de Mercado (OCM)[12], que fixam regras para plantio, comercialização, preços, subsídios, estocagem e comércio exterior.

A OCM do açúcar se baseia num preço de intervenção, bastante superior aos atuais preços internacionais. Para gozar deste preço privilegiado são fixadas cotas de produção, alocadas a cada país membro, indústria e fornecedor de matéria-prima. Paralelamente, taxas sobre o açúcar produzido e tarifas de importação contribuem com parte dos fundos totais requeridos para financiar esses subsídios, sendo a diferença coberta por fundos do orçamento comunitário.[13]

[12] Organizações Comuns de Mercado – políticas setoriais específicas financiadas pelo Fundo Europeu de Orientação e de Garantia Agrícola, mesmo fundo que financia a PAC.

[13] MOURA FILHO, Heitor Pinto. "A organização comum do mercado do açúcar na União Européia: Estrutura, Instrumentos Regulatórios e Interesses". *Estudos Infosucro*, n. 5, UFRJ, Grupo de Estudos Sucroalcooleiros, p. 2, 2001.

A UE importa açúcar bruto de ex-colônias européias, pago ao preço interno da UE e beneficiado por isenção de tarifa de exportação. A maior parte desse açúcar é reexportado refinado.[14]

Os subsídios e privilégios da OCM do açúcar vem sendo contestados internamente e externamente através de negociações nos foros internacionais e, pela primeira vez, no contencioso ora analisado, a OMC especificamente pôde se pronunciar a respeito do tema.

I. Mecanismo Protecionista da União Européia

A União Européia foi o primeiro bloco econômico a dar origem a uma PAC que é um produto do acordo político entre os seis Estados-Membros fundadores.[15] Tal política está delineada desde o Tratado de Roma, marco fundador da CEE em 1957. O artigo 33 do Tratado da Comunidade Européia relaciona uma série de diretrizes políticas, econômicas e sociais a serem perseguidas pela PAC.[16]

O objetivo principal da PAC é a criação de um mercado comum agrícola e tal objetivo pressupõe a livre circulação de produtos agrícolas sem obstáculos. A PAC da UE cumpriu com seus objetivos e proporcionou aos países-membros segurança, abastecimento alimentar e renda estável aos produtores. No entanto, tais conquistas foram claramente baseadas em esquemas protecionistas.

---

[14] Id.

[15] Quando foi criada a União Européia, havia um agrupamento dos Estados-Membros em dois blocos distintos, o bloco agrícola, liderado pela França e Itália, e o bloco industrial, a frente do qual se encontrava a República Federativa Alemã e a Holanda. Id.

[16] Ver Tratado da Comunidade Européia, art. 32 a 38 (versão compilada). Disponível em http://www.europa.eu.int/eur-lex/pt/treaties.

A PAC foi introduzida como uma política de estabelecimento de preços mínimos para a maioria dos produtos agrícolas e, simultaneamente, de cobrança de um tributo variável para neutralizar importações a preços baixos que poderiam interferir na política de preços internos.

Cumpre ressaltar que significativas parcelas do orçamento europeu foram direcionados à PAC. Em 1980, cerca de 75% do orçamento europeu foi gasto com programas agrícolas.[17] Nesse contexto, de uma política originalmente desenhada para evitar distorções nos preços internos garantidos, a PAC tornou-se uma efetiva barreira para que produtores estrangeiros acessassem não somente os países da Comunidade Européia, mas também outros países, já que tal política serviu para subsidiar as exportações agrícolas européias.

Historicamente a PAC tem sido alvo de um profundo processo de reforma. Atualmente, diante das pressões internacionais sobre a União Européia, acusada de concorrência desleal e práticas comerciais inconsistentes com acordos da OMC, assim como em função da ampliação da comunidade de 15 para 25 países em maio de 2004, a UE acordou uma reforma agrícola em junho de 2003, que reordena os critérios de subvenção[18]. Vale ressaltar que UE não teria como subsidiar os milhões de agricultores do Leste Europeu, novos na comunidade, da mesma forma como vinha fazendo com os antigos membros.

[17] LORVELLEC, Louis (1999). "Back to the fields after the storm: agriculture in the European Union after the Uruguay Round Agreements". *2 Drake J. Agric. L.*, 411, p. 6.

[18] Em 26 de Junho de 2003 foi aprovada pelo Conselho de Ministros da Agricultura da União Européia uma reforma da Política Agrícola Comum (PAC) .

II. A União Européia e o Mercado de Açúcar

A União Européia tem posição *sui generis* no mercado mundial de açúcar, como único grande exportador que também importa significativamente.[19] Esta posição decorre da forte proteção dada aos setores agrícola e industrial do açúcar e aos interesses açucareiros nas antigas colônias européias, através dos acordos com os chamados países ACP (África, Caribe e Pacífico).[20] Tais incentivos e proteções têm suas origens no século XVII, tendo passado por diversas alterações à mercê dos momentos históricos e da concorrência entre setores agrícolas e indústriais, entre colônias e metrópole e entre consumidores e produtores. A França foi pioneira na proteção a seus interesses açucareiros e esteve desde então no centro da concorrência internacional no setor.

A estrutura de regulação comunitária sobre o açúcar na União Européia deriva historicamente de dois tipos de circuntâncias: as proteções nacionais dadas ao setor de cada país-membro anteriormente à formação da Comunidade Economica Européia (CEE) – ou a sua adesão a ela – e os

[19] O açúcar produzido mundialmente pode ser produzido de duas formas: através da cana-de-açúcar e da beterraba. Entretanto, em razão de menores custos de produção, a produção de açúcar a partir da cana compreende mais de 80% do mercado mundial. Os países da União Européia são basicamente produtores de açúcar de beterraba e os países em desenvolvimento se destacam na produção de açúcar através da cana-de-açúcar.

[20] **Países ACP:** África do Sul (a título parcial), Antígua e Barbuda, Bahamas, Barbados, Belize, Botsuana, Camarões, Congo, Cook (Ilhas), Costa do Marfim, Dominica, República Dominicana, Fiji, Gabão, Gana, Granada, Guiana, Jamaica, Quênia, Marshall (Ilhas), Maurício (Ilha), Micronésia (Estados Federados da), Namíbia, Nauru, Nigéria, Niue, Palau, Papu-Nova Guiné, São Cristóvão e Névis, Santa Lúcia, São Vicente e Granadinas, Senegal, Seychelles, Suriname, Suazilândia, Tonga, Trinidad e Tobago, Zimbabue.

acordos comerciais entre França e Reino Unido, de um lado, e suas respectivas ex-colônias.[21]

Excluído da regulamentação inicial da PAC em 1962, o açúcar ganha sua Organização Comum de Mercado (OCM) em 1967, desde então renovada sem modificações significativas.[22]

As estruturas da OCM do açúcar foram construídas sobre sólidas bases políticas, tecidas em negociações ao longo dos muitos anos de existência da UE, inicialmente entre seus membros fundadores e, em seguida, com cada novo membro.

As pressões nas frentes de negociações multilaterais e bilaterais terão mais poder para reduzir o alcance e os subsídios concedidos pela OCM do açúcar. Talvez amparados pelos argumentos da política externa e dos inelutáveis fatos internacionais, como o contencioso que ora se estuda, os representantes políticos comunitários possam obter de seus constituintes o que o simples raciocínio orçamentário ou econômico não conseguiu atingir.[23]

D. O Acordo sobre Agricultura da Rodada Uruguai – Considerações acerca do Tratamento Diferenciado Conferido ao Setor Agrícola no Comércio Internacional

O setor agrícola não se encontravam coberto pela regulação de comércio internacional anteriormente à Rodada Uruguai, estando isento de muitas das regras estabelecidas no

[21] MOURA FILHO, Heitor Pinto. "A organização comum do mercado do açúcar na União Européia: estrutura, instrumentos regulatórios e Interesses", *Estudos Infosucro*, n. 5, UFRJ, Grupo de Estudos Sucroalcooleiros, UFRJ, p. 2, 2001.

[22] Id.

[23] Id.

GATT. Portanto, fica evidente que o sistema multilateral de comércio levou em torno de 50 anos para estabelecer um conjunto significativo de obrigações para o setor agrícola.

Tal tratamento especial conferido aos produtos agrícolas foi objeto de preocupação especial da Comunidade Européia, Estados Unidos e do Japão, especificamente por sua dependência na aplicação de cotas de importação e de subsídios a exportação para gerir o mercado agrícola.

Através de sete rodadas comerciais do GATT, as tarifas industriais diminuíram significativamente e os subsídios à exportação foram claramente proibidos. Paralelamente a esse processo, a agricultura era tratada como uma área "à parte".[24]

A Rodada Uruguai permitiu a elaboração do primeiro acordo sobre a agricultura, cujo esboço final foi desenhado pelos EUA e UE na reunião da Blair House, na capital norte-americana, em 1993.[25]

O acordo produziu obrigações multilaterais significativas nos temas de acesso a mercados e subsídios. Em acesso a mercados, a presença de restrições sanitárias, as concessões preferenciais para países pouco desenvolvidos e a manutenção das quotas de importação em detrimento de países maiores e mais competitivos obrigam ao Brasil estar constantemente negociando, na busca por regras de comércio mais justas.[26]

O cenário é complexo em matéria de subsídios domésticos e de exportação. Nessa área, a reunião da Blair House produziu a repartição dos subsídios em três "caixas".

---

[24] JANK, Marcos. "Subsídios agrícolas: aceitar ou contestar as regras?" Jornal *O Estado de S. Paulo*, 16 jul. 2002, p. A2.

[25] Id.

[26] Id.

Para a chamada "caixa verde" estariam alocados todos os subsídios permitidos, que não distorcem o comércio, como pesquisa, infra-estrutura, reforma agrária, cestas básicas, entre outros. Na "caixa azul" estão os subsídios que distorcem o comércio, mas que ficaram isentos de disciplinas porque estão atrelados a medidas de controle de oferta. Já na "caixa amarela" estão os subsídios que distorcem o comércio, sujeitos a disciplinas e tetos máximos por país. São esses, portanto, os únicos subsídios monitorados, nos quais os países signatários do Acordo sobre Agricultura podem reclamar se os limites forem ultrapassados.[27]

Cumpre ressaltar que para possibilitar a assinatura do Acordo sobre Agricultura, os países membros da OMC acordaram na inclusão de uma "cláusula de paz", a fim de se evitar eventuais apresentações de questionamentos acerca das políticas protecionistas agrícolas dentro de um período de nove anos. Nesse contexto, as medidas da "caixa verde" não são passíveis de questionamento quanto a medidas compensatórias, nem de outros questionamentos com base nos acordos da OMC.

É esse precisamente o cenário de fundo que contextualiza o contencioso comercial que o Brasil conduziu na OMC envolvendo a exportação subsidiada de açúcar.

E. Questionamentos do Brasil com Relação ao Regime Comunitário do Açúcar na OMC

Muito embora as limitações do sistema legal da OMC sejam questionadas, cumpre reconhecer que tal sistema oferece um panorama bastante eficaz para a resolução da maioria das disputas envolvendo comércio internacional.

[27] Id.

Foi com essa certeza que o Brasil partiu para um posicionamento mais firme contra o regime de subsídios a exportação da União Européia.

I. Antecedentes da Disputa:

Na disputa comercial sob debate, o que mais surpreendeu os negociadores brasileiros, ainda tentando encontrar soluções para o regime de subsídios a exportação europeu através de esforços diplomáticos, foi o fato da União Européia ter tentado politizar o processo de negociação anterior a abetura do procedimento na OMC. A União Européia insisitiu que, ao levar o caso à OMC, o Brasil estaria tentando entrar no seu mercado, substituindo o açúcar que hoje é vendido de forma preferencial pelos países da ACP.

Cumpre ressaltar que em sua decisão, como se verá adiante, o painel da OMC desfez tal argumento europeu e especificamente recomendou que a UE, ao implementar as recomendações do relatório, continue concedendo acesso facilitado ao seu mercado para os produtos dos países mais pobres.

Outra tática utilizada pela UE foi tentar atrasar ao máximo o início da processo vetando todos os nomes de painelistas que eram indicados para o painel que iria julgar o caso. Dessa maneira, quatro meses se passaram, entre a queixa ser efetivamente aceita pela OMC e o início das investigações.

II. O Requerimento Brasileiro na OMC:

O Brasil requereu a realização de consultas com as Comunidades Européias, a respeito da concessão de subsídios às suas exportações de açúcar,[28] na mesma data em que requereu

---

[28] WT/DS266/1.

a realização de consultas com os Estados Unidos no contencioso envolvendo algodão,[29] em Outubro de 2002.

Em função do insucesso das negociações comerciais, estabelecidas em 21 e 22 de Outubro de 2002 e em 11 de Julho de 2003, o Brasil requereu ao Órgão de Solução de Controvérsias (OSC) a instituição de um painel para examinar a controvérsia[30].

O Brasil expôs como objeto da disputa "os subsídios conferidos e mantidos pelas Comunidades Européias (CE) em excesso a seus níveis de compromisso de redução da CE para o açúcar, sob a Council Regulation 1260/2001,[31] de Junho de 2001, no contexto da regulamentação comum da CE dos mercados do setor açucareiro". Os produtos abrangidos pela regulamentação das Comunidades Européias envolvidos na demanda são: açúcar de cana e de beterraba, beterraba açucareira, cana-de-açúcar, melaço de produção e de refino, açúcar e xarope de bordo, mel artificial, caramelo, polpas, isoglucose e xarope de inulina.[32]

O Brasil acusa especificamente as Comunidades Européias de conceder subsídios a exportação em patamar superior àquele acordado em seus compromissos,[33] em violação ao Acordo sobre Agricultura e ao Acordo de Subsídios e Medidas Compensatórias.[34]

No seu requerimento o Brasil indica duas categorias de subsídios como cerne da sua demanda, quais sejam: (i) o preço do

---

[29] WT/DS267/R.

[30] WT/DS266/21.

[31] Ver UE Council Regulation (EC) n. 1260/2001. *Official Journal of the European Communities*, L178, p. 7. Art. 1 (texto em português disponível em: http://www.europa.eu.int/eur-lex/pt/lif/dat/2001/pt-301r1262.html.

[32] Id.

[33] Seção II, Parte IV, do Cronograma de Compromissos.

[34] Da mesma forma que na demanda *EUA – Algodão Upland.*

regime do açúcar estipulado pela CE garantiria a prática de um preço elevado para o açúcar que é produzido dentro das quotas de produção ("Açúcares A e B"). Assim, o "Açúcar C" (produzido fora da quota de produção) não poderia ser vendido internamente no ano de sua produção, devendo, portanto, ser exportado. Portanto, tais preços elevados configurariam um "pagamento" aos produtores e processadores de açúcar das Comunidades Européias que financiariam a produção e exportação do "Açúcar C" a preços abaixo do custo total de produção; e (ii) as Comunidades Européias confeririam subsídios a exportação a um montante de açúcar branco claramente equivalente à quantidade do açúcar bruto importado por meio dos seus sistemas de tratamento preferencial.[35] O Brasil acusa, portanto, as Comunidades Européias de excluirem tais subsídios do cálculo do total de subsídios a exportação conferido ao setor açucareiro. Se tais valores fossem computados, o montante de subsídio conferido pelas Comunidades Européias excederia os níveis comprometidos de redução de subsídio a exportação, em inadequação aos Artigos 3.3, 8, 9.1(a) e (c) ou, alternativamente, Artigo 10.1 do AsA. Cumpre ressaltar que conferindo subsídios a exportação compreendidos na expressão dos Artigos 1.1(a)(1)(i) e (iv), 1.1(a)(2), e 1.1(b) do Acordo SMC, os quais são proibidos pelo AsA, a CE também atuaria em desconformidade com suas obrigações dos Artigos 3.1(a) e 3.2 do Acordo SMC.

Cumpre ressaltar que no momento em que o Brasil apresentou seu requerimento a OMC, assim como na demanda envolvendo *Algodão Upland*, existiu uma grande expectativa para o fato de como o painel se pronunciaria a respeito do funcionamento da "cláusula da paz" estabelecida no Artigo 13[36] do AsA.[37]

[35] ACP e Índia.

[36] O período de implementação com relação ao artigo 13 significa o período de 9 anos que se iniciou em 1995.

[37] Que expiraria em 1° de janeiro de 2004.

III. A Decisão do Painel da OMC

O painel da OMC concluiu que a UE não conseguiu provar que suas excessivas exportações de açúcar não estão subvencionadas.

O relatório do painel assinala que Brasil, Austrália e Tailândia apresentaram documentos que "provam que desde 1995 as exportações totais de açúcar da UE superam as quantidades às quais se comprometera nesse acordo".[38] Por isso, o painel pede à União Européia que cumpra o conteúdo do acordo sobre agricultura da OMC em matéria de subvenções à exportação.

Em sua decisão, os painelistas acrescentam que isso ocorreu "em particular na safra 2000-2001, quando os então 15 países (da UE) exportaram mais de 4,09 milhões de toneladas, 2,8 milhões de toneladas a mais do que o decidido no acordo".[39]

Os especialistas da OMC pedem à UE que "ajuste suas exportações de açúcar em conformidade com suas obrigações" em matéria de comércio internacional. Exortam também os países da UE a "considerarem medidas que ponha sua produção de açúcar em consonância com o consumo interno" e respeitem seus compromissos sobre importações, aí incluídos os dos países em desenvolvimento.[40]

Ainda, e como já mencionado anteriormente, os painelistas destacaram declaração formulada pela UE em julho, na qual o bloco se comprometeu a "cumprir plenamente os compromissos assumidos" com os países do grupo ACP.

Depois de ter expirado a cláusula de paz, em dezembro de 2003, que representava uma restrição ao questionamento de

---

[38] WT/DS266/21.

[39] Id.

[40] Id.

subsídios agrícolas, estes tornaram-se passíveis de contestação e ficaram sujeitos à adoção de medidas compensatórias. Portanto, espera-se que as decisões da OMC sobre os casos dos subsídios ao algodão e açúcar indiquem se será ou não uma tendência a abertura de novas ações contra os subsídios agrícolas.[41]

F. Efeitos do Contencioso

Contenciosos como o que se acaba de apresentar tem grande influência na melhoria das regras do comércio agrícola mundial.

O Brasil deve sempre ocupar uma posição sempre ativa de líder do comércio agrícola.[42] É importante que o país busque, cada vez mais, um justo equilíbrio no acesso aos mercados e nas regras de comércio internacional. O contencioso agrícola ora sob estudo é parte fundamental desse processo.

Nesse contexto, cumpre ressaltar alguns dos efeitos mais visíveis de tal disputa comercial, quais sejam:

a) Redução do Impacto da Política Comunitária para o Açúcar

Em Julho de 2004, antecipando a decisão da OMC, a Comissão Européia aprovou planos para uma revisão de sua política do açúcar, que incluiria cortes nos subsídios. Com isso, a produção subsidiada passaria de 17, 4 milhões de toneladas hoje para 14,6 milhões em quatro anos, com início em Julho de 2005.

[41] Ver estudo efetivado pelo ICONE, *O fim da cláusula de paz e os subsídios agrícolas da OMC – análises dos impactos dos interesses brasileiros na OMC*, 2004.

[42] Ver "South America Seeks to Fill the World's Table". *The New York Times International*, 12 dez. 2004.

A reforma será implementada gradualmente a partir de 2005 até 2008 para facilitar os ajustes necessários no mercado produtor europeu e nas importações européias de países ACP.

A proposta é bastante significativa e consiste de um corte de 37% nos subsídios aos produtores europeus de açúcar. A proposta também prevê redução das exportações subsidiadas em 2 milhões de toneladas.[43]

b) Recuperação dos Preços do Açúcar no Comércio Internacional

O impacto do resultado do painel da OMC deverá traduzir-se eventualmente no incremento efetivo das exportações brasileiras de açúcar.

De acordo com a UNICA,[44] se o parecer do painel for mantido, as vendas externas brasileiras da *commodity* poderiam aumentar entre 2 e 3 milhões de toneladas ao longo de um período de dois ou três anos. Isto representa praticamente a metade do acumulado no primeiro semestre das exportações de açúcar.

Entre janeiro e junho deste ano o Brasil exportou o equivalente a 6,2 milhões de toneladas.[45] Com isso, o país assegura o primeiro lugar do ranking dos maiores exportadores do produto.

---

[43] Ver ICONE. *Reforma do açúcar na UE traz boas perspectivas para as exportações brasileiras"*, 15 de Julho de 2004.

[44] União da Agroindústria Canavieira de São Paulo.

[45] "Produtor de açúcar vê alta das exportações", Folha de S. Paulo, 5 ago. 2004.

c) Incentivo à Produção Brasileira de Açúcar

Um maior incentivo à produção brasileira de açúcar é outra possível consequência da ampliação da fatia do mercado externo para o Brasil. A retração da participaçâo da UE no comércio de açúcar tende a abrir as portas dos mercados da África do Norte e do Oriente Médio, nos quais o Brasil enfrenta hoje grande concorrência do açúcar subsidiado pela Europa.[46]

Projeções da UNICA indicam ainda que o mercado mundial de açúcar cresce a uma taxa de 2,5% ao ano, enquanto que o mercado doméstico deve apresentar uma taxa anual de 1,5%. Portanto, esse ritmo de crescimento mais acelerado do comércio exterior pode fazer com que os produtores de açúcar brasileiro fiquem mais inclinados a exportar.

d) Impacto moral da condenação do subsídio europeu

Para o Brasil a decisão da OMC também tem o fator moral pois dá margem ao país para pleitear um plano mais audacioso de corte nos subsídios da UE. Nessa mesma linha, é possível também que venha a ocorrer um andamento mais eficiente nas negociações multilaterias em relação ao comércio açucareiro daqui para frente.

G. Projeções para o Futuro do Comércio Internacional Agrícola: Lições para o Brasil

Aparentemente, a política agrícola mundial está em um processo de transição. Isso significa uma possibilidade de maior abertura comercial para o Brasil e uma mudança de

[46] Id.

paradigmas. Nesse particular, a decisão do painel na disputa sob exame nesse texto consolida essa mudança.

A grande lição que o Brasil pode tirar da experiência de um contencioso como o que se expõe nesse texto é que a nossa primeira grande opção para fazer valer as regras multilaterais de comércio é a OMC. Vê-se que a atitude de se contrapor à União Européia foi uma atitude eficiente e adequada, e, mais ainda, de grande respaldo e visibilidade internacional.

O contencioso ora sob debate será, sem dúvida, um dos casos mais relevantes da história da OMC pela ligação que tem com as preferências concedidas às ex-colônias européias e com a própria efetivação de metas da Rodada Doha, centralizada em torno das negociações agrícolas.

Vale ressaltar que o resultado ideal que podemos esperar para os contenciosos agrícolas é o aprimoramento do sistema multilateral, como um todo, e do mecanismo de solução de controvérsias da OMC especificamente. Dessa forma, pela relevância e importância política das questões envolvidas nesse contencioso, pode-se notar que tal resultado foi atingido visivelmente.

O Brasil, como bem fez no contencioso sob debate, deve constantemente lutar pela melhoria das regras multilaterais na agricultura, tentando trazer o setor para as mesmas disciplinas que regem outras áreas. Assim, nesse contexto, o Brasil experimenta atualmente a oportunidade única de negociar simultaneamente em diversas frentes[47]. O Brasil é hoje o país que mais tem a ganhar na agricultura, com a eliminação dos subsídios e proteções.[48]

---

[47] ALCA, Mercosul-CE, OMC

[48] JANK, Marcos S. *O Estado de S. Paulo* "O que o Brasil quer ser quando crescer?", - 19 fev. 2002, p. A2.

Outra lição valiosa que pode-se tirar de tal contencioso é que tão falada prioridade agrícola nas negociações foi transformada em uma ação mais concreta e efetiva, inclusive com envolvimento do setor privado e do terceiro setor. A recente iniciativa européia de iniciar reformas em seu sistema de subvenções ao açúcar vem como resultado da habilidade negociadora do Brasil, com participação da iniciativa privada.[49]

O processo de negociações em agricultura é, não resta dúvida, extremamente complexo e lento. Além disso, o assunto é permeado por elevadas implicações políticas. Conforme mencionado anteriormente, é prioridade para o Brasil permancer negociando a continuidade das reformas da regulação sobre agricultura, assim como maior acesso a mercados. O Brasil evidentemente assumiu sua posição de liderança no comércio e nas negociações agrícolas internacionais. Portanto, não podemos perder esse momento histórico para avançar ainda mais.

Referências Bibliográficas

BHALA, R. (2003), "World Agricultural Trade In Purgatory: The Uruguay Round Agriculture Agreement And Its Implications For The Doha Round", 79 N. Dak. L. Rev. 691

Comunidades Européias – Subsídios à Exportação de Açúcar (DS 266)

[49] A criação do ICONE – Instituto de Estudos do Comércio e Negociações Internacionais é um bom exemplo. O instituto é fruto da mobilização dos principais agro-exportadores brasileiros, interessados em promover uma abertura comercial pragmática, por meio de estudos que embasaram o requerimento brasileiro sobre o açúcar na OMC, e que ajudarão nas futuras negociações envolvendo a União Européia.

Centre for International Economics - CIE, Targets for Sugar Market Liberalisation, 2003

Discurso proferido pelo Ministro de Estado da Agricultura, Pecuária e Abastecimento, Roberto Rodrigues, por ocasião do Jantar Anual dos Produtores, Compradores e Operadores do Mercado de Açúcar, São Paulo, 24 de Outubro de 2003

Estudo efetivado pelo ICONE, "O Fim da Cláusula de Paz e os Subsídios Agrícolas da OMC" – Análises dos Impactos dos Interesses Brasileiros na OMC. (2004)

JANK, Marcos. "Subsídios agrícolas: aceitar ou contestar as regras?" – Jornal O Estado de S. Paulo- 16/07/2002 - p. A2

JANK, Marcos S., O Estado de S. Paulo – "O que o Brasil quer ser quando crescer?" - 19/02/2002 - p. A2

LORVELLEC, Louis (1999), "Back to the Fields after the Storm: Agriculture in the European Union after the Uruguay Round Agreements", 2 Drake J. Agric. L. 411

MOURA FILHO, Heitor Pinto (2001), "A Organização Comum do Mercado do Açúcar na União Européia: Estrutura, Instrumentos Regulatórios e Interesses", Estudos Infosucro, n. 5, Grupo de Estudos Sucroalcooleiros, UFRJ

OECD (2003) "Agricultural Policies in OECD Countries: Monitoring and Evaluation 2003-Highlights"

UE Council regulation (EC) n. 1260/2001. Official Journal of the European Communities, L178, p. 7. Art. 1 (texto em português: http://europa.eu.int/eur-lex/pt/lif/dat/2001/pt-301r1262.html.

UM TIRO NO PRÓPRIO PÉ – REMÉDIOS PARA IMPLEMENTAÇÃO DAS DECISÕES DO ÓRGÃO DE SOLUÇÕES DE CONTROVÉRSIAS DA OMC

Patricia Alves de Toledo

1. Introdução: importância e eficácia do sistema

O Sistema de Solução de Controvérsias da Organização Mundial de Comércio (OMC) é considerado por muitos autores como o sistema jurídico internacional de maior eficácia, por ser o único a disponibilizar retaliação[1] como alternativa para o não cumprimento das decisões de seu Órgão de Solução de Controvérsias (OSC). Ilustrando a importância atribuída à retaliação, em 1994, ano da criação do sistema, observou P. Mavroidis que "Um sistema legal precisa de meios para aplicar o que foi acordado entre seus membros e o sucesso da OMC dependerá do poder persuasivo de suas sanções".[2]

As alternativas de retaliação, compensação ou suspensão de concessão, apesar de importantes, apresentam muitas falhas. A retaliação é ineficiente não só para induzir o membro perdedor a implementar a decisão do OSC, seu principal objetivo, mas também por provocar prejuízos ao membro peticionário que

[1] Este artigo assume a posição de que as medidas autorizadas pela OMC não são somente penalidades, mas trata-se de retaliações para induzir o membro a implementar as decisões dos painéis. Para discussão sobre a diferença de entendimentos sobre o tema ver Steve Charnovitz, *"Rethinking WTO trade sanctions"*, *The American Journal of International Trade* 95, p. 792-832, 2001.

[2] Ver S. Charnovitz, "Rethinking", cit., nota 1.

exerce a retaliação. Valendo-se da expressão coloquial, seria como se um membro, já prejudicado pela ação de outro em dissonância com os acordos da OMC, desse um "tiro no próprio pé".

Discussão de interessantes propostas de remédios alternativos à retaliação na busca de um maior cumprimento das decisões da OMC faz parte da agenda das recentes negociações que se estendem durante a rodada de Doha.

A primeira parte deste artigo abordará detalhadamente as falhas e críticas ao direito de retaliação, inclusive, valendo-se de casos práticos e estatísticas atuais. Para melhor entendimento do leitor, a referida discussão será precedida de breve explicação sobre o funcionamento e requisitos para aplicação das sanções.

A segunda parte deste artigo discutirá pontos positivos e negativos das três propostas mais relevantes entre a comunidade internacional para alteração dos remédios da OMC em caso de não cumprimento das decisões finais de seus paineis. Dentre elas: (i) compensação monetária em substituição à retaliação, (ii) retaliação coletiva e transferência de direitos de retaliação, que pressupõe a manutenção ao direito de retaliação, e (iii) maior monitoramento e publicidade da implementação das decisões finais dos painéis, independente da opção de retaliação ser ou não mantida nos textos legais do sistema de solução de controvérsias. Sendo esta última, na opinião da autora, a melhor e mais importante proposta para que as decisões do OSC sejam implementadas sem que os membros da OMC necessitem dar tiros nos próprios pés.

2. Funcionamento: compensação e suspensão de concessões

Após decisão final do Órgão de Soluções de Controvérsias, o membro perdedor da disputa deve implementá-la domesticamente dentro de 30 dias ou, em casos mais complexos, dentro de um "período razoável" que não deverá exceder 15 meses.[3]

Após o prazo de implementação, quando o membro é incapaz de implementar a sugestão do OSC ou, simplesmente não a implementa, o membro perdedor poderá propor ao membro prejudicado uma compensação através da redução tarifária à importação de determinados produtos a ser mutuamente acordada.[4] Porém, a compensação, nos prazos e termos da OMC, nunca foi utilizada como veremos no capítulo a seguir.

Na falta de proposta de compensação no prazo de 20 dias, o membro prejudicado pode, como *último recurso*[5], solicitar autorização do painel para implementar suspensão de concessão contra o membro perdedor.[6] Após autorização, o membro solicitante tem discricionariedade de exercer ou não os direitos de aplicação da medida.

Importante ressaltar que tanto a compensação como a suspensão de concessões deve ter aplicação temporária. Ou seja, devem ser suspensas a partir do momento em que o membro perdedor passar a implementar o relatório final do OSC. Essa é uma demonstração clara da preferência da OMC pela aplicação de suas decisões.[7]

---

[3] Artigo 21.3 do ESSC.

[4] Artigos 3.7 e 22.1 do ESSC.

[5] Artigo 3.7 do ESSC.

[6] Referida solicitação poderá ser feita em até 20 dias após o prazo de implementação segundo Artigo 22.6 do ESSC.

[7] Importante mencionar argumento contrário, de que a aplicação da suspensão de concessão permite ao membro retaliado o contínuo não cumprimento do relatório final do OSC. O presente artigo não defende esse ponto de vista. Sobre o assunto ver Judith Hippler Bello, "The WTO dispute settlement understanding: less is more", *The American Journal of International Law,* 90, p. 416-17, 1996 e idem, Book Review, *The American Journal of International Law*, 95, p. 986-87, 2001 (reviewing

O OSC tem o dever de manter vigilância e monitoramento sobre a implementação de suas decisões. Desta forma, decorridos seis meses do período de implementação, mesmo não havendo qualquer solicitação do membro prejudicado, deverá o OSC discutir os procedimentos de implantação pelo membro perdedor. Para isso, o membro perdedor deverá enviar ao OSC relatório sobre o andamento da implementação.[8] Mesmo após a autorização de suspensão de concessão, o OSC deverá continuar referido monitoramento, até que o relatório final venha a ser implementado.[9]

Cabe notar que o membro prejudicado tem a opção de solicitar uma revisão de 90 dias, pelo painel, quando não considerar que as medidas adotadas pelo membro perdedor estão de acordo com o relatório final do OSC.

Importante ressaltar, que a suspensão de concessão autorizada deve ser capaz de restaurar o equilíbrio do sistema comercial quebrado pela violação às regras de comércio exterior pelo membro perdedor[10]. A retaliação vem sendo concedida em forma de imposição de barreiras tarifárias[11] pelo membro prejudicado contra o membro perdedor, como veremos mais detalhadamente.

John H. Jackson, The Jurisprudence of GATT & the WTO). Sobre o argumento contrário, ver John H. Jackson, "The WTO dispute settlement understanding – misunderstandings on the nature of legal obligation", *91 American Journal of International Law*, 60, 1997 e idem, "International law status of WTO dispute settlement reports: obligation to comply or option to buy out", *American Journal of International Law*, 98 (1), 2004.

[8] Artigo 21.6 do ESSC.

[9] Artigo 22.8 do ESSC.

[10] Artigo 22.4 do ESSC. Nas palavras do acordo, a retaliação deve ser equivalente ao nível de *nullification and impairment*.

[11] Até o momento as tarifas autorizadas foram tarifas 100% *ad valorem*. Disponível em: www.wto.org.

Ainda, a retaliação deverá envolver produtos do mesmo setor e do mesmo acordo violado, preferencialmente. Importante relembrar que os setores no âmbito da OMC se dividem em três: o setor de produtos, o de serviços e o setor de propriedade intelectual. Em casos excepcionais o OSC pode autorizar a aplicação da sanção para setores diferentes, denominada retaliação cruzada. Embora rara, como veremos no capítulo a seguir, a retaliação cruzada foi concedida para o Equador, que foi autorizado a retaliar contra a União Européia no caso conhecido como o caso das bananas.[12]

Na prática: Estatísticas e casos

Durante seus 10 anos de existência, o Sistema de Soluções de Controvérsias da OMC recebeu um total de 313 consultas, iniciou 158 disputas, mas apenas 39 apelações envolveram a implementação da decisão final. Dentre elas, 17 painéis trataram da concessão de "período razoável" para implementação da decisão, 14 painéis discutiram a inexistência ou inadequação de implementação, e somente 8 painéis solicitaram o direito de suspensão de concessão.[13]

Importante também analisarmos o envolvimento dos países membros da OMC em referidas disputas: 30 membros solicitaram estabelecimento de painéis e 28 apelaram de decisões, dentre os quais os Estados Unidos apresentou ou esteve envolvido em 66% das apelações, a Comunidade Européia em 45% e o Brasil em 14%, figurando como o 6º país da lista.[14]

---

[12] União Européia – Regime de importação, venda e distribuição de bananas. WT/DS27/ARB (1999).

[13] Dados até julho de 2004. Apresentação de Bruce Wilson, *Dispute resolution in the WTO at year ten: general facts and figures*, Washington International Trade Association, Washington DC; Agosto de 2004.

[14] *Id.*

Até o momento, dos oito casos em que a retaliação foi autorizada, somente em dois casos ela foi aplicada: nos controversos casos das bananas[15] e o caso dos hormônios.[16]

No caso das bananas, Estados Unidos e Equador iniciaram, pela primeira vez na história da OMC, disputa para aplicação de retaliação pela não implementação da decisão do OSC pela União Européia. Muitos aspectos importantes foram discutidos ao longo do caso. Para este artigo, dois deles foram mais significativos. Primeiro, o caso demonstrou claramente as dificuldades encontradas pelo OSC no cálculo do nível de suspensão. Para o referido cálculo, o OSC comparou o nível real de comércio do produto entre os países na disputa com o nível de comércio que ocorreria caso a violação do acordo da OMC não houvesse acontecido. Na verdade, detalhes teóricos sobre esses cálculos são compreensíveis, mas, na prática, os números usados como base de cálculo geraram muita controvérsia e questionamentos pelas partes envolvidas na disputa, provando a dificuldade em se alcançar um valor exato que ilustre os prejuízos sofridos pelos membros prejudicados.[17]

Outro aspecto relevante no caso, foi a solicitação para aplicação da retaliação cruzada por um país em desenvolvimento, o Equador. A retaliação cruzada foi autorizada e o Equador adquiriu o direito de suspensão de tarifas dentro do Tratado de Propriedade Intelectual – TRIPS.[18] Atualmente a imposi-

---

[15] União Européia – Regime de importação, venda e distribuição de bananas, WT/DS27/AB/R (1997). Disponível em: www.wto.org.

[16] União Européia – Medidas afetando carne e produtos de carne (hormônios), WT/DS26 e WT/DS48. Disponível em www.wto.org.

[17] Para maiores detalhes sobre o tema ver: Bernard O'Connor. "Remedies in the world trade organization dispute settlement system – the bananas and hormones cases", *Journal of World Trade*, 38(2), p. 245-266, 2004.

[18] TRIPS: tratado assinado pelos membros da OMC que regula direitos autorais e propriedade intelectual, abreviatura de *Trade-Related Aspects of Intellectual Property Rights*.

ção de tarifas pelos Estados Unidos foi suspensa em decorrência de um acordo com a Comunidade Européia. O Equador nunca impôs qualquer tarifa.

Outro caso relevante nos tribunais da OMC foi o caso dos hormônios, em que Estados Unidos e Canadá desafiaram as medidas adotadas pela Comunidade Européia para implementar a decisão do OSC. Dita decisão obrigava o bloco a alterar restrições de importação impostas a carne de gado tratados com certos hormônios de crescimento. O cálculo do valor de retaliação permitido aos países prejudicados, foi, nesse caso, mais transparente e objetivo que o usado no caso das bananas mas, mesmo assim, deu margem a muitas críticas. No cálculo das vendas que os países prejudicados deixaram de fazer à União Européia, o OSC se baseou nas vendas desses países a terceiros mercados, no caso Japão, Coréia e Suíça.[19] O que também gerou muitas críticas, principalmente pelas diferenças entre os mercados comparados e o marcado norte-americano.

Outro ponto relevante no desenrolar do caso dos hormônios foi o impasse gerado na União Européia em relação à segurança da carne importada. De um lado, a pressão popular sobre o governo para banir produtos que receberam antibióticos com o objetivo de apressar o ritmo de crescimento do gado e a rejeição dos consumidores a produtos geneticamente modificados. De outro lado, a obrigação dos governos perante a comunidade internacional e a OMC. Esse é o único caso em que a imposição tarifária retaliatória continua até hoje, neste caso pelos Estados Unidos e Canadá sobre importações de produtos europeus como queijo roquefort, foie gras, entre outros.

Em exemplos mais recentes, cabe analisarmos o caso contra subsídios em forma de benefícios fiscais garantidos a empresas norte-americanas exportadoras incorporadas em paraísos

[19] Bernard O'Connor, op. cit.

fiscais, o caso conhecido como *Foreign Sales Corporations*. A importância deste caso para o presente artigo concerne o profundo ajuste ao qual os Estados Unidos terá que implementar em sua legislação tributária para se adequar à decisão do OSC a favor da União Européia. Considerando o não cumprimento dentro do tempo razoavelmente estabelecido, à União Européia foi garantido o direito de sancionar os Estados Unidos em até $4 bilhões de dólares em tarifas.[20] Até o momento, nenhuma sanção foi aplicada, apesar das ameaças constantes feitas pela União Européia.[21]

Também envolvendo profundas alterações em legislação nacional do membro perdedor, apontamos agora para o caso contra a legislação norte-americana de antidumping, referente ao *1916 Act*, impetrado pela União Européia. Em recente decisão de fevereiro de 2004, o painel garantiu ao peticionário autorização para imposição de sanção em decorrência da falha dos Estados Unidos em implementar as alterações impostas pelo laudo final dentro do período razoável.[22]

O Brasil também foi vítima de ameaça de imposição de retaliação pelo Canadá no caso das aeronaves. Nesse caso, Canadá ganhou o direito de retaliação contra o Brasil no valor de US$ 344 milhões pela falta de cumprimento da decisão final. De acordo com a decisão, o Brasil teria 90 dias (período razoável) para banir subsídios à fabricação de aeronaves em forma de créditos à exportação com taxas de juros julgadas abaixo do nível permitido. Quase que imediatamente, o Brasil tomou medi-

---

[20] *Foreign Sales Corporations*, WT/DS/108/25. Disponível em: www.wto.org.

[21] M. Rafiqul Islam, "Recent EU trade sanctions on the US to induce compliance with the WTO ruling in the foreign sales corporations case: its policy contradiction revisited", *Journal of World Trade*, 38(3), p. 471-489, 2004.

[22] *Id.* Vide também *Foreing Sales Corporations*, WT/DS136/ARB. Disponível em: www.wto.org.

das para implementar a decisão. De outro lado, o Brasil também obteve o direito de retaliação contra o Canadá pela não implementação pelo Canadá das decisões do OSC de banir subsídios à exportação de aeronaves. O Brasil também não chegou a utilizar seu direito de retaliação.[23]

3. Críticas ao sistema de compensação e suspensão de concessões

O sistema de compensação, ao contrário do que veremos no sistema de suspensão de concessões, não restringe o comércio, mas em verdade o favorece. Porém, note-se pelos dados estatísticos que a compensação, nos termos e prazos da OMC, nunca foi utilizada. Dois motivos contribuem para este cenário. O principal deles deve-se a inconsistência da provisão com um dos princípios gerais da OMC, o princípio do "*most-favored-nation*" que impede países membros em aplicarem reduções tarifárias à apenas um ou alguns membros. De acordo com este princípio, qualquer redução tarifária concedida, mesmo aquela oferecida como compensação ao membro prejudicado, deve ser estendida a todos os demais membros da OMC.[24]

Também importante mencionar as conseqüências da compensação para partes e indústrias inocentes do membro importador. Vejamos como exemplo a compensação pela liberação de tarifas à importação de peças de automóvel. Nesse caso, a indústria local de auto-peças ficaria injustamente exposta a uma competição internacional, que passou a ser beneficiada por tratamento preferencial, para compensar prejuízos causados a outra indústria do país, digamos, a indústria de calçados.

[23] Aeronaves, WT/DS46/AB/RW. Disponível em: www.wto.org.

[24] Artigo 22.1 do ESSC.

Outro motivo relevante é o curto período de 20 dias disponíveis aos membros participantes da disputa para chegarem a um acordo quanto aos termos da compensação.

Em relação ao sistema de suspensão de concessões, este artigo abordará dois diferentes enfoques para determinar a eficácia do sistema. Primeiramente, em relação ao poder da retaliação para indução da implementação da decisão do OSC pelo membro perdedor. Segundo, considerando o papel da retaliação como ferramenta na restauração do equilíbrio comercial quebrado pela ação do membro perdedor.

Quanto à eficácia da retaliação no induzimento à implementação da decisão final, é importante diferenciar dois cenários, um em que um dos países envolvidos na disputa é uma potência econômica, mas o outro é um país em desenvolvimento, e o outro que envolve duas potencias econômicas. Note o exemplo do caso das Bananas entre Equador e União Européia, em que o direito de suspensão foi autorizado ao Equador mas este não o utilizou. A potencial vulnerabilidade econômica da União Européia frente a uma débil potencial retaliação pelo Equador não induziu a primeira a implantar a decisão do OSC.

A prática, vem demonstrando que o sistema de retaliações da OMC está fortemente ligado ao poder econômico de cada país envolvido nas disputas. Assim, quando se trata de países em desenvolvimento, o custo de retaliar um país perdedor em uma disputa é ainda mais alto sem resultados satisfatórios. Retaliações de economias em desenvolvimento contra grandes potências econômicas não causam qualquer efeito uma vez que seus mercados são pequenos para causar qualquer pressão relevante.

Voltando ao exemplo do caso das bananas, simplesmente, não havia comércio suficiente de mercadorias não-essenciais entre Equador e União Européia que permitissem a efetiva retaliação pelo Equador. Esse foi o argumento do Equador ao solicitar, e conseguir, autorização para retaliação cruzada fazendo uso do

TRIP. Na prática, como bem ressaltado por Bronckers[25], o Equador podia comercializar vinhos locais e vendê-los como Bordeaux, mas os efeitos dessas medidas causariam, no máximo, certo incômodo entre os produtores de vinho franceses. O que, por sua vez, não criaria pressão política suficiente para levar a União Européia a alterar sua legislação referente à importação de bananas.

Em casos envolvendo potencias econômicas e políticas como Estados Unidos e União Européia, a eficácia da retaliação pode, até mesmo, ser considerada satisfatória. No caso da *Foreign Sales Corporations*, por exemplo, após crescentes ameaças de retaliação pela União Européia aos Estados Unidos, recente projeto de lei aprovado pelo Congresso norte-americano demonstra desenvolvimento favorável em direção à implementação do relatório da OMC. A nova proposta de lei, rescentemente sancionada pelo presidente dos Estados Unidos, alterará gradualmente a legislação tributária do país, promovendo, ao menos teoricamente, conformidade com o relatório final da OSC no período de dois anos[26]. Como se trata de evento muito recente, não existem, ainda, ferramentas para avaliar a adequação das alterações propostas na legislação com o relatório da OMC, mas em uma visão otimista, somente a tentativa de implementação das medidas pelos Estados Unidos demonstrou satisfatória eficácia das ameaças de suspensão de concessões.

No caso da Banana, a eficácia da suspensão de concessões também pode ser considerada satisfatória devido a atuação e peso político dos Estados Unidos. Após aplicação de retaliação

[25] Marco Bronckers e Naboth Van Der Broek, "Notes on WTO remedies and financial compensation" Contribution to Bruges Seminar on WTO dispute settlement, p. 02, 2003. Disponível em: http://www.wilmer.com/files/tbl_s5096FileRepository/FileUpload5753/197/Brugge%20notes%2023062004.pdf.

[26] American Jobs Creation Act of 2004, sancionada pelo presidente George W. Bush em outubro de 2004. Ver também, "The Corporate Tax Cut, Lobbyists' Delight", *The Economist*, p. 27, 16 a 22 de outubro 2004.

pelos Estados Unidos, as partes da disputa fecharam um acordo em que a União Européia se comprometeu a implementar tarifa única para a importação de bananas até janeiro de 2006.[27]

Em Hormônios, por outro lado, nem mesmo a efetiva e contínua imposição de sanções levaram o membro perdedor a cumprir as recomendações do relatório do OSC. Nesse caso, Estados Unidos e Canadá continuam impondo tarifas de 100% *ad valorem* sobre produtos como queijos, bolsas de mão, roupa de cama, entre outros, no valor total de $116 milhões de dólares ao ano para os Estados Unidos, e de $ 11.3 milhões para o Canadá, conforme autorizado pelo OSC.[28] E a União Européia continua sem implementar a decisão da OMC.

Em relação ao segundo enfoque da eficácia do sistema, de que a retaliação promove o reequilíbrio do sistema, usamos as palavras de J. Pauwelyn: "é importante notar a ironia que o órgão mundial pregando a liberalização do comércio defende protecionismo do comércio – contra-medidas como oferecendo algum tipo de favor ou benefício que deva neutralizar e até forçar o desaparecimento ilegal de restrições ao comércio" .

Ademais, a retaliação causa, na verdade, prejuízos ao país já prejudicado pela ação do membro perdedor, julgada em desconformidade com os acordo da OMC. Como mencionado anteriormente, é como se o país prejudicado desse um "tiro no próprio pé", uma vez que os produtos importados ficarão mais caros ou, até mesmo, inacessíveis para os consumidores. Ademais, ao proteger a indústria local a retaliação pode levá-la, em última instância, ao enfraquecimento, como a história demonstrou ser o efeito de medidas protecionistas adotadas por alguns países ao longo dos anos.

---

[27] Bernard O'Connor, op. cit., p. 248.

[28] Hormônios WT/DS26/21 e WT/DS48/19 (1999). Disponível em: www.wto.org.

Outra crítica extremamente relevante à aplicação de suspensão de concessões é de que a retaliação, quase sempre, será feita em setores industriais diferentes do setor prejudicado[29]. Não apresentando, assim, qualquer alívio ou compensação aos prejuízos sofridos pela indústria exportadora do membro prejudicado. Em um exemplo prático, no caso de subsídios indevidos do Canadá para sua indústria de aeronaves, a imposição de retaliação, se imposta pelo Brasil, não remediaria os prejuízos sofridos pela indústria aeronáutica brasileira. Ao contrário, acabaria prejudicando outras indústrias, sem qualquer interesse na disputa.

O efeito de retaliações em terceiros países não envolvidos na disputa também deve ser mencionado. Utilizando o exemplo hipotético dado por S. Charnovitz[30], um país que não é parte na disputa, mas é fornecedor de determinada matéria prima utilizada na fabricação de produtos da lista de retaliação, poderá sofrer conseqüências indiretas de referida retaliação. Se a retaliação reduzir a fabricação de determinado produto, sua matéria prima também pode ter suas vendas substancialmente prejudicadas.

Outra crítica importante é a contradição entre os princípios de criação da OMC e a alternativa de retaliação. A aplicação de retaliação contradiz o objetivo básico da OMC de "garantir a segurança jurídica e previsibilidade ao comércio internacional". Ora, com essa imposição, os membros nunca terão segurança para desenvolver determinada indústria, pois esta poderá, a qualquer momento, sofrer retaliação por outro membro, mesmo que a referida indústria não tenha causado dano a outro membro.

[29] Muitas vezes pela falta de importação do produto envolvido na disputa pelo país prejudicado, ou pela falta de volume significativo em referida importação capaz de atingir o valor de retaliação autorizado.

[30] Steve Charnovitz, "The WTO's Problematic "Last Resort" Against Noncompliance". *World Trade Law*. Disponível em: www.worldtradelaw.net.

Conforme visto na descrição dos casos envolvendo falta de cumprimento das recomendações do OSC, nota-se que, em sua grande maioria, a implementação dessas recomendações leva o governo do membro perdedor a um impasse político. De um lado o governo fica suscetível à pressão interna da vontade popular e, de outro, à pressão internacional para o cumprimento da decisão da OMC. No caso dos hormônios, por exemplo, pressões políticas e sociais da União Européia para banir da região carnes com certos hormônios pareceu prevalecerem sobre a obrigação de implementação dos relatórios finais da OMC.

Outro fator importante, também político, é a lentidão e complexidade de processos legislativos e de tomada de decisões que aparecem como sérios obstáculos para tentativas do executivo de implementar relatórios do OSC. Vide exemplos acima citados de casos que implicavam profundas reformas legislativas: casos das bananas, *Foreign Sales Corporations*, e *1916 Act* a implementação das decisões do OSC.

Propostas para um sistema mais eficaz

Considerando as críticas e problemas para a implementação das decisões do Sistema de Solução de Controvérsias apontados ao longo deste artigo, e as discussões para busca de maior cumprimento das decisões do sistema durante a rodada de Doha, três sugestões de mudança merecem destaque: (i) a obrigatoriedade de pagamento de compensação pecuniária; (ii) fortalecimento dos países em desenvolvimento pela retaliação coletiva e pela implementação de transferências de direitos retaliatórios; e (iii) maior transparência e rigidez quanto ao monitoramento da implementação das decisões.

(i) compensação pecuniária

Lidando com cada um dos três aspectos nesta ordem, o sistema de compensação pecuniária seria uma alteração significativa.[31] Não somente devido ao fator de induzir o cumprimento de decisões, mas também como opção de indenização aos prejuízos sofridos pela indústria local.

As propostas apresentadas[32] para adoção da compensação pecuniária enumeram várias vantagens, mas não abordam as complexidades da OMC.

Em uma perspectiva econômica e entre partes privadas, compensações financeiras pelos danos à indústria local fazem mais sentido como resultados práticos de uma disputa. Indústrias inocentes não sofreriam os prejuízos causados pela imposição de retaliação e a indústria local prejudicada seria compensada financeiramente pelos danos sofridos.

O primeiro problema de ordem prática encontrado seria que para o ressarcimento dos danos sofridos anteriormente à decisão do OSC, a aplicação do ressarcimento pecuniário teria que se

[31] Importante notar que a imposição de compensação pecuniária por descumprimento de decisões internacionais não é um conceito novo. Foi proposto já na época do GATT, vide *Report on the Ad Hoc Group on Legal Amendments to the General Agreement*, Março de 1996. Para discussões sobre o assunto fora do âmbito da OMC, vide, por exemplo, *Report of the International Law Commission* - Seção 53, capítulo IV, item 1, Draft Articles on Responsibility of States, de 2001. Disponível em http://www.un.org/law/ilc/reports/2001/2001report.htm). No âmbito da OMC, referida proposta foi apresentada primeiramente em 1999. Vide *Preparations for the 1999 Ministerial Conference – the Dispute Settlement Understanding (DSU), Communication from Pakistan to the General Council* – WT/GC/W/162.

[32] Proposta dos países menos desenvolvidos, item 13, TN/DS/W/17 (2002) e Proposta do Equador, p. 4, TN/DS/W/33 (2003).

dar retroativamente, o que, atualmente, não é permitido pelas as regras da OMC. A alteração dessa regra seria contra um dos princípios fundamentais de comércio exterior, o princípio da previsibilidade, e levaria incertezas e insegurança aos membros.

Ademais, a compensação pecuniária deveria ter o objetivo de induzir o cumprimento de decisões por parte do membro perdedor que, para evitar o prejuízo pecuniário, envidaria seus maiores esforços para implementar a decisão da OMC. A aplicação retroativa da compensação pecuniária a transformaria em multa pecuniária, desviando seus objetivos.

É preciso lembrar que a OMC não é uma arena de disputas entre partes privadas. As disputas são travadas entre governos que representam suas indústrias locais. Como ressalta o ilustre Prof. J. Jackson,[33] existem importantes diferenças estabelecidas em disputas contratuais entre partes privadas e disputas comerciais no âmbito da OMC. Em disputas contratuais privadas as partes são, ao mesmo tempo, beneficiários e participantes. Enquanto, na OMC, os beneficiários das disputas não são os membros da organização. As partes são governos e os beneficiários são os comerciantes e produtores locais.

Em uma disputa contratual, as partes ou os tribunais podem resolver uma disputa com o pagamento de compensação pecuniária de uma parte à outra, caso em que a compensação servirá aos reais interesses das partes envolvidas. O que não necessariamente ocorreria na OMC, onde governos podem ter interesses muito mais abrangentes do que a eventual compensação monetária poderia sanar.

O problema de pressão de economias menores sobre superpotências econômicas não é resolvido com a compensa-

[33] John H. Jackson. "International Law Status of WTO Dispute Settlement Reports: obligation to comply or option to buy out?" *American Journal of International Law*, 98(1), p. 109-125, 2004.

ção financeira. Ao contrário, a desigualdade passa a ser ainda maior. De um lado, países como o Brasil, por exemplo, ficariam muito mais vulneráveis ao pagamento de compensação pecuniária. Por outro lado, não teriam muito poder de pressão para induzir os Estados Unidos, por exemplo, a implementar determinada decisão. Poderia ser muito mais confortável para os Estados Unidos pagar compensações anuais ao Brasil e continuar descumprindo as decisões da OMC.

Ainda em relação a economias em desenvolvimento, a obrigação ao pagamento de grandes valores como compensação, pode causar grave desestabilização. Efeitos negativamente significativos podem provocar desestabilização em nível de preços, desvalorização da moeda local, redução de reservas, elevação de risco e redução de investimento estrangeiro no país.

Outro ponto importante seria a falta de benefício a membros que, por falta de recursos, não são partes da disputa, mas também sofreram prejuízos pela ação irregular do membro perdedor.

Por outro lado, o pagamento de compensação só faz sentido quando o membro peticionário sofreu danos diretos, o que nem sempre é o caso. No caso das bananas, por exemplo, o OSC decidiu aceitar a participação dos Estados Unidos, que levou o caso à OMC sem ter interesse legal direto. Como ressaltado por J. Pauwelyn, um membro pode ganhar um caso sem ter qualquer interesse comercial concreto e direto em sua decisão. Ainda assim, aos Estados Unidos foi garantido o direito de retaliação.[34] Mas seria ilógico pensar em garantir-lhes o direito de receber compensação pecuniária, o que, neste caso, deixaria o OSC sem qualquer arma de coerção de cumprimento.

[34] Joost Pauwelyn, "Enforcement and Countermeasures in the WTO: Rules are Rules. – Toward a More Collective Approach", *American Journal of International Trade*, 94, p. 335-347, 2000.

Há de se ressaltar, que o pagamento de compensação pecuniária ou multa pode não ser capaz de causar qualquer efeito na indução da implementação das decisões do OSC. O pagamento de multa pecuniáira não provocaria indústrias, nem partes privadas, a pressionar seus respectivos congressos ou governos para a implementação das decisões. Ao contrário, o pagamento da multa pode vir a ser uma desculpa oficial para o membro perdedor para justificar o não cumprimento da decisão do OSC.[35]

Como demonstrado anteriormente, existe, hoje, muita controvérsia quanto aos métodos de cálculo dos prejuízos sofridos pela ação irregular do membro perdedor. Esse continuaria a ser um grave problema para o cálculo da compensação pecuniária.

Um dos argumentos mais importantes contra a compensação pecuniária é a falta de instrumentos eficazes para obrigar um membro perdedor a executar o pagamento da compensação. Alguns sistemas jurídicos internacionais conseguiram superar este problema através da execução de sentenças arbitrais em cortes locais.[36] Mas como bem ressaltado por S. Charnovitz, "sempre existirá espaço para não execução".[37] O sistema continuaria, portanto, com o mesmo problema de cumprimento enfrentado hoje, uma vez que não haveriam métodos tão eficazes para obrigar o membro perdedor ao pagamento da multa compensatória, caso esse se recuse a pagá-la.

Tratados bilaterais assinados em 2004 entre Chile e Estados Unidos e Singapura e Estados Unidos prevêem o pagamen-

---

[35] Para argumentos contrários, vide Marco Bronkers, *More power to the WTO?. Jornal of International Economic Law*, 4, p. 41-65, 2001.

[36] Exemplo clássico é o Tratado Estabelecendo a União Européia que prevê, em seu artigo 171 o pagamento de multas pecuniárias pela não implementação por um membro de decisão da Corte de Justiça Européia. Vide S. Charnovitz, *Rethinking WTO Trade Sanctions*, American Journal of International Trade, 95, p. 825, 2001.

[37] *Id.*

to de multas compensatórias.[38] A aplicação prática desses tratados será uma experiência importante e interessante de se observar nos próximos anos.

(ii) retaliação coletiva e transferência de direitos retaliatórios

Dentre as propostas de revisão para melhoria do cumprimento de decisões no sistema de soluções de controvérsias, apenas duas abordam o problema enfrentado pelos países em desenvolvimento, a proposta de aplicação de sanções coletivas[39] e a proposta de remédios negociáveis.[40]

A proposta de retaliação coletiva busca resolver o problema da desproporcionalidade entre economias em desenvolvimento e potências econômicas. A sanção coletiva permitiria que pequenas economias aumentassem seu poder político e econômico, e alavancassem seu poder de induzir uma potencia econômica ao cumprimento da decisão. Esta proposta é baseada no princípio de responsabilidade coletiva, em que todos os membros da OMC teriam o direito e a responsabilidade de executar as decisões do OSC. Sob esse princípio, propõe-se que a retaliação coletiva ocorra automaticamente ao não cumprimento de decisões dos painéis, como um tratamento especial e diferenciado, quando membros menos desenvolvidos estejam envolvidos na disputa. No entanto, a implementação prática desta proposta seria

[38] Estados Unidos e Cingapura – Free Trade Agreement, artigos 20.6.(5) e 20.7, maio de 2003. Estados Unidos e Chile – Free Trade Agreement, artigos 22.15.(5) e 22.16, junho de 2003.

[39] TN/DS/W/17, apresentada pelo grupo Países Menos Desenvolvidos, em outubro de 2002 e posteriormente apoiada por Kenya TN/DS/W/42, em janeiro de 2003. Ambos disponíveis em: http://docsonline.wto.org.

[40] TN/DS/W/40 proposta apresentada pelo México, disponível no http://docsonline.wto.org.

um tanto difícil e todos os problemas advindos da retaliação individual continuariam a ocorrer.

A proposta de remédios negociáveis sugere que o direito de suspensão de concessões, uma vez autorizados, deveria ser passível de ser "comercializado". Dessa forma, um país como o Brasil, que teve seu direito de suspensão autorizado no caso de Aeronaves mas não o exerceu, poderia negociá-lo e vendê-lo a outro país com interesse em usá-lo. Compartilhando a opinião de William J. Davey,[41] parece pouco provável que esta proposta, mesmo se aprovada, seja utilizada. Considerando todos os problemas e críticas apontadas ao longo dos capítulos acima, seria difícil imaginar um país com interesse em comprar um direito de suspensão para "dar um tiro no próprio pé".

Importante ressaltar, no entanto, que tal proposta apresenta uma interessante inovação no que concerne o período a ser considerado no cálculo dos danos sofridos pelo membro peticionário. Segundo a proposta, os cálculos deveriam iniciar-se antes do término do período razoável de implementação, provocando, assim, ações mais rápidas pelo membro perdedor para implementação da decisão do OSC.[42]

(iii) melhorias no monitoramento do processo de implementação

Conforme anteriormente demonstrado, o monitoramento do processo de implementação de uma decisão

[41] William J. Davey, "Reforming WTO dispute settlement", *Research Paper* n. 04-01, p. 38-39, janeiro de 2004.

[42] Atualmente, há de se ressaltar que o tempo de um processo no sistema de solução de controvérsias da OMC leva em média dois anos e meio, mais o período de implementação. Tempo relativamente longo para o membro prejudicado.

é um importante aspecto na busca do cumprimento de decisões. Entretanto, esse monitoramento apresenta muitas falhas que podem ser melhoradas. Essas seriam, assim, parte de outra proposta importante a se considerar.

Para melhorar a eficácia do monitoramento da implementação das decisões, este artigo sugere a diversidade de monitoramento, ou seja, a existência de mais de um agente de monitoramento ajudaria a manutenção da objetividade e aprimoramento de critérios. E, ainda, a transparência do monitoramento[43] permitiria o engajamento da opinião pública durante a implementação das decisões.

O monitoramento das ações do membro perdedor pelo OSC é um excelente instrumento na busca do cumprimento de decisões, como anteriormente comentado no item 2 deste artigo. Todavia, esse monitoramento precisaria ser usado de forma mais eficaz para exercer maior pressão sobre o membro perdedor da disputa. Os relatórios de atualização solicitados aos membros da disputa, por exemplo, deveriam solicitar detalhadamente e especificamente os passos a serem adotados pelo país ao implementar a decisão da disputa que se encerrou, inclusive, apresentando um cronograma de cada estágio e etapa de implementação.

Os comitês de árbitros e reuniões para apuração da implementação das decisões permitem somente que os membros, partes na disputa, estejam presentes. Abrir essas reuniões para outras partes significaria tornar o monitoramento do OSC aberto ao público, permitindo, assim, o envolvimento, mesmo que indireto, de organizações não-governamentais e partes privadas. Como bem ressaltado por S. Charnovitz[44], a estratégia

[43] Bernard M. Hoekman e Petros Mavroidis, *WTO dispute settlement, transparency and surveillance*. Estudo para o Banco Mundial (1999). Disponível no http://www1.worldbank.org.

[44] S. Charnovitz, nota 40 supra.

utilizada pelos acordos ecológicos deve ser seguida pela OMC. Nas palavras do autor, a estratégia denominada entre os ecologistas de "sunshine", acredita no fator "reputação" para induzir os países ao cumprimento de decisões. Como agentes dessa metodologia, encontram-se organizações não-governamentais, especialistas, corporações, indivíduos e os próprios estados.

Ademais, trazendo transparência aao sistema de soluções de controvérsias, permite-se a participação da opinião pública como instrumento de pressão frente aos representantes políticos dos países envolvidos nas disputas. Certamente que pressão da comunidade internacional e comercial é importante para a indução do cumprimento, mas pressão política local, também deve ser considerada, principalmente quando mudanças na legislação nacional são necessárias para implementar a decisão do OSC.

Partes privadas, especialmente indústrias nas quais a ameaça de potencial retaliação pode recair, também deveriam engajar-se mais ativamente e monitorar o processo de implementação de decisões, evitando assim que sua indústria seja prejudicada com a imposição de retaliação.

Considerando o custo elevado de monitoramento para países em desenvolvimento, a ajuda de organizações não-governamentais nessa fase seria extremamente importante.

Apesar de não poder ser encarada como uma solução isolada, um monitoramento mais estrito pelo órgão de solução de controvérsias da OMC e o monitoramento público podem se tornar uma arma de barganha interessante na fase de implementação das disputas da OMC.

4. Conclusão

Não restam dúvidas quanto à relevância do sistema de soluções de controvérsias da OMC, por disponibilizar meios de indução de cumprimento de suas decisões. Demonstração prática dessa importância é a pressão exercida por outros setores da economia para serem inseridos no âmbito da OMC, como, por exemplo, o setor de propriedade intelectual, ecologia, investimentos e serviços.

O reduzido número de painéis solicitando a suspensão de concessão, como demonstrado anteriormente, pode gerar, a primeira vista, a impressão de que as implementações das decisões do OSC são elevadas. Vários autores defendem esse argumento e ainda acrescentam em favor do sistema o fato de que somente 40% das consultas iniciadas na OMC se transformam em disputas.[45]

Analisando mais detalhadamente, nota-se, no entanto, que reduzido número deve ser atribuído ao resultado ineficaz e ao alto custo decorrentes da aplicação dos remédios disponíveis atualmente para indução do cumprimento de decisões. Por um lado, não existem garantias de que referidos remédios trarão, a longo prazo, o benefício do cumprimento. De outro, seus efeitos contrários e prejudiciais ao membro que os aplica são absolutamente certos, principalmente para países em desenvolvimento como o Brasil.

Desta forma, repensar os remédios para indução de cumprimento no âmbito da OMC parece uma necessidade urgente. Porém, conforme acima discutido, dentre os remédios apresentados até o momento, apenas um parece interessante, o transparente e eficaz monitoramento dos procedimentos de implantação das decisões pela própria OMC e pela sociedade civil.

Assim, este autor acredita que a OMC deve explorar melhor sua capacidade de monitoramento e contar com a ajuda

---

[45] James Bacchus, *"Woulda, coulda, shoulda": The consolidation of WTO dispute settlement*. Address to the International Bar Association. Geneva, Switzerland, 2003.

e colaboração de organizações não-governamentais, publicidade, educação e opinião pública para induzir o cumprimento de suas decisões no âmbito nacional de seus membros. Sómente um compromisso sério de todos os membros da OMC em levar suas discussões aos seus cidadãos, levará cada membro a implementar as decisões do OSC.

Por oportuno, ressalte-se que este artigo reconhece a importância do fortalecimento da OMC como organização e a consequente consolidação de seus princípios. Nessa visão, o fortalecimento das decisões do sistema de solução de controvérsias é apenas um aspecto que contribuirá para a solidificação da OMC como um todo[46]. E, consequentemente, aos seus objetivos: liberação do comércio internacional.

Referências bibliográficas

BROEK, Naboth van der. "Power paradoxes in enforcement and implementation of World Trade Organization dispute settlement reports". *Journal of World Trade* 37 (1), p. 127-162, 2003.

BRONCKERS, Marco; Naboth Van Der BROEK. "Notes on WTO remedies and financial compensation". *Contribution to Bruges' Seminar on WTO dispute settlement*, Organizado por Jacques Bourgeois, 2003.

CHARNOVITZ, Steve. "The WTO's problematic "last resort" against noncompliance". *World Trade Law.* Artigo baseado no artigo original publicado no *Aussenwirtschaft* em Dezembro de 2002, revisado em agosto de 2003. Disponível em: www.worldtradelaw.net

[46] Para análise complementar sobre outros aspectos importantes para o fortalecimento do sistema da OMC, veja artigo de Felipe Berer neste Volume.

CHARNOVITZ, Steve. "Rethinking WTO Trade Sanctions". *The American Journal of International Trade,* 95. p.792-832, 2001.

DAVEY, William J. "Reforming WTO dispute settlement". *Illinois Public Law and Legal Theory Research Papers Series.* Social Science Network, pesquisa n. 04-01, 2004.

HOEKMAN, Bernard M.; e Petros MAVROIDIS. *WTO dispute settlement, transparency and surveillance.* Banco Mundial, 1999. Disponível em: www.worldbank.org.

HORN, Herin; Petros MAVROIDIS, *Remedies in the WTO dispute settlement system and developing country's interests.* Banco Mundial, 1999. Disponível em: www.worldbank.org.

ISLAM, M. Rafiqul. "Recent EU trade sanctions on the US to induce compliance with the WTO ruling in the foreign sales corporations case: its policy contradiction revisited". *Journal of World Trade*, 38 (3), p. 471-489. 2004.

JACKSON, H, John. "International law status of WTO dispute settlement reports: obligation to comply or option to buy out?" *American Journal of International Law*, 98 (1), p. 109-25, 2004.

O'CONNOR, Bernard. "Remedies in the World Trade Organization dispute settlement system – the bananas and hormones case". *Journal of World Trade,* 38 (2), p. 245-266, 2004.

PAUWELYN, Joost. "Enforcement and countermeasures in the WTO: rules are rules – toward a more collective approach". *American Journal of International Law*, 94, p. 335-347, 2000.

PROPOSTA PARA EVITAR O DESCUMPRIMENTO LUCRATIVO DAS NORMAS DA OMC

Felipe Berer

Introdução

O conceito de descumprimento de normas no âmbito da Organização Mundial do Comércio (OMC) é uma questão bastante controversa, que há muito vem sendo debatida por autores especializados em direito internacional econômico. Ao longo do presente artigo, comentarei diversos argumentos e aspectos que, na minha opinião, devem ser considerados para o perfeito entendimento da matéria.

Este artigo tem por objetivo examinar a forma pela qual a OMC vem lidando com o descumprimento de suas normas. Nesse sentido, abordarei neste trabalho alguns dispositivos do *Entendimento Relativo às Normas e Procedimentos sobre Solução de Controvérsias*[1] (em inglês, DSU), os quais, a meu ver, devem ser alterados, a fim de estimular o cumprimento das normas da OMC.

A proposta deste artigo é apontar algumas idéias sobre possíveis modificações e aoprimoramentos ao atual mecanismo de solução de controvérsias da OMC, cujos objetivos principais seriam (a) impedir que os membros da OMC continuem se beneficiando ao violarem as normas da OMC e, por conseqüência, (b) garantir um maior grau de segurança jurídica e previsibilidade ao Sistema Multilateral de Comércio.

---

[1] Em inglês, *Understanding on Rules and Procedures Governing the Settlement of Disputes*.

O presente artigo será dividido em duas partes. Na primeira parte, farei uma análise geral das atuais regras para solução de controvérsias no âmbito da OMC, apontando algumas críticas à forma pela qual essa organização vem lidando com o descumprimento de suas regras. Na segunda parte, apresentarei uma alternativa que, sob o meu ponto de vista, poderá sanar tal deficiência e, portanto, promover um maior grau de observância às normas da OMC.

Busco, com o presente, convencer o leitor da necessidade de reformar o DSU. Referida reforma deverá garantir que todo membro da OMC seja obrigado a reparar os danos incorridos por outros membros em virtude de violação às normas. O efeito direto de tal reforma seria contribuir para uma maior "segurança de expectativas" sob o Sistema Multilateral de Comércio. Embora pareça inviável no atual estágio das negociações, essa reforma pode se tornar exeqüível nos próximos anos de negociações no âmbito da Rodada de Doha.

PARTE I – O conceito de cumprimento (*compliance*) das normas da OMC

1.1. Estatísticas de cumprimento (compliance) na OMC

Ao final dos anos 60, foi afirmado pelo Professor Louis Henkin: "*It is probably the case that almost all nations observe almost all principles of international law and almost all of their obligations almost all of the time*"[2].

Aproximadamente quarenta anos depois, pode-se argumentar que tal afirmação ainda se aplica ao Sistema Multilateral de Comércio. De fato, o exame das atuais estatísticas acer-

[2] Louis Henkin, *How Nations Behave*, 2. ed. Columbia University Press, 1979, p. 47.

ca do sistema de solução de controvérsias da OMC (as quais refletem um alto grau de observância às recomendações contempladas pelos relatórios (em inglês, *reports*) emitidos pelos Paineis (em inglês, *panels*) e pelo Órgão de Apelação durante os quase dez anos de existência da OMC), pode levar o público em geral a um entendimento equivocado, de que o mecanismo de solução de controvérsias da OMC tem sido um instrumento eficaz de promoção do cumprimento das normas da OMC.[3]

Ocorre que, embora o DSU garanta um alto nível de segurança jurídica e previsibilidade ao Sistema Multilateral de Comércio (o que, inclusive, é o objeto do artigo 3.2 do DSU), conforme afirmado pelo Professor John H. Jackson, "*departures from legal norms always occur in a legal system, to one degree or another*"[4]. Dessa afirmação, surgem duas questões a serem esclarecidas a seguir.

A primeira delas é: será que as estatísticas da OMC relativas a soluções de controvérsias refletem com exatidão todas as violações às regras da OMC?

De fato, é muito difícil julgar o grau de cumprimento das normas da OMC. Quando algum autor sustenta que as atuais estatísticas refletem um alto grau de cumprimento das normas da OMC, na verdade, ele está provavelmente se referindo ao alto grau de cumprimento dos relatórios emitidos pelos Paineis e pelo Órgão de Apelação. Por exemplo, o Professor Robert Hudec, ao afirmar que o "*GATT dispute settlement procedure has been a quite successful international legal institution*",[5] es-

[3] Veja as estatísticas do sistema de solução de controvérsias da OMC na seção denominada *WTO Dispute Settlement Tables and Statistics*". Disponível em: www.WorldTradeLaw.net.

[4] John H. Jackson, *World Trade and the Law of GATT,* The Michie Company Law Publishers, 1969, p. 757.

[5] Robert E. Hudec, *Enforcing International Trade Law: The evolution of the Modern GATT Legal System,* Butterworths Legal Publishers, 1993, p. 353.

tava baseando-se em números estatísticos relativos à alta taxa de êxito na solução de controvérsias sob o antigo GATT (o "Acordo Geral de Tarifas e Comércio"[6] de 1947).

É importante observar, no entanto, que tais dados estatísticos do antigo GATT, assim como as atuais estatísticas da OMC relativas ao cumprimento de relatórios, não englobam casos (a) em que os membros envolvidos chegaram a um acordo, que não envolveu necessariamente a eliminação da violação à norma da OMC objeto do litígio; (b) que determinados governos decidiram não iniciar por questões jurídicas, mas que poderiam ter sido iniciados por entidades privadas e organizações não-governamentais (caso as regras permitissem); e (c) que poderiam ter sido iniciados por determinados governos, mas que não o foram em função de motivos políticos ou dificuldades financeiras.

Tendo em vista as premissas acima, pode-se concluir que o número de queixas trazidas ao Órgão de Solução de Controvérsias da OMC (OSC) (324 até 09 de dezembro de 2004[7]) não indica efetivamente o número total de atos ilícitos cometidos por membros, em violação às normas da OMC.[8] Isto é, as estatísticas de cumprimento aos relatórios, acima mencionadas, não refletem a realidade no que tange ao cumprimento das normas da OMC.

---

[6] Em inglês, *General Agreement on Tariffs and Trade*.

[7] Lista de todas as queixas trazidas perante o OSC (não incluindo as disputas sob o artigo 21.5). É interessante notar que o número de queixas trazidas nos quase dez anos de existência da OMC já ultrapassou o número de queixas durante os quase cinqüenta anos de existência do GATT de 1947. Para maiores informações sobre estatísticas, veja a seção denominada *WTO Dispute Settlement Tables and Statistics*, disponível em: www.WorldTradeLaw.net.

[8] Steve Charnovitz, "The WTO's problematic "last resort" against noncompliance", 57 *Aussenwirtschaft*, 409, 410, 2002.

A segunda questão que a afirmação feita pelo Professor Jackson pode levantar é: será que o sistema de solução de controvérsias da OMC tem reagido de forma adequada às violações das normas da OMC?

Entendo que a resposta direta à essa pergunta deve ser "não". Honestamente, me parece que o conceito de cumprimento (*compliance*) no âmbito do DSU está equivocado, e que isso tem afetado a capacidade do OSC de promover "justiça" sob o Sistema Multilateral de Comércio. A base da minha opinião será descrita em detalhes no item 1.4. infra.

*1.2. O significado de cumprimento (*compliance*) segundo as normas da OMC*

Antes de abordar a questão do não-cumprimento das normas da OMC, é essencial examinar o significado de cumprimento (*compliance*) segundo as regras da OMC. Esse é o elemento-chave para uma melhor compreensão das críticas que serão feitas subseqüentemente. Isso também servirá de base para a conclusão deste artigo.

De acordo com o artigo XVI.4 do *Acordo de Estabelecimento da Organização Mundial do Comércio,*[9] cada um dos membros da OMC deve assegurar que suas leis, regulamentos e procedimentos administrativos estejam em conformidade com suas respectivas obrigações descritas nos acordos anexos. No entanto, o que acontece quando determinado membro deixa de observar tal determinação?

Esse membro ficará sujeito ao procedimento de consulta formal, que pode ser solicitado por outros membros afe-

[9] Em inglês, *Marrakesh Agreement Establishing the World Trade Organization.*

tados ou de alguma forma preocupados com suas práticas inconsistentes. Dito procedimento poderá culminar na abertura de um Painel pelo OSC para o exame da questão.

Os Paineis, estabelecidos segundo o artigo 6.1 do DSU, são sempre norteados pelos dois maiores objetivos do sistema de solução de controvérsias da OMC, quais sejam: (a) resolução das controvérsias de forma amigável, a fim de prevenir tensões e conflitos internacionais[10] e (b) restabelecimento do equilíbrio das concessões comerciais sob o Sistema Multilateral de Comércio.

Ditos objetivos podem ser facilmente observados mediante a leitura do artigo 3.7 do DSU: "*[...] The aim of the dispute settlement mechanism is to secure a positive solution to a dispute. A solution mutually acceptable to the parties [...] is clearly to be preferred* [objetivo "a"]. *In the absence of a mutually agreed solution, the first objective of the dispute settlement mechanism is usually to secure the withdrawal of the measures concerned if these are found to be inconsistent with the provisions of any of the covered agreements* [objetivo "b"]".

Dessa forma, pode-se afirmar que, de acordo com as regras de solução de controvérsias atualmente em vigor, a solução perfeita é a negociação diplomática de um acordo mutuamente aceitável pelas partes envolvidas na disputa comercial.

[10] O enfoque na solução diplomática de disputas comerciais como um meio de se prevenir tensões e conflitos internacionais é claramente um legado do mecanismo de solução de controvérsias do antigo GATT. Em 1947, na esteira dos acordos de Bretton Woods, a ideologia predominante no pós-guerra era que o aumento da integração e cooperação econômicas entre as nações possibilitaria o desenvolvimento da economia e do nível de vida das pessoas, traria a liberalização gradativa e sustentável do comércio internacional e evitaria a repetição dos conflitos armados que marcaram o século passado. Isto é, o antigo GATT e o seu mecanismo de solução de controvérsias foram criados em um contexto onde a ideologia predominante era derivada da noção de que o fortalecimento das relações comerciais era um meio de se prevenir guerras e conflitos militares.

Caso isso se mostre inatingível, a solução almejada passa a ser a eliminação das práticas inconsistentes com as regras da OMC.

Logo, conclui-se que, no âmbito do DSU, dá-se mais importância à solução diplomática das disputas comerciais, por meio de um acordo entre os membros envolvidos, do que ao cumprimento das regras da OMC em si.

Caso os membros envolvidos demonstrem incapacidade para alcançar qualquer uma dessas soluções, o artigo 3.7 do DSU oferece dois últimos recursos, quais sejam, a compensação e a suspensão de concessões, sendo este último normalmente referido como "retaliação". Ambos constituem medidas temporárias, que estarão disponíveis apenas no período em que as práticas do membro-réu, incompatíveis com as normas da OMC, ainda não tiverem sido retiradas ou colocadas em conformidade com as regras aplicáveis da OMC.

No entanto, vale mencionar que esses dois últimos recursos só poderão ser aplicados após o membro-autor da queixa ter garantido uma decisão favorável, no âmbito de um Painel e/ou do Órgão de Apelação, declarando que o membro-réu estava adotando práticas inconsistentes com as normas da OMC. O relatório emitido por um Painel ou pelo Órgão de Apelação será automaticamente adotado pelo OSC, exceto quando houver uma decisão consensual de todos os membros em contrário. [11]

Em seguida, segundo o artigo 21.3 do DSU, normalmente se confere ao membro-réu um "prazo razoável" (*reasonable period of time*) para a implementação do relatório. Após expirado tal prazo, caso o membro-réu ainda não tenha conseguido implementar o relatório, mas tenha tomado medidas concretas visando à implementação, as partes poderão recorrer a um outro

[11] Isso nunca aconteceu na história da OMC. O disposto no artigo 16 do DSU elimina a possibilidade de bloqueio pelo membro-réu (o que era uma falha capital do sistema de solução de controvérsias do antigo GATT).

Painel (a ser estabelecido segundo o artigo 21.5 do DSU), que examinará a adequação das medidas tomadas pelo membro-réu.[12]

Por fim, caso esse Painel conclua que o membro-réu ainda está mantendo medidas que violam as normas da OMC, o membro-autor será autorizado a exigir compensação do membro-réu ou autorização do OSC para "retaliá-lo" (suspender concessões ou outras obrigações previamente acordadas com aquele membro). No entanto, o nível de "retaliação" proposto pelo membro-autor poderá sofrer objeção pelo membro-réu e, caso isso ocorra, as partes deverão se submeter a um procedimento de arbitragem (conhecido como "Painel do artigo 22.6"), a ser realizado pelo Painel original. Após essa fase, o membro-autor será finalmente autorizado a exercer seu direito de suspender concessões ou outras obrigações.[13]

1.3. O problema do Time-Frame

É importante verificar que, embora o artigo 20.1 do DSU estipule um período máximo de doze meses para a prolação das decisões pelo OSC (contados a partir do estabelecimento de um Painel até a emissão de um relatório pelo Órgão de Apelação), o período de tempo que o OSC vem levando para emitir decisões tem sido, em média, muito mais longo.

---

[12] Os dispositivos do artigo 21.5 podem levar as partes a um ciclo vicioso, no qual o membro-autor, antes de poder compensar ou "retaliar" o membro-réu, poderá se ver virtualmente obrigado a passar por um Painel extra (conhecido como "Painel do artigo 21.5"), por tantas vezes quantas forem necessárias para examinar medidas adotadas pelo membro-réu que sejam insuficientes para a implementação total de um relatório.

[13] Até agora, na grande maioria dos casos, os governos que exerceram a opção de suspender concessões impuseram tarifas *ad valorem* de 100% (cem por cento) em uma lista de mercadorias provenientes do membro-réu.

Esse problema é gerado, entre outros motivos, pelo fato de o *time-frame* estipulado pelo artigo 20.1 não englobar os procedimentos relativos aos artigos 21.3 ("prazo razoável" para implementação do relatório), 21.5 (exame das medidas tomadas pelo membro-réu para cumprimento do relatório) e 22.6 (exame do nível de "retaliação" proposto).

Esses procedimentos, em conjunto, podem levar a um período de tempo total (da abertura do Painel original até a emissão de um relatório de um " Painel do artigo 21.5" ou de um "Painel do artigo 22.6") de mais de vinte e quatro meses[14] e, em certos casos, mais de sessenta meses[15].

A morosidade do OSC na prestação jurisdicional é claramente inaceitável e, sobretudo, incompatível com um mecanismo de solução de controvérsias que busca "justiça" no âmbito do Sistema Multilateral de Comércio. Trata-se, indubitavelmente, de um dos maiores defeitos do sistema de solução de controvérsias da OMC.

A situação é ainda pior considerando que as medidas oferecidas pelo sistema, ao final de um demorado processo, são de caráter não-retroativo. Como se isso não bastasse, o sistema também não prevê a possibilidade de concessão de medidas liminares nos casos em que estão evidenciados *periculum in mora* e *fumus boni iuris*.

Em outras palavras, atualmente, não existe a possibilidade de se remediar liminarmente o membro-réu, mesmo nos casos em que resta evidenciado (a) que o membro-réu sofrerá dano irreparável se não for concedida, de imediato, uma medida liminar e (b) a probabilidade de êxito do membro-réu no mérito do caso.

---

[14] Veja a seção denominada *WTO Dispute Settlement Tables and Statistics*, disponível em: www.WorldTradeLaw.net.

[15] Veja, por exemplo, o caso *United States – Import Prohibition of Certain Shrimp and Shrimp Products* (WT/DS58/AB/RW).

Pode-se afirmar, com tranqüilidade, que essa omissão das regras da OMC já gerou danos irreparáveis a diversos membros da OMC no decorrer de disputas comerciais trazidas para exame do OSC. Essa questão será examinada novamente no item 1.4. infra.

1.4. O que há de errado com o significado de cumprimento (compliance) nas regras da OMC?

Nas palavras do Professor Henkin: "*Usually a nation deliberately violates a norm or agreement because it expects that the advantages of violation will outweigh its costs*",[16] especialmente quando, "*costs of violation [...] appear especially low and seem worth the price*"[17] e, além disso, "*there is a further encouragement to violation if the cost of a violation is uncertain and might prove low*".[18]

Nesse sentido, o Professor John H. Jackson assevera: "*The existence of practice that is inconsistent with legal rules, particularly when such divergent practice results in profit of one kind or another, usually increases the incentive for other departures from rule and, therefore, the number of other departures. Consequently, one of the values of a legal rule – the enhancement of stability and predictability – is lost*".[19]

Essas afirmações feitas pelos Professores Henkin e Jackson são a base do presente artigo. A questão a ser abordada aqui é: será que o sistema de solução de controvérsias da OMC tem sido um instrumento eficaz na prevenção do descumprimento lucrativo das normas da OMC? Me parece que não.

---

[16] Henkin, op. cit. p. 69.

[17] *Id.* p. 71.

[18] *Id.* p. 72.

[19] Jackson, *World Trade*, cit.

Na minha opinião, o sistema de solução de controvérsias da OMC deveria visar à reparação de todo e qualquer dano incorrido por membros da OMC em função de práticas ilegais cometidas por outros membros.

Partindo dessa premissa, embora concorde com diversos autores que o sistema de solução de controvérsias da OMC constitui um enorme avanço se comparado ao antigo sistema do GATT, e que o Sistema Multilateral de Comércio está hoje em situação mais favorável por conta disso,[20] é assustador notar o quanto o sistema de solução de controvérsias da OMC tem sido incapaz de promover "justiça" no âmbito do Sistema Multilateral de Comércio.

Enquanto o maior objetivo for oferecer um caminho diplomático para a solução de controvérsias de forma a evitar tensões e conflitos internacionais, o sistema de solução de controvérsias da OMC permanecerá sendo parcial, injusto e, portanto, incapaz de reparar os danos incorridos pelos membros da OMC em função de práticas inconsistentes cometidas por outros membros.

Na seqüência examinarei essa questão, a qual entendo tratar do maior defeito do sistema de solução de controvérsias da OMC, defeito esse que vem minando a capacidade da OMC de promover a observância de suas regras e, por conseqüência, "justiça" entre os seus membros.

Considerando os procedimentos para solução de controvérsias da OMC descritos no item 1.2. supra, pode-se extrair a seguinte conclusão: o significado de cumprimento (*compliance*) segundo as regras da OMC é incerto e variável.

[20] Nesse sentido, veja: John H. Jackson, *The world trading system: law and policy of international economic relations* Capítulo 4, MIT Press, 2d ed. 1997; e Ernst-Ulrich Petersmann, *The GATT/WTO dispute Settlement System: international law, international organizations and dispute settlement,* Capítulo 2.2, Kluwer Law International , 1997.

De fato, o sistema de solução de controvérsias da OMC não faz distinção entre as seguintes situações hipotéticas: (1) as partes chegaram a um acordo para a solução de uma controvérsia, acordo esse que permitiu que o membro-réu continuasse desrespeitando as regras da OMC indeterminadamente (enquanto não houver uma queixa de outro membro); (2) o membro-autor, por qualquer motivo, abandonou o caso após a solicitação de consulta formal, embora o membro-réu tenha dado continuidade às suas medidas ilegais face às regras da OMC; (3) o membro-réu adaptou suas práticas ilegais, colocando-as em conformidade com as regras da OMC imediatamente após a recomendação de um Painel; (4) o membro-réu, que vinha desrespeitando as regras da OMC por um longo tempo, decidiu pôr suas práticas ilícitas em conformidade com as normas da OMC apenas após se sentir ameaçado pela autorização de "retaliar" concedida ao membro-autor; e (5) inúmeros outros exemplos que podem ser levantados.

Em função dessa falta de distinção, os membros da OMC são hoje capazes de cumprir as regras da OMC de diversas formas. Além disso, já que as medidas oferecidas pelo sistema de solução de controvérsias da OMC não são retroativas por natureza, não há, em principio, incentivo aos membros para cumprimento das regras.

Logo, o membro-réu perante um Painel ou perante o Órgão de Apelação sente-se encorajado a protelar ao máximo os procedimentos, uma vez que a adoção de tal estratégia permite ao mesmo se beneficiar por mais tempo de práticas ilegais. Em outras palavras, isso significa dizer que a atual estrutura de *compliance* da OMC encoraja estratégias protelatórias e de descumprimento lucrativo.

Nesse sentido, vale notar a afirmação feita pelo Professor William J. Davey: "*At present, because remedies are prospective, there is an incentive initially to delay the time at which point they might be implemented [compensation or retaliation], such as by seeking a long reasonable period of time for compliance and then forcing the victor to go through an article 21.5 panel (and Appellate Body) proceeding*".[21]

Ainda nessa linha, os Professores Busch e Reinhardt declararam: "*[...] there is ample room for a defendant to benefit from a protectionist measure for years while a case is heard, without fear that an arbitration panel would hold it accountable for its pre-ruling actions*".[22]

Concordo plenamente com os Professores Davey, Busch e Reinhardt. Como mencionado no item 1.3. supra, isso ocorre não apenas porque as medidas oferecidas pelo sistema de solução de controvérsias da OMC não são retroativas, mas também porque as regras existentes não prevêem a possibilidade de concessão de medidas liminares, por um Painel ou pelo Órgão de Apelação, ao membro-autor nos casos em que são evidenciados *periculum in mora* e *fumus boni iuris*.

Resta claro que o DSU deve ser reformado para permitir que o sistema de solução de controvérsias da OMC tenha condições de obrigar o membro-autor, que mantém medidas inconsistentes com as regras da OMC, a reparar danos. Estes, por sua vez, devem ser calculados retroativamente à data em que tais medidas entraram em vigor, como forma de compensar todo e qualquer dano provocado ou causado ao membro-réu[23].

---

[21] John H. Jackson, William Davey e Alan O. Sykes, *Legal problems of international economic relations*, West Group, 2002, p. 311.

[22] Marc Busch e Eric Reinhardt, *Transatlantic Trade Conflicts and GATT/ WTO Dispute Settlement,* Conference on Dispute Prevention and Dispute Settlement in the Transatlantic Partnership European University Institute/ Robert Schuman Centre, Florença, Itália, 3-4 de maio de 2002. Disponível em: http://www.law.berkeley.edu/cenpro/ils/publications.html.

[23] Diversos autores defendem a adoção do pagamento de danos calculados retroativamente pelo sistema de solução de controvérsias da OMC. Nesse sentido, veja Petros C. Mavroidis, "Remedies in the WTO: between a rock and a hard place", 11 *European Journal of International Law*,

Logo, o sistema de solução de controvérsias da OMC deve focar não apenas na eliminação *ex nunc* de uma prática ilegal, mas também no restabelecimento do *status quo ante*, como se tal prática nunca tivesse existido. Para essa finalidade, deve ser feito um cálculo não apenas dos danos incorridos desde o início da medida ilegal, como também dos lucros cessantes (oportunidades e lucros comerciais perdidos), de forma a possibilitar a solicitação subseqüente de uma compensação pecuniária do membro-réu.

1.5. Uma demanda histórica

A reforma do DSU defendida aqui representa uma demanda histórica dos países em desenvolvimento e de menor desenvolvimento relativo. Por exemplo, na *drafting session* da decisão de 5 de abril de 1966 sobre "*Procedures under Article XXIII*", Brasil e Uruguai propuseram que as medidas adotadas pelos membros que pudessem afetar negativamente o comércio e as oportunidades econômicas dos países menos desenvolvidos deveriam implicar no pagamento de uma indenização de caráter financeiro como forma de compensação.[24]

De acordo com o Professor Hudec, tal iniciativa dos países em desenvolvimento representou "*the most important challenge to the exclusively forward-looking view of GATT remedies*" e ocorreu em um contexto "*when developing country GATT members were using the threat of abandoning the GATT for UNCTAD to ask for a better deal from GATT*" Entretanto, como bem aponta Hudec, "*industrial countries opposed the proposal with equal conviction, asserting that money damages*

p. 763-814, 2000; e Joost Pauwelyn, "Enforcement and Countermeasures in the WTO: Rules Are Rules—Toward a More Collective Approach", *94 AJIL*, p. 335, 2000.

[24] Documento do GATT, BISD 14S/139.

were simply outside the realm of the possible".[25] Por isso, essa proposta não prevaleceu naquela ocasião.

Vale notar, ainda, que uma tal reforma do DSU encontraria abrigo na Comissão de Direito Internacional das Nações Unidas. Em documento intitulado *Responsabilidade dos Estados por Atos Ilícitos Internacionais,*[26] tal comissão expõe de forma clara e contundente o mesmo entendimento defendido neste artigo, o qual, na minha visão, deveria ser adotado pela OMC:

> *"Article 1 – Responsibility of a State for its internationally wrongful acts*
>
> *Every internationally wrongful act of a State entails the international responsibility of that State.*
>
> *Article 2 – Elements of an internationally wrongful act of a State*
>
> *There is an internationally wrongful act of a State when conduct consisting of an action or omission:*
>
> *(a) Is attributable to the State under international law; and*
>
> *(b) Constitutes a breach of an international obligation of the State.*

[25] Hudec, Robert E., "The adequacy of WTO dispute settlement remedies: a developing country perspective", in *Development, trade, and the WTO: a handbook*, Washington, DC: The World Bank, 2002, p. 81, 84-85.

[26] Comissão de Direito Internacional, *Draft Articles on Responsibility of States for internationally wrongful acts,* adotados pela Comissão de Direito Internacional na sua 53a sessão (Setembro de 2001), *Report of the International Law Commission on the work of its 53rd session, Official Records of the General Assembly, Fifty-sixth session,* Supplement No. 10 (A/56/10), chp.Iv.E.1 (Extrato dos artigos 1, 2, 31 e 34).

Article 31 – Reparation

1. The responsible State is under an obligation to make full reparation for the injury caused by the internationally wrongful act.

2. Injury includes any damage, whether material or moral, caused by the internationally wrongful act of a State.

Article 34 – Forms of reparation

Full reparation for the injury caused by the internationally wrongful act shall take

the form of restitution, compensation and satisfaction, either singly or in combination, in accordance with the provisions of this chapter".

Note-se, ainda, que o pagamento de compensação retroativa por danos ocorre hoje na União Européia (UE). De acordo com a lei costumeira (*common law*) da UE, uma nação pode se ver obrigada a reparar danos oriundos de suas práticas ilícitas. A Corte de Justiça Européia (*European Court of Justice*) já prolatou diversas decisões nesse sentido, tendo o precedente mais renomado ocorrido em 1989 (*"Factortame case"*).

Nesse contexto, os Professores Palmeter e Mavroidis afirmaram que "*public international law has long recognized the duty of governments to repair or remedy damage they have caused*[27]". Como base para tal afirmação, eles citam a jurisprudência da Corte Permanente de Justiça Internacional (*Permanent Court of International Justice*), a qual, na decisão do caso denominado "*Factory at Chorzow*", determinou:

[27] David Palmeter & Petros C. Mavroidis, Dispute settlement in the world trade organization, cit., p. 262.

"*Reparation must, as far as possible, wipe out all the consequences of the illegal act and re-establish the situation which would, in all probability, have existed if that act had not been committed.*" Citam também a jurisprudência da Corte Internacional de Justiça (*International Court of Justice*), a qual, no caso denominado "*Corfu Channel*", determinou que a Albânia compensasse o Reino Unido pelos prejuízos por este incorridos.[28]

Contudo, a prática do sistema de solução de controvérsias, tanto no âmbito do antigo GATT como no âmbito da OMC, foi, na maior parte dos casos, bastante diferente. Na absoluta maioria dos casos, o OSC apenas solicitou ao membro-réu que eliminasse suas práticas inconsistentes ou que as colocasse em conformidade com as normas aplicáveis.

Não obstante essa prática predominante, houve alguns casos particularmente interessantes envolvendo anti-dumping e medidas compensatórias perante o mecanismo de solução de controvérsias do antigo GATT. As decisões desses casos poderiam ter sido vistas como um aperfeiçoamento do sistema de solução de controvérsias e poderiam ter representado uma mudança no entendimento jurisprudencial do antigo GATT, o que infelizmente não ocorreu.

Nos parágrafos seguintes descreverei em detalhes alguns desses casos do antigo GATT, nos quais foi determinado que o membro-réu compensasse o membro-autor pelos prejuízos incorridos, de forma retroativa, por meio de restituição de taxas cobradas indevidamente.

O primeiro caso foi o "*New Zealand – Imports of Electrical Transformers from Finland*". Nesse caso, o Painel do GATT recomendou que a Nova Zelândia não apenas revogasse a determinação anti-dumping, como também restituísse

[28] Id.

as taxas anti-dumping cobradas indevidamente (em violação as regras do GATT) da Finlândia.

A Nova Zelândia acatou tais recomendações e o relatório do Painel foi adotado pelo OSC em 1985.[29] Com relação a esse caso, vale mencionar que, embora naquela época qualquer membro do GATT pudesse bloquear a adoção do relatório (inclusive a própria sucumbente, a Nova Zelândia), nenhum membro optou por fazer isso durante a Reunião do Conselho realizada de 17 a 19 de julho de 1985.[30] Ao contrário, alguns membros presentes àquela reunião, como Canadá, Hungria, Paquistão e Hong Kong, fizeram declarações de apoio à adoção do relatório.

Em 1990, no caso "*United States – Imposition of Anti-Dumping Duties on Imports of Seamless Stainless Steel Hollow Products from Sweden*", o Painel fez a mesma recomendação assim como no caso da Nova Zelândia, mas os Estados Unidos bloquearam a adoção do relatório, beneficiando-se do direito que o membro sucumbente tinha àquela época.[31]

Em 1992, no caso "*United States – Anti-Dumping Duties on Gray Portland Cement and Cement Clinker from Mexico*", os Estados Unidos bloquearam novamente a adoção de um outro relatório, o qual, se adotado, teria recomendado a restituição das taxas anti-dumping pagas indevidamente pelo México, face a medidas norte-americanas inconsistentes.[32]

---

[29] Relatório do Painel do GATT, *New Zealand – Imports of Electrical Transformers from Finland*, BISD 32S/55, adotado em 18 de julho de 1985.

[30] Documento do GATT, C/M/191.

[31] Relatório do Painel do GATT, *United States – Imposition of Anti-Dumping Duties on Imports of Seamless Stainless Steel Hollow Products from Sweden*, ADP/47, circulado em 20 de agosto de 1990, não adotado.

[32] Relatório do Painel do GATT, *United States – Anti-Dumping Duties on Gray Portland Cement and Cement Clinker from Mexico,* ADP/82, circulado em 9 de julho de 1992, não adotado.

Um outro caso importante foi o "*Brazil – Imposition of Provisional and Definitive Countervailing Duties on Milk Powder and Certain Types of Milk from the European Economic Community*".[33] Nesse caso, a Comunidade Européia (CE) alinhou sua visão com a visão norte-americana. Contudo, o mais intrigante nesse caso foi verificar que, mesmo tendo solicitado originalmente que o Brasil restituísse determinadas taxas, a CE mudou de posição ao longo do caso e assinalou que não estava mais interessada em tal recomendação.

Alguns anos mais tarde, no caso "*EC – Antidumping Duties on Audio Tapes in Cassettes Originating in Japan*",[34] a CE teve a oportunidade de demonstrar novamente sua visão acerca de recomendações de caráter retroativo, opondo-se à adoção de um relatório que ensejaria o reembolso de taxas antidumping cobradas indevidamente.

Talvez o caso que melhor tenha evidenciado a forte oposição dos Estados Unidos a esse tipo de recomendação retroativa tenha sido o "*Norway – Procurement of Toll Collection Equipment for the City of Trondheim*".[35] Nesse caso, que envolveu o descumprimento pela Noruega do "Acordo sobre Licitações Governamentais",[36] o Painel entendeu que a única forma de fazer com que o governo da Noruega colocasse sua

[33] Relatório do Painel do GATT, *Brazil – Imposition of Provisional and Definitive Countervailing Duties on Milk Powder and Certain Types of Milk from the European Economic Community,* BISD 415/467, adotado em 28 de abril de 1994.

[34] Relatório do Painel do GATT, *EC – Antidumping Duties on Audio Tapes in Cassettes Originating in Japan,* ADP/136, circulado em 28 de abril de 1995, não adotado.

[35] Relatório do Painel do GATT, *Norway – Procurement of Toll Collection Equipment for the City of Trondheim*, BISD 40S/319, adotado em 13 de maio de 1992.

[36] Em inglês, *Agreement on Government Procurement.*

medida em conformidade seria solicitar a anulação do contrato e o reinício do processo de licitação. O Painel, porém, não considerou que isso fosse adequado.

Além disso, os Estados Unidos, mesmo na qualidade de membro-autor nesse caso, declararam expressamente que não estavam solicitando compensação retroativa por perdas. Ora, nesse caso, ficou claro que os Estados Unidos, mesmo na qualidade de beneficiário em potencial de uma recomendação retroativa, não tinham interesse em abrir esse tipo de precedente na jurisprudência do antigo GATT.[37]

Com relação à jurisprudência da OMC, há um caso muito interessante que considero importante ser aqui mencionado. O caso "*Australia - Subsidies Provided to Producers and Exporters of Automotive Leather*" envolveu a concessão de subsídios de exportação proibidos pelo governo australiano a uma empresa privada australiana.

Nesse caso, a recomendação do Painel exigiu que a empresa privada australiana reembolsasse ao governo todos os subsídios concedidos indevidamente, o que foi, portanto, uma solução de natureza retroativa.[38]

Ao longo das negociações da Rodada do Uruguai, embora a questão envolvendo a reforma do DSU para permitir o pagamento de compensação retroativa de danos tenha sido objeto de discussões, tal entendimento nunca prevaleceu.

---

[37] Lendo o artigo 19.1 do DSU, pode-se compreender um outro aspecto da forte oposição dos Estados Unidos a danos retroativos. Segundo o Professor Petersmann, esse artigo "*was introduced into the DSU at the request of the United States and of US anti-dumping lobbies interested in limiting GATT rulings on the reimbursement of illegal anti-dumping duties as well as other "specific remedies*". (Petersmann, op. cit., p. 140).

[38] Relatório do Painel da OMC, WT/DS126/RW, de 21 de janeiro de 2000.

Mais recentemente, durante as negociações da Rodada de Doha, um grande número de propostas foram feitas por diversos membros interessados na reforma do DSU. Dentre estas, há algumas propostas, feitas por membros em desenvolvimento e de menor desenvolvimento relativo, que reivindicam a compensação retroativa de danos.[39]

Mais uma vez, a demanda histórica para permitir que o OSC repare os prejuízos incorridos em conexão com medidas adotadas em violação às normas da OMC vem à tona. Nesse contexto, a proposta feita pelo governo mexicano é a que, a meu ver, expõe os argumentos mais interessantes. No item 2.1., a seguir, comentarei algumas das críticas extremamente pertinentes formuladas pela proposta mexicana.[40]

PARTE II – A alternativa proposta

2.1. Como evitar o descumprimento lucrativo das normas da OMC

De fato, pode-se argumentar que a OMC oferece atualmente um sistema de solução de controvérsias bastante fraco, como instrumento para a promoção da observância de suas regras.

Por exemplo, quando o governo de um membro qualquer percebe que o sistema de solução de controvérsias da OMC não dispõe de medidas eficazes, e que tais medidas só serão disponibilizadas apenas um longo período de tempo após o estabelecimento de um Painel (o que representa um longo e

[39] *Preparations for the 1999 Ministerial Conference – The Dispute Settlement Understanding (DSU), Communication from Pakistan to the General Council*, WT/GC/W/162, de 1º de abril de 1999, p. 4; *Least Developed Countries' proposal*, TN/DS/W/17, de 9 de outubro de 2002, item 13; e *Proposal of Ecuador*, TN/DS/W/33, de 23 de janeiro de 2003, p. 4.

[40] *Proposal by Mexico*, TN/DS/W/23, de 4 de novembro de 2002.

agradável período de impunidade), esse governo se sente tentado a violar as regras da OMC.

Na verdade, o membro que viola as regras da OMC, em principio, não tem nada a perder. Se um outro membro contestar e solicitar o estabelecimento de um Painel para o exame da questão, o pior cenário possível é se ver obrigado a eliminar a medida inconsistente dentro de aproximadamente doze meses (*time-frame* estipulado pelo artigo 20.1 do DSU).

Isso significa dizer que, segundo as regras de solução de controvérsias da OMC, um governo pode violar livremente as regras da OMC por um período de aproximadamente doze meses, sem que isso implique em qualquer conseqüência legal significativa.

Por conta disso, pode-se afirmar que, como regra geral, o sistema de solução de controvérsias da OMC em vigor, a despeito de encorajar o descumprimento lucrativo das normas da OMC, oferece um incentivo para que todos os membros se beneficiem da violação às regras por no mínimo doze meses, com conseqüências insignificantes, quando há alguma.

A proposta mexicana identifica esse problema como uma dispensa de fato (*de facto waiver)*, como pode ser observado no trecho extraído da proposta adiante: "*There is currently no mechanism available for a Member challenging a WTO-inconsistent measure to recover the losses resulting from that measure. Illegal measures may be in place for* ***more than three years*** *before a complaining party can obtain compensation or suspend concessions or other obligations. [...] This amounts a* ***de facto waiver*** *in which a Member can maintain a WTO-inconsistent measure which unduly harms exporters, service suppliers or holders of intellectual property rights of other Members and seriously undermines the objectives of security and predictability that the DSU seeks to pursue*"[41].

[41] Id., itens 1 e 2.

Portanto, pode-se concluir que o mecanismo de solução de controvérsias da OMC encontra-se, atualmente, "engessado" quanto ao seu papel de promover "justiça" e observância às regras da OMC. Em suma, pode-se afirmar que, embora as normas da OMC sejam excelentes, os mecanismos disponíveis, lamentavelmente, não são eficientes o bastante para incentivar a sua observância.

Com efeito, parece que o Sistema Multilateral de Comércio baseia-se excessivamente na obrigação consuetudinária internacional de cada um dos membros da OMC de observar, de boa-fé, suas respectivas obrigações internacionais assumidas perante a OMC.[42] Obviamente, apesar de ser prática consagrada na comunidade internacional, trata-se apenas de uma obrigação de natureza moral que, por vezes, se mostra insuficiente para compelir os membros a observarem as normas da OMC.

É certo que são necessários aperfeiçoamentos com relação às medidas hoje aplicadas pelo sistema de solução de controvérsias da OMC face ao descumprimento das normas da OMC. Fundamentalmente, os relatórios emitidos por um Painel ou pelo Órgão de Apelação devem se tornar decisões *ex tunc*.

---

[42] No tocante à relação entre o sistema de solução de controvérsias da OMC e a lei consuetudinária internacional, os Professores Palmeter e Mavroidis afirmam que: "*Customary international law plays a specific role in WTO dispute settlement by virtue of Article 3.2 of the Dispute Settlement Understanding, which specifies that the purpose of dispute settlement is to clarify the provisions of the WTO Agreements in accordance with customary rules of interpretation of public international law. In practice, Article 3.2 has led panels and the Appellate Body to Articles 31 and 32 of the Vienna Convention on the Law of Treaties, which have been held to codify customary international law on the subject. These customary rules of interpretation are, so far, the only portions of customary international law to have found their way meaningfully into WTO dispute settlement*". (Palmeter and Mavroidis, op. cit., p. 65) Nesse sentido, veja também o artigo XVI.1 do "*Marrakesh Agreement Establishing the World Trade Organization*".

Isto é, o OSC não deve apenas determinar a eliminação de medidas inconsistentes face às regras da OMC, mas também deve calcular uma compensação para reparação total do prejuízo causado por tais medidas ilícitas ao membro-autor. Essa compensação, para ser deveras justa e para desencorajar a adoção de novas medidas ilegais alinhadas com estratégias de descumprimento lucrativo, deve ser calculada desde o início da ação ilegal pertinente.

Além disso, é também muito importante tornar possível que medidas de caráter liminar sejam concedidas por um Painel ou pelo Órgão de Apelação, nos casos em que forem evidenciados *periculum in mora* e *fumus boni iuris*. Como apontado pela proposta mexicana: "*Under the current system, there is no recourse for Members to deal with the situations in which the challenged measure is causing damage that would be difficult to repair*".[43]

Esses dois aprimoramentos (possibilidade de concessão de medidas retroativas e liminares) são essenciais a fim de se coibir infrações às normas da OMC, principalmente, no que tange àquelas cometidas "maliciosamente" (quando o membro-réu infringe a norma com base na brecha da lei – o tal *de facto waiver* das regras da OMC).

Tal solução, além de tornar o sistema de solução de controvérsias da OMC mais justo, garantindo que nenhum membro permanecerá prejudicado por medidas adotadas por outros membros em violação às regras da OMC, certamente promoverá um grau mais alto de observância às regras da OMC em geral.

Tendo em vista que o pagamento retroativo de danos será inevitável nos casos em que o membro-réu estiver em violação de suas obrigações perante a OMC, os membros não mais se beneficiarão de estratégias protelatórias visando ao descumprimento lucrativo das normas da OMC.

---

[43] *Proposal by Mexico*, cit. na nota 40 *supra*, p. 4.

Logo, a mera existência do sistema de solução de controvérsias da OMC passará a servir como um instrumento de coerção, com o conseqüente efeito de promover um maior grau de observância às normas da OMC.

Caso essa reforma obtenha êxito, voltando ao nosso exemplo anterior, as premissas serão diametralmente diferentes. Quando o governo de um membro notar que o sistema de solução de controvérsias da OMC dispõe de medidas justas e eficazes e que, independentemente do tempo que um Painel possa levar, sempre haverá uma decisão obrigando o membro-réu a reparar todo e qualquer prejuízo incorrido pelo membro-autor em função de práticas ilegais, tal governo se sentirá compelido a observar todas as regras da OMC. Além disso, tal governo passará a examinar, com muito mais cuidado e cautela, toda medida que pretenda adotar no futuro, que possa eventualmente ser considerada inconsistente com as normas da OMC.

Uma outra conseqüência dessa reforma seria promover uma mudança significativa no cerne do sistema de solução de controvérsias da OMC. Uma vez que o objetivo principal do sistema passaria a ser reparar danos, ao invés de incentivar negociações diplomáticas entre membros litigantes, esse se tornaria muito menos *power-oriented* e diplomático, passando a ser muito mais *rule-oriented* e democrático.

Conseqüentemente, o sistema de solução de controvérsias da OMC passaria a oferecer um caminho puramente jurídico para os contenciosos econômicos, de forma a conter as tendências norteadas exclusivamente pelo poder que volta e meia acometem os membros desenvolvidos e mais poderosos. Certamente, esses últimos perderiam sua atual capacidade de utilizar forca política como ferramenta para a solução de controvérsias e, por esse motivo, os membros em desenvolvimento e de menor desenvolvimento relativo, muitas vezes vítimas de sua incapacidade de compelir outros membros a observarem as normas da OMC, seriam bastante beneficiados.

Acredito que o processo de pavimentação do direito internacional econômico levará a um cenário em que, como ocorre atualmente nos sistemas judiciários nacionais da grande maioria dos membros da OMC, o sistema de solução de controvérsias da OMC será capaz de assegurar que os membros se responsabilizem por suas ações e omissões ilegais, e que, por conseqüência, compensem outros membros pelos prejuízos derivados de tais ações e omissões. Essa seria, no meu entendimento, a evolução natural do sistema de solução de controvérsias da OMC.

Se os membros da OMC estiverem realmente interessados em desenvolver um Sistema Multilateral de Comércio forte e democrático, a melhor forma de alcançar tal objetivo seria trabalhar em prol do fortalecimento do sistema de solução de controvérsias da OMC, cujas regras devem torná-lo capaz não apenas de examinar e condenar práticas inconsistentes com as regras da OMC, como também de induzir a observância às normas da OMC.

Não obstante, nas palavras dos Professores Palmeter e Mavroidis, vale ressaltar que a prática do mecanismo de solução de controvérsias da OMC é uma prática dinâmica, cuja forma final ainda está por vir.[44]

Em outras palavras, independentemente do resultado dos próximos anos de negociações no âmbito da Rodada Doha, sendo esta bem-sucedida ou não, sendo os membros em desenvolvimento e de menor desenvolvimento relativo capazes ou não de convencer os demais membros da importância de se reformar o sistema de solução de controvérsias da OMC, sempre haverá a chance de se acompanhar, caso a caso, a evolução jurisprudencial da prática desse sistema.

[44] Palmeter e Mavroidis, op. cit.

2.2. *O problema do descumprimento dos relatórios*

Não pretendo aqui me estender sobre essa questão que envolve o descumprimento de relatórios, questão essa atualmente enfrentada pelo sistema de solução de controvérsias da OMC nos casos em que as medidas disponíveis se mostram ineficientes para induzir o membro-réu a respeitar as recomendações adotadas pelo OSC.[45]

No entanto, reconhecendo que esse imbróglio persistirá ou piorará, caso os relatórios emitidos pelos Paineis ou pelo Órgão de Apelação passem a contemplar recomendações de natureza retroativa, uma sugestão que foi levantada por alguns membros em propostas recentemente apresentadas no âmbito das negociações da Rodada de Doha parece encarar esse problema de forma adequada e deve, portanto, ser aqui considerada. Trata-se da sugestão acerca da suspensão de direitos no âmbito da OMC.

Tendo em vista que não existe hoje um direito criminal internacional desenvolvido e que, portanto, as pessoas e os representantes de governos nacionais, responsáveis pela violação de obrigações internacionais, só podem ser processados e punidos em casos excepcionais (crimes de guerra),[46] a criação de outras sanções, de natureza cível, parece ser uma resposta adequada visando à induzir os membros da OMC a respeitarem os relatórios adotados pelo OSC.

Entre as possíveis sanções, a suspensão de determinados direitos pode vir a ser um instrumento eficaz a ser utilizado pelo OSC para compelir os membros a respeitarem os relatórios.[47]

---

[45] Para maior entendimento sobre essa questão, veja artigo de Patricia Alves de Toledo neste volume.

[46] Henry G. Schermers, *International institutional law,* Sijthoff & Noordhoff International Publishers, 1980, p. 717.

[47] Alguns autores sustentam que a suspensão de direitos seria uma medida

Minha sugestão seria a criação de um mecanismo de suspensão de direitos em cascata (em inglês, "*waterfall mechanism*"). Tal mecanismo seria aplicável pelo OSC imediatamente após a data em que o "prazo razoável" (*reasonable period of time*) concedido para implementação do relatório tivesse transcorrido, e funcionaria na forma descrita no parágrafo a seguir.

Seria criada uma lista contendo certos direitos no âmbito das normas da OMC, distribuídos em ordem crescente de importância (começando com os direitos menos importantes). No momento em que o OSC notar que o membro-réu não está respeitando as determinações de um relatório e, portanto, ainda está se beneficiando de práticas ilegais, o OSC ficaria autorizado a suspender os direitos daquele membro, seguindo a seqüência da lista.

Dessa maneira, quanto mais tempo o membro-réu levar para cumprir um relatório, mais direitos seus serão suspensos. O OSC começará suspendendo direitos relativamente irrelevantes. Porém, à medida que o tempo transcorrer, o OSC continuará observando a ordem da lista e o membro-réu ver-se-á sem alguns de seus direitos essenciais, como direito de voto ou o direito de invocar o sistema de solução de controvérsias da OMC no futuro.

2.3. Conclusão

Com base na exposição aqui feita, pode-se concluir que, para o alcance do objetivo do presente artigo, qual seja, evitar o descumprimento lucrativo das normas da OMC, o DSU deve ser

desproporcional em face do descumprimento dos relatórios adotados pelo OSC. Esses autores argumentam que tal medida poderá levar ao isolamento de um "membro descumpridor", o qual poderá perder interesse na OMC e, inclusive, vir a requerer sua retirada da organização. Para maiores informações sobre sanções e suspensão de direitos por organizações internacionais, consulte Schermers, op. cit., Capítulo 10.

reformado. Tal reforma deve, a meu ver, englobar as seguintes alterações:

> 1. *Determinações retroativas.* As regras de solução de controvérsias da OMC seriam alteradas para possibilitar que o OSC faça recomendações de caráter *ex tunc*. O OSC deve tornar-se apto a requerer que o membro-réu, no âmbito de uma disputa comercial, compense o membro-autor no valor correspondente aos danos causados pelo primeiro. Tais danos devem ser calculados, retroativamente, a partir do início da prática ilegal adotada pelo membro-réu;
>
> 2. *Determinações liminares.* O OSC deve ter a capacidade de conceder medidas liminares nos casos em que o membro-réu demonstre (a) que sofrerá danos irreparáveis se tais medidas não forem, de imediato, concedidas; e (b) probabilidade de êxito no mérito do caso;
>
> 3. *Prazos (Time-Frame).* As duas alterações sugeridas acima só serão totalmente eficazes se regras mais rígidas relativas a observância dos prazos (*time-frame*) pelo OSC forem incluídas no DSU. Essas regras relativas a prazos devem ser respeitadas em todos os casos, exceto em circunstâncias muito excepcionais. Procedimentos mais céleres, com limites de tempo mais rígidos, tornariam o sistema de solução de controvérsias da OMC mais justo e previsível; e
>
> 4. *O problema do descumprimento dos relatórios.* As regras de solução de controvérsias da OMC devem ser alteradas para permitir a suspensão de direitos pelo OSC em face de membros que deixem de respeitar as determinações contidas nos relatórios adotados. Tal suspensão de direitos se daria por meio de um mecanismo de suspensão de direitos em cascata (observando-

se uma lista de determinados direitos no âmbito da OMC, em ordem crescente de importância).

Referências bibliográficas

Site: www.WorldTradeLaw.net;

BUSCH, Marc; REINHARDT, Eric. *Transatlantic Trade Conflicts and GATT/WTO Dispute Settlement.* Conference on Dispute Prevention and Dispute Settlement in the Transatlantic Partnership European University Institute/Robert Schuman Centre, Florença, Itália, 3-4 de Maio de 2002. Disponível em: http://www.law.berkeley.edu/cenpro/ils/publications.html.

CHARNOVITZ, Steve, *"The WTO's problematic 'last resort' against noncompliance"*, *57 Aussenwirtschaft*, 409, 2002.

___________________, "Rethinking WTO trade sanctions", 95 *AJIL*, 792, 2001.

HENKIN, Louis, *How nations behave.* 2. ed. Columbia University Press, 1979.

HUDEC, Robert E. *Enforcing international trade law: the evolution of the modern GATT legal system*, Butterworths Legal Publishers, 1993.

___________________, The Adequacy of WTO dispute settlement remedies: a developing country perspective, in *Development, trade, and the WTO: a handbook.* Washington, DC: The World Bank, 2002, p. 81, 84-85.

INTERNATIONAL LAW COMMISSION, *Draft articles on responsibility of states for internationally wrongful acts,* adopted by the International Law Commission at its 53trd session (September 2001), Report of the International Law Commission on the work of its 53rd session, Official Records of the General Assembly, Fifty-sixth session, Supplement No. 10 (A/56/10), chp.Iv.E.1.

JACKSON, John H., "International law status of WTO dispute settlement reports: obligation to comply or option to buy out?" 98 *AJIL*, 109, 2004.

__________________, *The world trading system: law and policy of international economic relations.* 2. ed., MIT Press, 1997.

__________________, *World trade and the law of GATT* (The Michie Company Law Publishers, 1969.

JACKSON, John H.; DAVEY, William; SYKES, Alan O. *Legal problems of international economic relations.* 4. ed., West Group, 2002.

MAVROIDIS, Petros C. "Remedies in the WTO: between a rock and a hard place", *11 European Journal of International Law*, p. 763-814, 2000.

PALMETER, David; MAVROIDIS, Petros C. *Dispute Settlement in the World Trade Organization.* 2. ed., Cambridge University Press, 2004.

PAUWELYN, Joost, "Enforcement and countermeasures in the WTO: rules are rules – toward a more collective approach", *94 Am. J. Int'l L.*, 335, 2000.

PETERSMANN, Ernst-Ulrich. *The GATT/WTO dispute settlement system: international law, international organizations and dispute settlement.* Kluwer Law International Ltd., 1997.

SCHERMERS, Henry G. *International institutional law.* Sijthoff & Noordhoff International Publishers, 1980.

SCHWARTZ, Warren F. SYKES, Alan O. "The economic structure of renegotiation and dispute resolution in the WTO/GATT system." *30 J. Legal Stud.*, S179, 2002.

Impresso nas oficinas da
Gráfica Palas Athena